机动车
安全技术检验

李泽华　主编

化学工业出版社
·北京·

本书系统地介绍了机动车安全技术检验的要求与方法、机动车安全技术检验设备的结构原理与使用、机动车安全技术检验机构的建设条件、机动车安全技术检验机构的内部管理以及机动车安全技术检验的管理与监督等内容。

本书是机动车检验行业及相关专业的技术人员、管理监督人员日常工作的重要学习参考资料，也可供机动车检验相关专业院校师生参考。

图书在版编目（CIP）数据

机动车安全技术检验/李泽华主编．—北京：化学工业出版社，2020.4
ISBN 978-7-122-36225-4

Ⅰ.①机… Ⅱ.①李… Ⅲ.①机动车-安全检查 Ⅳ.①U467.1

中国版本图书馆 CIP 数据核字（2020）第 028780 号

责任编辑：辛　田　　　　　　　　　　文字编辑：冯国庆
责任校对：边　涛　　　　　　　　　　装帧设计：王晓宇

出版发行：化学工业出版社（北京市东城区青年湖南街 13 号　邮政编码 100011）
印　　装：北京天宇星印刷厂
787mm×1092mm　1/16　印张 12½　字数 306 千字　2020 年 4 月北京第 1 版第 1 次印刷

购书咨询：010-64518888　　　　　　　　售后服务：010-64518899
网　　址：http://www.cip.com.cn
凡购买本书，如有缺损质量问题，本社销售中心负责调换。

定　　价：68.00 元　　　　　　　　　　　　　　　　　　　　　　版权所有　违者必究

前言

机动车安全技术检验，是指根据《中华人民共和国道路交通法》及其实施条例规定，按照机动车国家安全技术标准等要求，对上道路行驶的机动车进行检验检测的活动，为保障机动车技术性能、预防车辆交通事故发挥了重要作用。伴随着现代科学技术和汽车产业的发展，汽车检测也得以不断完善与发展。近年来，国家颁布了多项涉及汽车检测技术的新检验规程、检验方法和判定标准，同时，中华人民共和国国家质量监督检验检疫总局（简称国家质检总局）、中国国家认证认可监督管理委员会（简称国家认监委）等部门也发布了《机动车安全技术检验机构监督管理办法》《检验检测机构资质认定管理办法》等相关文件，进一步对机动车安全技术检验机构的建设条件、监督管理等进行了补充和完善。为满足车辆工程、交通运输等专业的知识结构需求，本书力求理论与实践相结合，突出科学性、系统性和完整性，注重能力培养，以适应人才培养的需要。

笔者根据多年实践经验，参考了大量相关资料，以国家新标准与规定为依据编写了本书，主要包括机动车安全技术检验方法、机动车检验仪器设备、机动车检验管理三篇内容，共分为十章：机动车安全技术检验概述、机动车安全检验要求、机动车安全检验方法、人工检查器具、制动性能检验设备、前照灯检测仪、转向轮侧滑与车速表检验台、机动车安全技术检验机构建设条件、机动车安全技术检验机构内部管理、机动车安全技术检验机构资质监督管理。

本书由陆军军事交通学院李泽华任主编，陈成法、白云川任副主编。参与编写的还有陆军军事交通学院的李树珉、夏均忠、徐臻圆、黄华飞、赵文婷、王虎、苏丕利等。

在本书编写过程中，参阅了许多专家、同行的著作，在此一并表示衷心的感谢。

由于笔者水平有限，恳请读者对本书的内容和章节安排等提出宝贵意见，并对书中存在的不当之处提出批评和修改建议，以便本书再版修订时参考。

编者

目 录

第一篇 机动车安全技术检验方法

第一章 机动车安全技术检验概述 /1

第一节 国内外机动车安全技术检验概况 /2
第二节 机动车安全技术检验相关法规和技术标准 /8
第三节 机动车安全技术检验基本概念 /15
第四节 机动车安全技术检验的项目 /19
第五节 机动车安全技术检验基本流程 /27
第六节 机动车安全技术检验的基本要求 /29

第二章 机动车安全检验要求 /31

第一节 车辆唯一性检查与联网查询要求 /31
第二节 车辆特征参数检查要求 /33
第三节 车辆外观检查要求 /40
第四节 安全装置检查要求 /47
第五节 车辆底盘动态检查要求 /60
第六节 车辆底盘部件检查要求 /61
第七节 制动性能检验要求 /62
第八节 前照灯检验要求 /66
第九节 车速表检验要求 /67
第十节 转向轮侧滑检验要求 /67
第十一节 检验结果处置 /67

第三章 机动车安全检验方法 /73

第一节 车辆唯一性检查方法 /73
第二节 车辆特征参数检查方法 /74
第三节 车辆外观检查方法 /78
第四节 车辆安全装置检查方法 /82
第五节 车辆底盘动态检查方法 /85
第六节 车辆底盘部件检查方法 /86

第七节 制动性能检验方法 / 87
第八节 前照灯检验方法 / 90
第九节 车速表指示误差检验方法 / 91
第十节 转向轮横向侧滑检验方法 / 92

第二篇 机动车检验仪器设备

第四章 人工检查器具 / 93

第一节 车辆唯一性检查的器具 / 93
第二节 车辆特征参数检查器具 / 95
第三节 车辆外观检查和安全装置检查器具 / 97
第四节 车辆底盘动态与底盘部件检查器具 / 98

第五章 制动性能检验设备 / 105

第一节 滚筒式制动性能检验台 / 105
第二节 平板式制动性能检验台 / 109
第三节 制动性能道路检验设备 / 113

第六章 前照灯检测仪 / 116

第一节 前照灯检测基本知识 / 116
第二节 前照灯检测仪的基本结构与检测原理 / 118
第三节 前照灯检测仪的检定 / 122

第七章 转向轮侧滑与车速表检验台 / 125

第一节 转向轮侧滑检验台 / 125
第二节 车速表检验台 / 130

第三篇 机动车检验管理

第八章 机动车安全技术检验机构建设条件 / 135

第一节 机动车安全技术检验机构的要求与基本构成 / 135

第二节　机动车安全技术检验机构场地与设施要求　　/ 137
第三节　机动车安全技术检验机构人员要求　　/ 140
第四节　机动车安全技术检验机构设备配备与标准物质要求　　/ 146
第五节　机动车安全技术检验机构计算机联网控制系统要求　　/ 149

第九章　机动车安全技术检验机构内部管理　　/ 154

第一节　内部管理制度　　/ 154
第二节　内部管理体系文件　　/ 158
第三节　内部审核及管理评审　　/ 162

第十章　机动车安全技术检验机构资质监督管理　　/ 166

第一节　机动车安全技术检验机构资质认定　　/ 166
第二节　机动车安全技术检验机构资质认定许可办理流程　　/ 170
第三节　机动车安全技术检验机构监督管理内容和要求　　/ 178
第四节　机动车安全技术检验机构监督检查结果处理　　/ 181

附录　检验检测机构资质认定申请书　　/ 184

参考文献　　/ 194

第一篇
机动车安全技术检验方法

第一章
机动车安全技术检验概述

　　机动车是现代道路交通中的主要元素，车辆的安全技术性能是影响行车安全的重要因素。我国机动车种类多，动力性能差别大，管理难度大。随着使用时间延长，机动车技术状况参数将以不同规律和不同强度发生变化，或性能参数劣化，导致机动车的性能不佳、机件失灵或零部件损坏，最终成为道路交通事故的直接因素。截至 2017 年年底，全国机动车保有量达 3.1 亿辆，其中，汽车 2.17 亿辆。全国有 49 个城市的机动车保有量超过 100 万辆，其中，18 个城市的机动车保有量超过 200 万辆。私家车总量超过 1.46 亿辆，全国平均每百户家庭私家车拥有量为 36 辆。全国机动车驾驶员为 3.6 亿人，其中汽车驾驶员超过 3.1 亿人。

　　机动车的快速增长已成为现代社会经济发展和提高人们生活质量的标志之一。同时，随着机动车保有量快速增长，使得本来不宽裕的路面更是雪上加霜，极易引发威胁人们生命财产安全的道路交通事故。加之，有些安全技术状况差、该报废的老旧车辆仍在行驶，还有些车辆超载行驶，多拉快跑，只用不修，导致车辆技术性能差，故障多，机件很容易失灵，引发交通事故。机动车安全技术的定期检验是监督和保持车辆安全技术性能的重要举措，通过对机动车的系统检验，及时发现转向系统、制动系统、行驶系统、电气系统等部位的隐患，督促车主对车辆进行保养与修理，有助于提高机动车的使用寿命，减少由于车辆技术原因引发的交通事故。

第一节

国内外机动车安全技术检验概况

一、国外机动车检验发展概况

1. 检测诊断技术起步较早并处于领先位置

20世纪50年代,在一些工业发达国家就形成了以故障诊断和性能调试为主的单项检测诊断技术,并出现了单项检测设备。进入60年代后,汽车检测诊断技术得到了较大发展,演变成为既能进行维修诊断,又能进行安全环保检测的综合检测技术,出现了简易的汽车诊断站。60年代初期,美国的发动机分析仪、英国的发动机点火系统故障诊断仪和汽车道路试验速度分析仪等汽车检测设备面世。60年代后期,电子、光学、理化与机械相结合的光机电、理化机电一体化检测技术得到了大量应用,非接触式车速仪、前照灯检测仪、车轮定位仪、排气分析仪相继出现。

进入70年代以来,随着计算机技术的发展,出现了具有检测诊断、数据采集处理、检测结果自动打印等功能的汽车性能检测仪器和设备。80年代以后,一些先进国家的现代检测诊断技术已达到广泛应用的阶段,不仅社会上诊断在用汽车的专职汽车检测站众多,而且汽车制造厂装配线终端和汽车维修企业内部也都建有汽车检测线,给交通安全、环境保护、能源节约、运输成本降低和运力提高等方面带来了明显的社会效益及经济效益。

2. 已经实现制度化、标准化和智能化

汽车检测在管理上实现了"制度化",在检测结果的判别方面实现了"标准化",在检测技术上已向"智能化、自动化和网络化"方向发展,在检测与诊断方式上正在由"车外检测诊断"向"车载自诊断"方向上转变和加强。

(1) 检测管理的制度化　由于交通事故和环境污染的问题日益严重,应运而生的机动车强制性安全检验制度,在世界许多国家先后由政府支持下得到很快的发展,各国实施机动车安全检验制度实施情况调查见表1-1。国外一些汽车检测工作一般由交通部门统一管理,在全国各地建立由交通部门认证的汽车检测场(站),负责新车的登记和在用车的安全环保检测,修理厂修过的汽车也要经过汽车检测场的检测,以确定其安全性能和排放是否符合国家标准。

表1-1　各国实施机动车安全检验制度调查

国家	检查种类	检查对象	检查周期		实施时间	使用检验设备	执行检查部门
			首次	以后			
德国	定期检查	公共汽车 出租汽车	1年	1年	1937年	A B S H X P$_L$	社会机构技术 监督协(TUV)
		>2.8t的 货车、轿车	2年	2年			

续表

国家	检查种类	检查对象	检查周期 首次	检查周期 以后	实施时间	使用检验设备	执行检查部门
瑞典	定期检查	公共汽车 出租汽车	1年	1年	1965年	B S X P_L	社会机构 汽车企业团
		轿车 货车	2年	1年			
英国	定期检查	>1.5t的中巴车 出租汽车	1年	1年	轿车1960年 货车1965年	B H X P_L	运输部指定工厂
		轿车 客货两用车 >1.5t的货车	3年	1年			
比利时	定期检查	公共汽车	4个月	4个月	公共汽车1933年 轿车1960年 货车1963年	A B H X P_L	社会机构汽车检测协会
		出租汽车	半年	半年			
		商用车	4年	2年			
		轿车 货车	1年	1年			
挪威	定期检查	出租汽车 公共汽车	1年	1年	1927年	A B H X P_L	运输部
		轿车、货车	4年	2年			
意大利	定期检查	货车 公共汽车	1年	1年	1962年	A B H X P_L	运输部
		轿车	5年	5年			
法国	定期检查	出租汽车	1年	1年	巴黎1958年	A B H X P_L	巴黎市为警察局,其他地区为同业者
		>3.5t的货车	1年	1年			
		自用客车	1年	1年			
		公共汽车	6个月	6个月			
澳大利亚	定期检查	公共汽车	1年	1年	1934年	A B H X P_L	运输部
		轿车	3年	2年			
		货车	3年	1年			
西班牙	定期检查	货车	1年	1年	1934年	A B S H P_L	同业者
		公共汽车	1年	1年			
美国	定期检查	全部汽车	1年	1年	联邦车检1927年 分州车检1967年	A B S H X P_L	交通部 全美汽车维修协会
	限定检查	幼儿园、中小学校车等专用车	定期或随时				
日本	定期检查	公共汽车	1年	1年	1947年	A B S H X P_L	国家站-运输省 民间站-日本自动车机械工具机协会
		轿车	3年	2年			
		货车	1年	1年			
		出租汽车	1年	1年			

续表

国家	检查种类	检查对象	检查周期 首次	检查周期 以后	实施时间	使用检验设备	执行检查部门
泰国	定期检查	出租汽车	1年	1年	1988年	B S H X P_L	陆上运输部（LTD）
		货车	1年	1年			
		轿车	2年	2年			
韩国	定期检查	出租汽车	1年	1年	1989年	A B S H X P_L	交通部 交通产业团
		货车	1年	1年			
		轿车	2年	1年			

注：A表示侧滑检验台（Alignment）；B表示制动检验台（Brake）；S表示车速表检验台（Speedometer）；H表示前照灯检验仪（Head Light）；X表示排放检验仪（废气检验仪、烟度计）（Exhaust）；P_L表示地坑举升机（底盘检验用）（Pit Lift）。

（2）检测指标的标准化　工业发达国家的机动车检测都有一整套标准。判断受检机动车技术状况是否良好，以标准中规定的数据为准则，检查结果以数字显示，有量化指标，避免主观上的误差。国外比较重视安全性能和排放性能的检测，如表1-2所示为欧盟及部分亚洲国家汽车排放标准实施情况。除对检测结果有严格和完整的标准以外，国外对检测设备也有标准规定，如检测设备的检测性能、检测精度、具体结构都有严格的规范。对检测设备的使用周期、技术更新等都做出了具体要求。由于检测制度和技术的标准化，不仅提高了检测效率，也保证了检测质量。

表1-2　欧盟及部分亚洲国家汽车排放标准实施情况

时间	欧盟	中国 全国	中国 北京	韩国	印度	新加坡	泰国 轿车	泰国 轻型车	泰国 中型车
1995年	欧Ⅰ					欧Ⅰ			
1996年	欧Ⅱ					欧Ⅰ	欧Ⅰ	欧Ⅰ	欧Ⅰ
1997年	欧Ⅱ					欧Ⅰ	欧Ⅰ	欧Ⅰ	欧Ⅰ
1998年	欧Ⅱ					欧Ⅰ	欧Ⅰ	欧Ⅰ	欧Ⅰ
1999年	欧Ⅱ					欧Ⅱ	欧Ⅰ	欧Ⅰ	欧Ⅰ
2000年	欧Ⅲ	欧Ⅰ	欧Ⅰ	欧Ⅱ		欧Ⅱ	欧Ⅱ	欧Ⅰ	欧Ⅰ
2001年	欧Ⅲ	欧Ⅰ	欧Ⅰ	欧Ⅱ	欧Ⅰ	欧Ⅱ	欧Ⅱ	欧Ⅱ	欧Ⅱ
2002年	欧Ⅲ	欧Ⅰ	欧Ⅱ	欧Ⅲ	欧Ⅰ	欧Ⅱ	欧Ⅱ	欧Ⅱ	欧Ⅱ
2003年	欧Ⅲ	欧Ⅰ	欧Ⅱ	欧Ⅲ	欧Ⅰ	欧Ⅱ	欧Ⅲ	欧Ⅱ	欧Ⅱ
2004年	欧Ⅲ	欧Ⅱ	欧Ⅱ	欧Ⅲ	欧Ⅱ	欧Ⅱ	欧Ⅲ	欧Ⅱ	欧Ⅱ
2005年	欧Ⅳ	欧Ⅱ	欧Ⅲ	欧Ⅲ	欧Ⅱ	欧Ⅲ	欧Ⅲ	欧Ⅱ	欧Ⅱ
2006年	欧Ⅳ	欧Ⅱ	欧Ⅲ	欧Ⅲ	欧Ⅱ	欧Ⅲ	欧Ⅲ	欧Ⅲ	欧Ⅱ
2007年	欧Ⅳ	欧Ⅱ	欧Ⅲ	欧Ⅲ	欧Ⅱ	欧Ⅲ	欧Ⅳ	欧Ⅲ	欧Ⅲ
2008年	欧Ⅴ	欧Ⅲ	欧Ⅳ	欧Ⅲ	欧Ⅱ	欧Ⅲ	欧Ⅳ	欧Ⅲ	欧Ⅲ
2009年	欧Ⅴ	欧Ⅲ	欧Ⅳ	欧Ⅲ	欧Ⅱ	欧Ⅲ	欧Ⅳ	欧Ⅳ	欧Ⅲ
2010年	欧Ⅴ	欧Ⅲ	欧Ⅳ	欧Ⅲ	欧Ⅲ	欧Ⅲ	欧Ⅳ	欧Ⅳ	欧Ⅲ

（3）检测技术的智能化、自动化　随着科学技术的进步，国外汽车检测设备在智能化、自动化、精密化、综合化方面都有了新的发展，并应用新技术开拓了新的检测领域、研制了

新的检测设备。随着电子、计算机技术的发展，出现了汽车检测诊断、控制自动化，数据采集自动化，检测结果直接打印等功能的现代综合性能检测技术和设备。例如，国外生产的汽车制动检测仪、全自动前照灯检测仪、发动机分析仪、发动机诊断仪、四轮定位仪等检测设备，都具有较为先进的全自动功能。进入20世纪80年代后，计算机技术在汽车检测技术领域的应用进一步向深度和广度发展，已出现集检测工艺、操作、数据采集和打印、存储、显示等功能于一体的系统软件，使汽车检测实现了全自动化，这样不仅可以避免人为的判断错误，提高检测的准确性，而且可以把受检汽车的技术状况存储在计算机中，既可作为下次检验的参考依据，也可供处理交通事故时参考。

二、我国机动车检验发展概况

1. 机动车检验技术水平逐渐提高

20世纪60年代，为了满足汽车维修需要，我国开始研究汽车检测诊断技术。由交通部主持进行了发动机气缸漏气量检测仪、点火正时仪等较简单检测仪器的研究与开发。70年代，为了改变我国汽车维修落后的局面，汽车不解体检测技术及设备被列为国家科学技术委员会的开发应用项目，我国的汽车检测技术也得到了较大的发展。这一时期研制的仪器设备主要以满足汽车维修的需要为主。

80～90年代，我国的汽车制造业和公路交通运输业发展迅猛，汽车保有量迅速增加，随之而来的交通安全和环境保护等社会问题，如何保证汽车运行快速、经济、灵活，并尽可能减轻环境污染等问题，逐渐被政府有关部门提到了议事日程。1981年起，西安公路学院、交通部成都汽车保修机械厂、深圳汽车修理公司等单位就已经开始研究开发制动检验台、侧滑检验台、底盘测功机等机动车检测设备，并已小批量投入生产。1982年，国务院正式批准交通部《汽车保修机械和成套检测设备技术引进》项目建议书，并纳入国家经济贸易委员会引进计划。交通部成都汽车保修机械厂成为我国第一个成套引进国外车检设备先进技术的国企，并由此在交通部公路科学研究所的协作下，逐步成长为国内车检设备开发、生产的龙头单位。1987年，国务院批转国家经济贸易委员会《关于推动引进技术消化吸收和国产化工作报告的通知》精神，将《汽车检测线成套设备国产化一条龙》项目正式下达交通部成都汽车保修机械厂组织实施，交通部公路科学研究所作为项目主要参加单位协同开展工作。该项目的10个产品：制动台、侧滑台、速度台、前照灯仪、检测线自动控制系统、底盘测功机、车轮动平衡机、发动机综合测试仪、废气分析仪、烟度计相继完成，并于1993年通过交通部科技司验收鉴定，从此开始，我国有了自己完整的汽车检测设备工业，不再依赖进口。

进入21世纪，我国的机动车产销量呈现出持续高速增长的态势，机动车保有量的迅速增长拉动在用车检测需求，也推动了汽车检测与维修行业的技术进步和快速发展。目前，我国自主研制开发了废气分析仪、不透光烟度计、制动性能检测台、前照灯检测仪，各检测站内部设备已经实现了网络化自动控制，机动车检测行业的信息监管也已经基本实现了网络化。随着技术和管理的进步，今后机动车检测将实现真正的全面网络化，从而做到信息资源共享、硬件资源共享、软件资源共享。

2. 以检测站为标志的机动车安全检验机制逐渐形成

改革开放以来，个体运输车辆和家庭轿车迅速增加。为了保障车辆的技术状况和行车安全，加强在用汽车的技术管理，充分发挥检测设备的作用，交通部从1980年开始有计划在全国公路运输和汽车管理系统中筹建汽车检测站，检测内容以汽车安全性能检测为主。20世纪80年代初，交通部在大连市建立了国内第一个汽车检测站，从工艺上提出将各种单台检测设备安装连线，构成功能齐全的汽车检测线，其检测纲领为30000辆（次）/年。

继大连检测站之后，作为"六五"科技项目，交通部先后要求10多个省、直辖市、自治区交通厅（局）筹建汽车检测站。80年代中期，汽车监理由公安部主管，公安部在交通部建设汽车检测站的基础上，进行了推广和发展。仅1990年年底统计，全国已有汽车检测站600多个，形成了全国的汽车检测网。

目前，我国的检测站根据服务功能不同可分为安全环保检测站、综合性能检测站和环保性能检测站。安全环保检测站主要负责在用车的安全性能检测，主要承担在用汽车的年审工作，检测的主要项目包括汽车唯一性认定、制动、轴重、侧滑、车速、前照灯、底盘等。综合性能检测站主要负责营运车辆的综合性能检测，承担营运车辆的年审工作，检测项目除包含汽车安全技术检测的项目外，还包含发动机综合性能、驱动轮输出功率、车轮定位参数、悬架特性等检测项目。环保性能检测站主要负责汽车的环保性能检测，检测项目包括排气污染物检测和驾驶室室内空气质量检测。截至2017年9月，我国机动车检测站数量仅7000余个，与实际需求1.08万个相差巨大。每万辆车拥有的检测站数量统计远低于欧洲、美国、日本等工业发达国家和地区。

3. 机动车检验相关法规和技术标准日臻完善

20世纪80年代中期，机动车检测由公安部主管，随着检测站的建设和发展，法规建设也逐步完善。交通部从加强车辆管理的需要出发，1990年发布了第13号令《汽车运输业车辆技术管理规定》，对车辆实施"定期检测、强制维护、视情修理"的汽车维修制度。1991年交通部发布第29号部令《汽车运输业车辆综合性能检测站管理办法》，对汽车检测站的职责、分级、基本条件及资格认定等进行了明确的规定。公安部也相继对机动车安全性能检测管理工作发布了配套制度、方法、方案，并于1997年对《机动车运行安全技术条件》（GB 7258—1987）进行了修订、完善，颁布了《机动车运行安全技术条件》（GB 7258—1997）。

2000年以来，是机动车检测工作法制化建设的新时期。《汽车综合性能检测站通用技术条件》《营运车辆综合性能要求和检验方法》《汽车维护、检测、诊断技术规范》《汽车检测站计算机控制系统技术规范》《汽车综合性能检测中心站认定规定》等国家标准和行业标准相继发布。2004年、2012年和2017年，国家再次对《机动车运行安全技术条件》进行了修订和发布。2007年实施的《轻型汽车污染物排放限值及测量方法》（GB 18285—2005）中规定：所有汽车必须装备车载诊断（OBD）系统。2008年《机动车安全技术检验项目和方法》（GB 21861—2008）首次发布，现行的最新版本为GB 21861—2014，该标准与《机动车运行安全技术条件》（GB 7258—2017）是指导机动车安全技术检验的主要依据。目前，国内已发布有关机动车检测的国家标准、行业标准、计量标准、检定规程等100多项。这些规章的出台，促进了机动车检验行业的发展，使得机动车检验有法可依。

三、我国汽车检测技术的发展方向

我国的汽车性能检测经历了从无到有、从小到大；从引进技术、引进设备，到自主研发应用；从单一性能检测到综合性能检测，取得了很大的进步。尤其是检测设备的研制生产得到了快速发展，包括制动检测台、侧滑试验台等在内的部分设备已自用有余，并且还向国外出口。我国在汽车检测技术方面虽然已经取得了很大进步，但与世界先进水平相比，还有一定的差距。我国汽车检测技术要赶超世界先进水平，应该在以下几个方面进行深入和拓展。

1. 汽车检测技术基础规范化

我国汽车检测技术发展过程中，普遍重视硬件技术，忽视或是轻视了检测方法、限值标准等基础性技术的研究。目前，我国的检测方法和限值标准大多采用发达国家的标准，而真正符合我国国情，且被国际公认的检测方法和限值标准还太少。随着检测手段的完善，与硬件相配套的检测技术的建设也应进一步完善。今后我国将重点放在制定和完善汽车各检测项目的检测方法及限值标准，如发动机排放、驱动轮输出功率、底盘传动系统功率损耗、滑行距离、加速时间和距离、悬架性能、可靠性等；制定出汽车在适用于不同类型检测时，技术状况检测评定细则，统一规范全国各地的检测要求和操作技术；制定适用于不同类型的检测站和一些大型检测设备的型式认证规则，以保证各检测站提供的检测数据科学、准确、公正。

2. 汽车检测设备智能化、集成化、综合化

① 智能传感、微型计算机、单片机将成为检测诊断仪器的一个组成部分，虚拟仪器技术与嵌入式系统的广泛应用，使汽车检测诊断技术的自动化、智能化水平进一步提高。

② 信息科学中的时-频分析技术、机械系统中的磨屑光谱分析技术、红外热成像技术、机械振动和噪声分析技术以及近似推理、模糊识别、机器学习、数据挖掘、知识发现应用于汽车智能诊断系统，为故障分析开辟了新的途径，故障诊断将向多参数方向综合发展。

③ 汽车检测诊断技术向集成化、综合化方向发展。大型汽车检测诊断设备将综合采用声、光、电等技术，进一步提高诊断系统的智能化、自动化水平；便携式检测诊断设备体积将更小，具有更加友好的人机界面，在统一的硬件平台下，采用更换软件模块的方法，实现更强大的功能。

3. 汽车检测管理网络化

目前，检测站的主要检测设备采用了计算机联网控制，但计算机测控方式千差万别，大多在检测站内部实现了网络化。随着《机动车安全技术检验监管系统通用技术条件》（GA 1186—2014）的颁布，我国已逐渐进入汽车检测网络化管理的新阶段。

今后汽车检测将实现技术和管理的综合网络化。从检测站内部来讲，是一个功能齐全、检测流程合理、管理严密、工作效率和专业化程度较高的局域网。通过内部局域网，可以完成汽车检测自动化、汽车维修、检测管理、检测数据统计查询、检测结果告示、检测财务管理等功能。检测站与检测站之间，通过广域网可做到信息资源共享、硬件资源共享、软件资源共享。在此基础上，将全国的汽车安全检测站、汽车综合性能检测站、汽车环保检测线和汽车修理厂用检测线联成一个全国范围的广域网，使上级汽车管理部门可以及时了解各地区不同行业汽车的技术状况。

4. 汽车检测周期和检测项目科学化

（1）汽车检测周期科学化　汽车定期检测周期的制定是我国检测模式的重要组成部分，要适应我国的国情，各检测项目的周期应视具体车型、性能质量、使用者的特点和检测需要而定。2003年以前，对于各类汽车，车辆管理机关一般实行强制性的以一年为周期的年检制度，但不统一，有的地方实施了不同周期的规定。结合我国国情和国外经验，应根据车辆类型、新旧车况、车辆制造质量和使用状况等实行定期、不同周期和不定期相结合的检验制度较为合理。

从 2003 年 9 月 1 日开始，国家出台并实施了统一的汽车周期检验制度。规定：新购非营运车辆首次免检，6 年之内每 2 年检测 1 次，6 年之后每 1 年检测 1 次。营运载客汽车 5 年内每年检测 1 次；超过 5 年的，每 6 个月检测 1 次。载货汽车和大、中型非营运载客汽车 10 年内每年检测 1 次；超过 10 年的，每 6 个月检测 1 次。

2014 年 9 月 1 日，为适应汽车技术的发展，国家对原有检验周期进行了调整，规定：非营运轿车和 7 座以下小型、微型载客汽车 6 年内可免检。

（2）汽车检测项目合理化　在我国，汽车安全检测项目有八大项，汽车综合性能检测有几十余项。随着汽车技术水平和道路条件的变化，汽车检测项目也要有相应改变，应根据我国的国情，在不同时期针对影响车辆安全和环保的主要因素及薄弱环节，动态地调整检测项目和控制力度。

鉴于当前我国高速公路网络日益发达，汽车高速行驶安全性值得重视，应增加一些选检项目。据调查，并参考欧洲的检测项目，特别强调因车速提高可能引起故障的项目是悬架系统、车轮动平衡、轮胎磨损等。

5. 汽车远程故障诊断普及化

利用互联网和各种通信网络，更多的远程故障诊断与技术支援系统投入使用。人们可以通过网上查询迅速获得需要的大量资料，以及专家的热线咨询。当汽车有故障时，可以获得"故障诊断专家系统"的指导。通过网络技术，可以将传感器检测到的数据远程传输到计算中心处理，可立即得到分析结果并反馈回现场指导故障诊断。

总之，汽车检测诊断技术将朝着技术更先进、设备更智能、标准更科学、检测网络更发达、检测数据更准确、检测流程更合理、检测管理更完善的方向发展。

第二节
机动车安全技术检验相关法规和技术标准

一、机动车安全技术检验相关法规

1.《中华人民共和国道路交通安全法》

《中华人民共和国道路交通安全法》是我国第一部针对道路交通安全相关的法律，经 2003 年 10 月全国人大常委会审议通过，自 2004 年 5 月 1 日起施行。2007 年 12 月全国人大常委会又对该法进行了修改并于 2008 年 5 月 1 日起施行。2011 年 4 月第十一届全国人大常委会再一次对其进行了修正并于 2011 年 5 月 1 日起施行。《道路交通安全法》的颁布实施，对规范车辆和行人、道路、交通事故、法律责任等都做出了规定。其中对机动车安全技术检验工作中的初次检验、免检、定期检验、检验管理及收费都做了明确的规定，对机动车安全技术检验工作影响重大。其中，涉及机动车安全技术检验的有以下三条。

第十条　准予登记的机动车应当符合机动车国家安全技术标准。申请机动车登记时，应当接受对该机动车的安全技术检验。但是，经国家机动车产品主管部门依据国家安全技术标准认定的企业生产的机动车型，该车型的新车在出厂时经检验符合机动车国家安全技术标准，获得检验合格证的，免于安全技术检验。

第十三条 对登记后上道路行驶的机动车，应当依照法律、行政法规的规定，根据车辆用途、载客载货数量、使用年限等不同情况，定期进行安全技术检验。对提供机动车行驶证和机动车第三者责任强制保险单的，机动车安全技术检验机构应当予以检验，任何单位不得附加其他条件。对符合机动车国家安全技术标准的，公安机关交通管理部门应当发给检验合格标志。

对机动车的安全技术检验实行社会化，具体办法由国务院规定。

机动车的安全技术检验实行社会化的地方，任何单位不得要求机动车到指定的场所进行检验。

公安机关交通管理部门、机动车安全技术检验机构不得要求机动车到指定的场所进行维修、保养。

机动车安全技术检验机构对机动车检验收取费用，应当严格执行国务院价格主管部门核定的收费标准。

第九十四条 机动车安全技术检验机构实施机动车安全技术检验超过国务院价格主管部门核定的收费标准时，应退还多收取的费用，并由价格主管部门依照《中华人民共和国价格法》的有关规定给予处罚。

机动车安全技术检验机构不按照机动车国家安全技术检验标准进行检验，出具虚假检验结果的，由公安机关交通管理部门处所收检验费用 5 倍以上 10 倍以下罚款，并依法撤消其检验资格；构成犯罪的，依法追究刑事责任。

"对机动车的安全技术检验实行社会化"是这一部分的核心内容。检验机构社会化打破了多年来机动车安全技术检验机构由政府设置、接受公安机关委托开展机动车安全检验活动的模式，将以前检验机构接受委托开展机动车检验活动不承担法律责任变为得到资格许可开展机动车检验活动同时承担法律责任，检验机构的法律地位发生了变化，适应了社会主义市场经济体制的需要。按照机动车安全技术检验实行社会化的要求，任何单位和个人都可以申请办理机动车安全技术检验机构，但必须符合国家的相关规定，通过质量技术监督部门的资格许可和资质认定（计量认证），方可开展机动车安全技术检验活动。在《道路交通安全法》实施前，车辆安全检验实际是公安交通管理机关管理的行政行为，《道路交通安全法》实施后，检验机构成为具备法定代表人资格、独立承担法律责任、具有第三方公正性、向社会出具检验数据的机构。

2.《中华人民共和国道路交通安全法实施条例》

《中华人民共和国道路交通安全法实施条例》是根据《中华人民共和国道路交通安全法》制定，于 2004 年 4 月 28 日国务院第 49 次常务会议通过的国家法规，2004 年 4 月 30 日公布，2004 年 5 月 1 日起实施。涉及机动车安全技术检验的有以下三条。

第十五条 机动车安全技术检验由机动车安全技术检验机构实施。机动车安全技术检验机构应当按照国家机动车安全技术检验标准对机动车进行检验，对检验结果承担法律责任。

质量技术监督部门负责对机动车安全技术检验机构实行资格管理和计量认证管理，对机动车安全技术检验设备进行检定，对执行国家机动车安全技术检验标准的情况进行监督。

机动车安全技术检验项目由国务院公安部门会同国务院质量技术监督部门规定。

第十六条 机动车自登记之日起，按照下列期限进行安全技术检验。

① 营运载客汽车 5 年内每年检验 1 次；超过 5 年的，每 6 个月检验 1 次。

② 载货汽车和大型、中型非营运载客汽车 10 年内每年检验 1 次；超过 10 年的，每 6 个月检验 1 次。

③ 小型、微型非营运载客汽车 6 年以内每 2 年检验 1 次；超过 6 年的，每年检验 1 次；超过 15 年的，每 6 个月检验 1 次。

④ 摩托车 4 年以内每 2 年检验 1 次；超过 4 年的，每年检验 1 次。

⑤ 拖拉机和其他机动车每年检验 1 次。

营运机动车在规定检验期限内经安全技术检验合格的，不再重复进行安全技术检验。

第十七条 已注册登记的机动车进行安全技术检验时，机动车行驶证的登记内容与该机动车的有关情况不符，或者未按照规定提供机动车第三者责任强制保险凭证的，不予通过检验。

这三条（主要是第十五条）第一次明确了机动车安全技术检验机构要对检验结果承担法律责任。检验机构社会化后，要求检验机构都要具备法定代表人资格，也就是可以独立承担法律责任。第十五条还明确了质量技术监督部门对安全技术检验机构的监督、管理职责。明确了质量技术监督部门对机动车安全技术检验机构的四项重要管理职能，分别是资格管理、监督管理、计量认证和计量检定。

3. 质检总局规范性文件

为贯彻执行《中华人民共和国道路交通安全法》及实施条例，国家质检总局于 2006 年 2 月发布《机动车安全技术检验机构管理规定》（总局第 87 号令），并于 2006 年 5 月 1 日起施行。同时配套发布了六个规范性文件。

① 《机动车安全技术检验机构资格许可办理程序》（国质检监〔2006〕378 号）。

② 《机动车安全技术检验机构常规检验资格许可评审员管理办法》（国质检监〔2006〕380 号）。

③ 《机动车安全技术检验机构常规检验资格许可技术条件》（国质检监〔2006〕379 号）。

④ 《机动车安全技术检验机构监督管理规范》（国质检监〔2006〕369 号）。

⑤ 《机动车安全技术检验机构检验资格许可证书管理规范》（国质检监〔2006〕369 号）。

⑥ 《机动车安全技术检验机构设置规划管理规定》（国质检监〔2007〕127 号）。

2009 年 8 月，国家质检总局在 2006 年发布的总局第 87 号令《机动车安全技术检验机构管理规定》基础上，结合各地区实际情况和施行几年来遇到的问题，于 2009 年 10 月发布了国家质检总局第 121 号令《机动车安全技术检验机构监督管理办法》，于 2009 年 12 月 1 日起施行。同时以国质检监〔2009〕521 号文件的形式配发了新的五个规范性文件。

① 《机动车安全技术检验机构资格许可办理程序》。

② 《机动车安全技术检验机构资格许可技术条件》。

③ 《机动车安全技术检验机构资格许可评审员管理办法》。

④ 《机动车安全技术检验机构检验资格许可证书和检验专用章管理规范》。

⑤ 《机动车安全技术检验机构监督管理规范》。

《机动车安全技术检验机构资格许可技术条件》是对机动车安全技术检验机构进行检验资格许可时参照的重要依据。该技术条件从检验机构的法人资格、依法经营、人员、法律法规、行政规章、技术标准和管理制度、检测仪器设备、信息联网设施、总体布局、检验厂房等方面对检验机构提出具体要求。

根据《中华人民共和国道路交通安全法》实施条例的规定，2005 年 1 月，国家质检总局、公安部、国家认监委发布《关于加强机动车安全技术检验机构管理工作的通知》

（［2005］39号文件），将机动车安全技术检验机构资格管理及监督管理工作由公安交通管理机关向质检部门移交。从此，全国质量技术监督部门承担起了对机动车安全技术检验机构的全面管理职责。2011年4月，三部委又发布了《关于进一步加强机动车安全技术检验机构资格许可和监管工作的通知》（［2011］179号文件），从以下六个方面提出加强对机动车安全技术检验机构资格许可和监督管理工作。

① 全力加快推进计量认证和资格许可工作。
② 全面开展普查专项行动。
③ 强化对安检机构检验行为的监督。
④ 维护机动车检验工作秩序。
⑤ 严格规范计量检定收费管理。
⑥ 从严查处机动车检验工作中的违法违纪行为。

4. 其他法规

除《中华人民共和国道路交通安全法》以外，与机动车安全技术检验相关的法律还有《中华人民共和国计量法》及实施细则、《中华人民共和国大气污染防治法》和《中华人民共和国环境噪声污染防治法》等。按照《中华人民共和国道路计量法》及实施细则的要求，机动车安全技术检验机构作为向社会提供公正数据的质量检验机构，必须进行检验检测机构资质认定，即计量认证。按照《中华人民共和国大气污染防治法》和《中华人民共和国环境噪声污染防治法》的要求，承担对机动车检验的机动车安全技术检验机构，应对机动车的污染及喇叭噪声等进行检验。

二、机动车安全技术检验相关标准

目前，我国与机动车安全技术检验相关的国家标准有许多，按标准性质可分为规定检验项目、检验方法、检验限值的方法类标准，规定产品制造结构、工艺、精度、可靠性、安全性、耐久性等内容的产品标准，规定定期计量检定与校准指标、精度、方法的计量标准。同时，项目方法类的主要标准GB 7258、GB 21861又引用了大量的相关专项技术标准。

1. 方法标准

我国与机动车安全技术检验相关的国家标准最重要的是《机动车运行安全技术条件》（GB 7258—2017）和《机动车安全技术检验项目和方法》（GB 21861—2014）。这两项国家标准是机动车安全技术检验工作最基本的国家强制性标准。《机动车运行安全技术条件》（GB 7258—2017）是机动车新车注册登记时和在用车进行安全技术检验时检验结果是否合格的评判依据，而《机动车安全技术检验项目和方法》（GB 21861—2014）是规定检验机构应该按照《机动车运行安全技术条件》要求，按照什么步骤、采用何种方法进行检验，检验结果如何分析、计算、评价、存储、打印等，规范了具体操作过程要求。所以，这两项标准是机动车安全检验工作中最基本的标准。

汽车排放检测依据的主要标准是《汽油车污染物排放限值及测量方法（双怠速法及简易工况法）》（GB 18285—2018）和《柴油车污染物排放限值及测量方法（自由加速法及加载减速法）》（GB 3847—2018）。GB 18285—2018规定了汽油车双怠速法、稳态工况法、瞬态工况法和简易瞬态工况法排气污染物排放限值及测量方法，同时规定了汽油车外观检验、OBD检查、燃油蒸发排放控制系统检测的方法和判定依据。GB 3847—2018规定了柴油车自由加速法和加载减速法排气污染物排放限值及测量方法，规定了柴油车外观检验、OBD检查的方法和判定依据；适用于新生产柴油汽车下线检验、注册登记检验和在用汽车检验，也适用于其他装用压燃式发动机的汽车，不适用于低速货车和三轮汽车。

(1) 安全检测

GB 7258—2017　《机动车运行安全技术条件》

GB 21861—2014　《机动车安全技术检验项目和方法》

(2) 排放检测

GB 18285—2018　《汽油车污染物排放限值及测量方法（双怠速法及简易工况法）》

GB 3847—2018　《柴油车污染物排放限值及测量方法（自由加速法及加载减速法）》

GB 14621—2011　《摩托车和轻便摩托车排气污染物排放限值及测量方法（双怠速法）》

GB 19758—2005　《摩托车和轻便摩托车排气烟度排放限值及测量方法》

GB 18322—2002　《农用运输车自由加速烟度排放限值及测量方法》

HJ/T 240—2005　《确定点燃式发动机在用汽车简易工况法排汽污染物排放限值的原则和方法》

HJ/T 241—2005　《确定压燃式发动机在用汽车加载减速法排气烟度排放限值的原则和方法》

2. 产品标准

目前，机动车检测设备的国家产品标准仅有三项：《滚筒反力式汽车制动检验台》（GB/T 13564—2005）、《滚筒式汽车车速表检验台》（GB/T 13563—2007）、《积分平均声级计》（GB/T 17181—1997）。其余多数产品有行业标准，如公安行业标准（GA）、交通行业标准（JT）、环保行业标准（HJ）等。设备制造商依据国家、行业或企业自身制定并经当地技术监督部门备案的企业标准进行制造。

(1) 安全检测

JT/T 507—2004　《汽车侧滑检验台》

JT/T 508—2015　《机动车前照灯检测仪》

GB/T 13564—2005　《滚筒反力式汽车制动检验台》

GB/T 13563—2007　《滚筒式汽车车速表检验台》

JT/T 633—2005　《汽车悬架转向系间隙检查仪》

GA/T 485—2004　《便携式制动性能测试仪》

GB/T 17181—1997　《积分平均声级计》

JT/T 445—2008　《汽车底盘测功机》

(2) 排放检测

JT/T 386—2017　《机动车排气分析仪》

JT/T 506—2004　《不透光烟度计》

HJ/T 289—2006　《汽油车双怠速法排气污染物测量设备技术要求》

HJ/T 291—2006　《汽油车稳态工况法排气污染物测量设备技术要求》

HJ/T 290—2006　《汽油车简易瞬态工况法排气污染物测量设备技术要求》

HJ/T 292—2006　《柴油车加载减速工况法排气烟度测量设备技术要求》

HJ/T 395—2007　《压燃式发动机汽车自由加速法排气烟度　测量设备技术要求》

HJ/T 396—2007　《点燃式发动机汽车瞬态工况法排气污染物测量设备技术要求》

3. 计量标准

按照《中华人民共和国计量法》的要求，机动车检测用计量设备应进行定期检定或校准。计量标准有计量检定规程或计量校准规范，由计量部门牵头组织修订和起草，是计量部门对检验机构所用计量设备进行定期检定和校准的技术依据，也是机动车安全技术检验机构对设备进行自检的重要依据。目前，安检机构所用的制动性能检验台、车速表检验台、侧滑检验台、轴（轮）重检验台、轮偏检测仪、前照灯检测仪、排放检测仪器，以及外检、路试等相关计量设备均有相应的检定规程或校准规范。

（1）安全检测

JJG 745—2016　《机动车前照灯检测仪检定规程》
JJG 1014—2006　《机动车检测专用轴（轮）重仪检定规程》
JJG 906—2015　《滚筒反力式制动检验台检定规程》
JJG 1020—2017　《平板式制动检验台检定规程》
JJG 908—2009　《汽车侧滑检验台检定规程》
JJG 909—2009　《滚筒式车速表检验台检定规程》
JJF 1169—2007　《汽车制动操纵力计校准规范》
JJG 188—2017　《声级计》
JJG 910—2012　《摩托车轮偏检测仪》
JJF 1196—2008　《机动车方向盘转向力-转向角检测仪校准规范》
JJF 1168—2007　《便携式制动性能测试仪校准规范》
JJF 1193—2008　《非接触式汽车速度计校准规范》
JJG 144—2007　《标准测力仪检定规程》
JJF 1225—2009　《汽车用透光率计校准规范》
JJG 653—2003　《测功装置》

（2）排放检测

JJG 847—2011　《滤纸式烟度计》
JJG 976—2010　《透射式烟度计》
JJG 688—2017　《汽车排放气体测试仪》
JJF 1221—2009　《汽车排气污染物检测用底盘测功机校准规范》
JJF 1227—2009　《汽油车稳态加载污染物排放检测系统校准规范》

4. GB 7258、GB 21861、GB 18565 的引用标准

GB 1589—2004　《道路车辆外廓尺寸、轴荷及质量限值》及第1号修改单
GB 4785—2007　《汽车及挂车外部照明和信号装置的安装规定》
GB 11567.1—2001　《汽车和挂车侧面防护要求》
GB 11567.2—2001　《汽车和挂车后下部防护要求》
GB 15084—2006　《机动车辆后视镜的性能和安装要求》
GB 16735—2004　《道路车辆　车辆识别代号（VIN）》
GB 18100—2000　《两轮摩托车及轻便摩托车照明和光信号装置的安装规定》及第1号修改单
GB 13094—2007　《客车结构安全要求》
GB 18986—2003　《轻型客车结构安全要求》

GB/T 21085—2007 《机动车出厂合格证》
GB/T 16887 《卧铺客车技术条件》
GB/T 3181 《漆膜颜色标准》
GB 4094 《汽车操纵件、指示器及信号装置的标志》
GB 4599—1994 《汽车前照灯配光性能》
GB 5948—1998 《摩托车白炽丝光源前照灯配光性能》
GB 8108 《车用电子警报器》
GB 8410 《汽车内饰材料的燃烧特性》
GB 9656 《汽车安全玻璃》
GB 10395.1 《农林拖拉机和机械 安全技术要求》
GB 10396 《农林拖拉机和机械、草坪和园艺动力机械 安全标志和危险图形》
GB/T 11381—1989 《客车顶部静载试验方法》
GB/T 12428 《客车装载质量计算方法》
GB 13057 《客车座椅及其车辆固定件的强度》
GB 13392 《道路运输危险货物车辆标志》
GB/T 13594 《机动车和挂车防抱制动性能和试验方法》
GB 13954 《特种车辆标志灯具》
GB 15365 《摩托车操纵件、指示器及信号装置的图形符号》
GB 17352 《摩托车和轻便摩托车后视镜及其安装要求》
GB/T 17676 《天然气汽车和液化石油气汽车 标志》
GB/T 18411 《道路车辆产品标牌》
GB/T 18697—2002 《声学 汽车车内噪声测量方法》
GB/T 19056 《汽车行驶记录仪》
GB/T 15089—2001 《机动车辆及挂车的分类》
GB/T 21055—2007 《肢体残疾人驾驶汽车的操纵辅助装置》
GB 19151 《机动车用三角警告牌》
GB 19152 《轻便摩托车前照灯配光性能》
GA 36—2007 《中华人民共和国机动车号牌》
GA 37—2008 《中华人民共和国机动车行驶证》
GA 801—2008 《机动车查验工作规程》
GA 802—2008 《机动车类型 术语和定义》
GA 406 《车身反光标识》
QC/T 659—2000 《汽车空调（HFC-134a）用标识》

5. 其他

GB/T 11798.1—2001 《滑板式汽车侧滑检验台检定技术条件》
GB/T 11798.2—2001 《滚筒反力式汽车制动台检验台检定技术条件》
GB/T 11798.3—2001 《汽油车排气分析仪检定技术条件》
GB/T 11798.4—2001 《滚筒式车速表检验台检定技术条件》
GB/T 11798.5—2001 《滤纸式烟度计检定技术条件》
GB/T 11798.6—2001 《对称光前照灯检测仪检定技术条件》
GB/T 11798.7—2001 《轴（轮）重仪检定技术条件》

GB/T 11798.8—2001 《摩托车轮偏仪检定技术条件》
GB/T 11798.9—2001 《平板式制动试验台检定技术条件》
GB/T 27025—2008 《检测和校准实验室能力的通用要求》

第三节

机动车安全技术检验基本概念

一、机动车的概念及分类

机动车是指由动力装置驱动或牵引，上道路行驶的供人员乘用或用于运送物品以及进行工程专项作业的轮式车辆，包括汽车及汽车列车、摩托车、拖拉机运输机组、轮式专用机械车、挂车。

1. 汽车

由动力驱动、具有四个或四个以上车轮的非轨道承载的车辆，包括与电力线相连的车辆（如无轨电车）。主要用于：载运人员和/或货物（物品）；牵引载运货物（物品）的车辆或特殊用途的车辆；专项作业。

（1）载客汽车 设计和制造上主要用于载运人员的汽车，包括装置有专用设备或器具但以载运人员为主要目的的汽车。

① 乘用车。设计和制造上主要用于载运乘客及其随身行李和/或临时物品的汽车，包括驾驶人座位在内座位数量最多不超过9个。它可以装置一定的专用设备或器具，也可以牵引一辆中置轴挂车。

② 旅居车。装备有睡具（可由桌椅转换而来）及其他必要的生活设施、用于旅行宿营的汽车。

③ 客车。设计和制造上主要用于载运乘客及其随身行李的汽车，包括驾驶人座位在内座位数超过9个。根据是否设置有站立乘客区，分为未设置乘客站立区的客车和设有乘客站立区的客车。

④ 校车。用于有组织地接送3周岁以上学龄前幼儿或接受义务教育的学生上学和放学的7座以上的载客汽车。

（2）载货汽车 设计和制造上主要用于载运货物或牵引挂车的汽车，也包括：装置有专用设备或器具但以载运货物为主要目的的汽车；由非封闭式货车改装的，虽装置有专用设备或器具，但不属于专项作业车的汽车。

① 半挂牵引车。装备有特殊装置、用于牵引半挂车的汽车。

② 低速汽车。三轮汽车和低速货车的总称。

（3）专项作业车 装置有专用设备或器具，在设计和制造上用于工程专项（包括卫生医疗）作业的汽车，如汽车起重机、消防车、混凝土泵车、清障车、高空作业车、扫路车、吸污车、钻机车、仪器车、检测车、监测车、电源车、通信车、电视车、采血车、医疗车、体检医疗车等，但不包括装置有专用设备或器具而座位数（包括驾驶人座位）超过9个的汽车（消防车除外）。

（4）气体燃料汽车 装备以石油气、天然气或煤气等气体为燃料的发动机的汽车。

(5) 两用燃料汽车　具有两套相互独立的燃料供给系统，且两套燃料供给系统可分别但不可同时向燃烧室供给燃料的汽车，如汽油/压缩天然气两用燃料汽车、汽油/液化石油气两用燃料汽车等。

(6) 双燃料汽车　具有两套燃料供给系统，且两套燃料供给系统按预定的配比向燃烧室供给燃料，在缸内混合燃烧的汽车，如柴油-压缩天然气双燃料汽车、柴油-液化石油气双燃料汽车等。

(7) 纯电动汽车　由电机驱动，且驱动电能来源于车载可充电能量储存系统（REESS）的汽车。

(8) 插电式混合动力汽车　具有可外接充电功能，且有一定纯电驱动模式续驶里程的混合动力汽车，包括增程式电动汽车。

(9) 燃料电池汽车　以燃料电池作为主要动力电源的汽车。

(10) 教练车　专门从事驾驶技能培训的汽车。

(11) 残疾人专用汽车　在采用自动变速器的乘用车上加装符合标准和规定的驾驶辅助装置，专门供特定类型的肢体残疾者驾驶的汽车。

2. 挂车

设计和制造上需由汽车或拖拉机牵引，才能在道路上正常使用的无动力道路车辆，包括牵引杆挂车、中置轴挂车、半挂车和旅居挂车，用于载运货物及特殊用途。

(1) 牵引杆挂车　至少有两根轴的挂车，其中一轴可转向；通过角向移动的牵引杆与牵引车连接；牵引杆可垂直移动，连接到底盘上，因此不能承受任何垂直力。

(2) 中置轴挂车　牵引装置不能垂直移动（相对于挂车），车轴位于紧靠挂车重心（当均匀载荷时）的挂车，这种车辆只有较小的垂直静载荷作用于牵引车，不超过相当于挂车最大质量的10%或10000N的载荷（两者取较小者）。其中一轴或多轴可由牵引车来驱动。

(3) 半挂车　均匀受载时挂车重心位于车轴前面，装有可将垂直力和/或水平力传递到牵引车的连接装置的挂车。

(4) 旅居挂车　装备有睡具（可由桌椅转换而来）及其他必要的生活设施、用于旅行宿营的挂车，包括中置轴旅居挂车和旅居半挂车。

3. 汽车列车

由汽车（低速汽车除外）牵引挂车组成，包括乘用车列车、货车列车和铰接列车。

(1) 乘用车列车　乘用车和中置轴挂车的组合。

(2) 货车列车　货车和牵引杆挂车或中置轴挂车的组合。

① 牵引杆挂车列车。

② 全挂拖斗车。

③ 全挂汽车列车：货车和牵引杆挂车的组合。

④ 中置轴挂车列车：货车和中置轴挂车的组合。

(3) 铰接列车　一辆半挂牵引车与具有角向移动连接的半挂车组合的车辆称为铰接列车，通常使用的名称为"半挂汽车列车"。半挂汽车列车为半挂牵引车和半挂车的组合，也包括带有连接板的货车和旅居半挂车的组合。

4. 危险货物运输车辆

设计和制造上用于运输危险货物的货车、挂车、汽车列车。

5. 摩托车

由动力装置驱动的，具有两个或三个车轮的道路车辆，但不包括：

① 整车整备质量超过 400kg、不带驾驶室、用于载运货物的三轮车辆；

② 整车整备质量超过 600kg、不带驾驶室、不具有载运货物结构或功能且设计和制造上最多乘坐 2 人（包括驾驶人）的三轮车辆；

③ 整车整备质量超过 600kg 的带驾驶室的三轮车辆；

④ 最大设计车速、整车整备质量、外廓尺寸等指标符合相关国家标准和规定的，专供残疾人驾驶的机动轮椅车；

⑤ 符合电动自行车国家标准规定的车辆。

摩托车分为普通摩托车和轻便摩托车。

（1）普通摩托车　无论采用何种驱动方式，其最大设计车速大于 50km/h，或如使用内燃机，其排量大于 50mL，或如使用电驱动，其电动机额定功率总和大于 4kW 的摩托车，包括两轮普通摩托车、边三轮摩托车、正三轮摩托车。

① 两轮普通摩托车。车辆纵向中心平面上装有两个车轮的普通摩托车。

② 边三轮摩托车。在两轮普通摩托车的右侧装有边车的摩托车。

③ 正三轮摩托车。装有三个车轮，其中一个车轮在纵向中心平面上，另外两个车轮与纵向中心平面对称布置的普通摩托车，包括：

a. 装有与前轮对称分布的两个后轮的摩托车，且设计和制造上允许载运货物或超过 2 名乘员（含驾驶人），其最大设计车速低于 70km/h；

b. 装有与后轮对称分布的两个前轮、设计和制造上不具有载运货物结构且最多乘坐 2 人（包括驾驶人）的摩托车。

（2）轻便摩托车　无论采用何种驱动方式，其最大设计车速不高于 50km/h 的摩托车。如使用内燃机，其排量不大于 50mL；如使用电驱动，其电动机额定功率总和不大于 4kW。

① 两轮轻便摩托车。车辆纵向中心平面上装有两个车轮的轻便摩托车。

② 正三轮轻便摩托车。装有与前轮对称分布的两个后轮的轻便摩托车。

6. 拖拉机运输机组

由拖拉机牵引一辆挂车组成的用于载运货物的机动车，包括轮式拖拉机运输机组和手扶拖拉机运输机组。

7. 轮式专用机械车

有特殊结构和专门功能，装有橡胶车轮，可以自行行驶，最大设计车速高于 20km/h 的轮式机械，如装载机、平地机、挖掘机、推土机等，但不包括叉车。

8. 特型机动车

质量参数和/或尺寸参数超出 GB 1589 规定的汽车、挂车、汽车列车。

二、机动车安全技术检验的概念及分类

1. 机动车安全技术检验的概念

机动车安全技术检验是指根据《中华人民共和国道路交通安全法》及其实施条例规定，

按照机动车国家安全技术标准等要求,对上道路行驶的机动车进行检验的活动,包括机动车注册登记时的初次安全技术检验和登记后的定期安全技术检验。

目前,机动安全技术检验的主要技术依据是国家强制性标准《机动车安全技术检验项目和方法》(GB 21861—2014)、《机动车安全运行技术条件》(GB 7258—2017)以及相关的专项技术性能标准和文件。GB 21861—2014 规定了机动车安全技术检验机构在从事机动车安全技术检验时应该检验的项目以及相应的检验方法,检验结果是否合格的判定主要依据 GB 7258 等标准进行。

2. 机动车安全技术检验的分类

(1) 依据检验车型分类 可分为汽车安全技术检验、摩托车安全技术检验、农业机械安全技术检验。

目前,汽车安全技术检验、摩托车安全技术检验由质量监督管理部门审定许可的机动车安全技术检验机构实施检验,需上道路行驶的农业机械(如拖拉机、联合收割机),现由农机管理部门依据《拖拉机和联合收割机安全监理检验技术规范》(NY/T 1830—2009)等标准,委托农机检验机构实施检验。

(2) 依据车辆检验时间分类 依据车辆检验时间不同,可分为新车注册登记检验和在用车定期检验。

① 新车注册登记检验。也可简称为初次检验,是指机动车新车在上路行驶前,依据法律、法规、规范性文件以及有关标准的规定,所进行的安全性能方面的技术检验和检测,道路交通管理部门依据机动车安全技术检验机构出具的车辆检验合格证明办理上路行驶登记注册。依据我国法规规定,未注册登记的机动车一律不得上路行驶。但是,经国家机动车产品主管部门依据国家机动车安全技术标准认定的企业生产的机动车型,该车型的新车在出厂时经检验符合国家机动车安全技术标准,以获得检验合格证,可免于初次检验。

② 在用车定期检验。通常简称为定期检验,是指在用车辆依照法律、法规、规范性文件以及有关标准的规定,在规定的周期内,定期对车辆的安全性能进行的检验。根据车辆用途、载客载货数量、使用年限等不同情况,车辆检验的周期不同。

(3) 依据检验性质分类 依据机动车安全技术检验的性质,可分为常规检验和特殊检验。

① 常规检验是指对一般上路行驶的机动车依法进行的例行检验,如新车注册登记安全技术检验和在用机动车定期安全技术检验。

② 特殊检验是指对有特殊情况发生的车辆,为达到特定目的进行有针对性的检验,如对肇事车辆进行的责任判定检验;对改装车辆进行的改装后安全性能是否达到国家标准要求的检验;对已经超过行驶安全期限的车辆进行的是否报废或者仍可行驶的定性检验。

(4) 其他分类 在安全技术检验概念以外的机动车检验还有许多种类,如依据检验内容不同,可分为专项检验和全项检验;依据委托主体不同,可分为委托检验和指定检验;依据委托依据不同,可分为合同的检验和依法律规定的检验;依据检验目的的不同,可分为符合性检验和性能对比性检验等。

3. 机动车安全技术检验机构

机动车安全技术检验机构是指在中华人民共和国境内,根据《中华人民共和国道路交通安全法》及其实施条例的规定,按照机动车国家安全技术指标等要求,对上道路行驶的机动车进行检验,并向社会出具公证数据的检验机构。

第四节

机动车安全技术检验的项目

GB 21861—2014 中规定的机动车安全技术检验项目，主要分为"人工检验项目"和"仪器设备检验项目"，其中人工检验项目包括车辆唯一性检查、车辆特征参数检查、联网查询、车辆外观检查、安全装置检查、底盘动态检验、车辆底盘部件检查 7 个项目。所适用的检验车辆类型包括"非营运小型、微型载客汽车""其他类型载客汽车""载货汽车（三轮汽车除外）、专项作业车""挂车""三轮汽车""摩托车" 6 类，对于不同的车辆类型，其检验项目也各不相同。

一、从检验项目分析

1. 车辆唯一性检查与联网查询

车辆唯一性检查主要是对机动车的号牌号码和类型、车辆品牌型号、车辆识别代码（或整车出厂编号）、发动机号码（或电动机号码）、车辆颜色和外形进行检查，以确认送检机动车的唯一性。车辆唯一性检查是打击走私、盗抢、拼装机动车等违法犯罪行为的第一道防线和有效手段，是机动车安全技术检验最重要的项目之一。

车辆唯一性检查项目见表 1-3。

表 1-3 车辆唯一性检查项目

检查项目		适用条件
车辆唯一性检查	号牌号码/车辆类型	所有车辆在新车注册登记检验、在用机动车检验时均应检查车辆唯一性规定的 5 个项目[对于挂车，无需检查发动机号码（或电动机号码）]
	车辆品牌/型号	
	车辆识别代号（或整车出厂编号）	
	发动机号码（或电动机号码）	
	车辆颜色和外形	

车辆唯一性检查合格后，安全技术检验机构应对送检机动车的事故或违法信息进行联网查询，及时发现重点隐患车辆，并做出相应的处理。机动车联网查询检查见表 1-4。

表 1-4 机动车联网查询检查

检查	适用条件
联网查询	所有车辆在新车注册登记检验、在用机动车检验时均应进行联网查询

2. 车辆特征参数检查

车辆特征参数是对机动车的外廓尺寸、整备质量、核定载人数等车辆主要特征和技术参数进行检查，以确认与机动车国家安全技术标准、公告、机动车出厂合格证、机动车行驶证等技术资料凭证的符合性。

车辆特征参数检查是打击非法改装、拼装机动车等违法违规行为的重要手段，也是确保车辆生产一致性的重要举措，机动车进行安全技术检验时对车辆特征参数进行检查是严格机动车源头管理、预防道路交通事故的客观要求。进行车辆特征参数检查时,除了本标准规定的项目外,若发现送检机动车的车辆特征参数与 GB 7258、GB 1589 等机动车国家安全技术标准不符合的,应拍照、录像固定证据,详细登记送检机动车的车辆类型、品牌/型号、车辆识别代号(或整车型号和出厂编号)、发动机号码、整车生产厂家、生产日期等信息,通过机动车安全技术检验监管系统上报。

车辆特征参数检查项目见表 1-5。

表 1-5　车辆特征参数检查项目

	检查项目	适用条件
车辆特征参数检查	外廓尺寸	新车注册登记检验时,载客汽车(非营运小型、微型载客汽车除外)、载货汽车、专项作业车、挂车、三轮汽车、带驾驶室的正三轮摩托车应检验该项目;在用机动车检验时,重、中型货车和挂车应检验该项目
	轴距	新车注册登记检验和在用机动车检验时,载货汽车(三轮汽车除外)、专项作业车、挂车应检验该项目
	整备质量	新车注册登记检验时,载货汽车、专项作业车、挂车、三轮汽车、带驾驶室的正三轮摩托车应检验该项目
	核定载人数	新车注册登记检验和在用机动车检验时,所有载客汽车、载货汽车、专项作业车、带驾驶室的正三轮摩托车应检验该项目
	栏板高度	新车注册登记检验和在用机动车检验时,对于有栏板结构的载货汽车、挂车(包括普通货车、普通挂车、自卸车、仓栅车等)应检验该项目
	后轴钢板弹簧片数	新车注册登记检验和在用机动车检验时,载货汽车(三轮汽车除外)、专项作业车、挂车应检验该项目
	客车应急出口	新车注册登记检验和在用机动车检验时,所有客车(包括公路客车、旅游客车、公共汽车、校车等)应检验该项目 对于乘坐人数(包括驾驶人)小于等于 9 人的大、中型专用客车(如登记为大型专用客车的旅居车),无需检查该项目
	客车乘客通道和引道	新车注册登记检验和在用机动车检验时,所有客车(包括公路客车、旅游客车、公共汽车、校车等)需要检验该项目 对于乘坐人数(包括驾驶人)小于等于 9 人的大、中型专用客车(如登记为大型专用客车的旅居车),无需检查该项目
	货厢	新车注册登记检验和在用机动车检验时,所有三轮汽车,以及有货厢结构的载货汽车、挂车(包括普通货车、普通挂车、自卸车、厢式车、仓栅车等)应检验该项目

3. 车辆外观检查

车辆外观检查主要是指对车辆车身外观,外观标识、标注和标牌,外部照明和信号装置,轮胎,号牌及号牌安装,加装/改装灯具进行检查。检查过程中应采用检验智能终端(PDA)等设备拍摄检验照片。对封闭货厢的货车(如厢式货车、封闭式货车等)、挂车应打开车厢门检查。

车辆外观检查项目见表 1-6。

表 1-6　车辆外观检查项目

	检查项目	适用条件
车辆外观检查	车身外观	所有车辆在新车注册登记检验、在用车检验时均需进行所有的 6 个项目的检验,具体检查时应根据车辆类型和使用性质开展针对性检验
	外观标识、标注和标牌	

续表

检查项目		适用条件
车辆外观检查	外部照明和信号装置	所有车辆在新车注册登记检验、在用车检验时均需进行所有的6个项目的检验,具体检查时应根据车辆类型和使用性质开展针对性检验
	轮胎	
	号牌及号牌安装	
	加装/改装灯具	

4. 安全装置检查

机动车的安全装置是通过自身的结构与功能防止或限制机动车出现某种危险,或在出现某种危险时为乘客提供紧急救援的装置,以达到保护乘客生命和财产安全的目的。安全装置检查项目有20项,主要包括安全带、机动车用三角警告牌、灭火器、行驶记录装置、车身反光标识、车辆尾部标识板、侧后防护装置、应急锤、急救箱、限速功能或限速装置、防抱死制动装置等。

安全装置检查项目见表1-7。

表1-7 安全装置检查项目

检查项目	适用条件
安全装置检查	对于限速功能或限速装置、辅助制动装置、盘式制动器3个项目仅针对新车注册登记检验;其他17个项目针对新车注册登记检验和在用机动车检验

5. 底盘动态检查

底盘动态检查是指在行驶的状态下,判断送检机动车的转向系统、传动系统、制动系统、仪表和指示器是否符合运行安全要求。

底盘动态检查项目见表1-8。

表1-8 底盘动态检查项目

检查项目		适用条件
底盘动态检查	转向系统部件	新车注册登记检验、在用机动车检验时,所有载货汽车(包括三轮汽车)、专项作业车、载客汽车(非营运小型、微型载客汽车除外)、摩托车、面包车、7座及7座以上非营运小型和微型载客汽车,以及使用年限超过10年的非营运小型、微型载客汽车都应进行底盘动态检验
	传动系统部件	
	行驶系统部件	
	制动系统部件	使用年限在10年以内的6座及6座以下非营运小型、微型载客汽车,发生造成人员伤亡的道路交通事故的,机动车安全技术检验时也应进行底盘动态检验
	其他部件	

6. 车辆底盘部件检查

车辆底盘部件检查是指车辆停放在地沟上方的指定位置,使用专用手锤、铁钩等工具辅助检查,并由驾驶室操作人员配合完成;大中型客车、重中型货车、专项作业车、挂车检查时应使用底盘间隙仪。

底盘部件检查项目见表1-9。

表 1-9　底盘部件检查项目

检查项目		适用条件
底盘部件检查	转向系统部件	新车注册登记检验、在用机动车检验时,所有载货汽车(包括三轮汽车)、挂车、专项作业车、载客汽车(非营运小型、微型载客汽车除外)、面包车、7座及7座以上非营运小型和微型载客汽车,以及使用年限超过10年的非营运小型、微型载客汽车都应进行车辆底盘部件检查 使用年限在10年以内的6座及6座以下非营运小型、微型载客汽车,发生造成人员伤亡的道路交通事故的,机动车安全技术检验时也应进行车辆底盘部件检查
	传动系统部件	
	行驶系统部件	
	制动系统部件	
	其他部件	

7. 仪器设备检验

仪器设备检验项目的实施在机动车检测流水线（简称检测线）上进行，主要有制动（包括行车制动和驻车制动）、前照灯、车速表指示误差、转向轮横向侧滑量共计4个大项，见表1-10。

表 1-10　仪器设备检验项目

检验项目			适用条件
仪器设备检验	行车制动	空载制动率	所有车辆在新车注册登记检验、在用机动车检验时,均需要检验行车制动;对于三轴及三轴以上的载货汽车、采用并装双轴及并装三轴的挂车,部分轴还应进行加载制动检验
		空载制动不平衡率	
		加载轴制动率	
		加载轴制动不平衡率	
	驻车制动		新车注册登记检验、在用机动车检验时,所有载货汽车(包括三轮汽车)、挂车、专项作业车、载客汽车(非营运小型、微型载客汽车除外)、面包车、7座及7座以上的非营运小型和微型载客汽车,以及使用年限超过10年的非营运小型、微型载客汽车都应进行驻车制动检验
	前照灯	远光发光强度	所有车辆(挂车除外)都应检验前照灯,但是非营运小型和微型载客汽车、三轮汽车、摩托车只检验前照灯远光发光强度,不检验远近光光束垂直偏移
		近光发光强度	对采用远光光束照射位置不能单独调整前照灯的汽车,不检验远光光束垂直偏移,只检验近光光束垂直偏移
	车速表指示误差		新车注册登记检验时,载客汽车(非营运小型、微型载客汽车除外)、载货汽车(三轮汽车除外)、专项作业车都应检验车速表指示误差
	转向轮横向侧滑量		新车注册登记检验、在用机动车检验时,对前轴采用非独立悬架的载客汽车(非营运小型、微型载客汽车除外)、载货汽车、专项作业车需要检验转向轮横向侧滑量,但前轴采用双转向轴时除外

 二、从适用车辆类型对检验项目进行分析

1. 非营运小型、微型载客汽车

非营运小型、微型载客汽车检验项目见表1-11，其中必检项目有6项，具体检验分项合计共17项。根据车型、使用年限以及是否发生造成人员伤亡交通事故等情况的不同，部分非营运小型、微型载客汽车还应进行某些增加检验项目的检验，具体要求见表1-11中的注释。

表 1-11 非营运小型、微型载客汽车检验项目

检验项目		具体检验分项
必检项目	车辆唯一性检查	号牌号码/车辆类型;车辆品牌/型号;车辆识别代号(或整车出厂编号);发动机号码(或电动机号码);车辆颜色和外形
	联网查询	联网查询
	车辆特征参数检查	核定载人数
	车辆外观检查	车身外观;外观标识、标注和标牌;外部照明和信号装置;轮胎;号牌及号牌安装;加装/改装灯具
	安全装置检查	汽车安全带;机动车用三角警告牌
	仪器设备检验	行车制动(空载制动率、空载制动不平衡率);前照灯远光发光强度
增加检验项目	安全装置检查	肢体残疾者操纵辅助装置
	底盘动态检验	转向系统;传动系统;制动系统;仪表和指示器
	车辆底盘部件检查	转向系统部件;传动系统部件;行驶系统部件;制动系统部件;其他部件
	仪器设备检验	驻车制动

注:1.对残疾人专用汽车,增加肢体残疾者操纵辅助装置检查。
2.面包车、7座及7座以上车辆、使用年限超过10年的车辆,增加底盘动态检验、车辆底盘部件检查和驻车制动检验。
3.对于使用年限在10年以内的非营运小型、微型载客汽车发生过造成人员伤亡交通事故的,需要增加底盘动态检验、车辆底盘部件检查项目。

2. 其他类型载客汽车

其他类型载客汽车检验项目见表1-12,其中必检项目有8项,具体检验分项共计28项。

表 1-12 其他类型载客汽车检验项目

检验项目		具体检验分项
必检项目	车辆唯一性检查	号牌号码/车辆类型;车辆品牌/型号;车辆识别代号(或整车出厂编号);发动机号码(或电动机号码);车辆颜色和外形
	联网查询	联网查询
	车辆特征参数检查	核定载人数
	车辆外观检查	车身外观;外观标识、标注和标牌;外部照明和信号装置;轮胎;号牌及号牌安装;加装/改装灯具
	安全装置检查	汽车安全带;机动车用三角警告牌
	底盘动态检验	转向系统;传动系统;制动系统;仪表和指示器
	车辆底盘部件检查	转向系统部件;传动系统部件;行驶系统部件;制动系统部件;其他部件
	仪器设备检验	行车制动(空载制动率、空载制动不平衡率);驻车制动;前照灯(远光发光强度、远近光束垂直偏移);车速表指示误差[①]
增加检验项目	车辆特征参数检查	外廓尺寸;客车应急出口;客车乘客通道和引道
	安全装置检查	灭火器;行驶记录装置;应急锤;急救箱;限速功能或限速装置[①];防抱死制动装置;辅助制动装置[①];盘式制动器[①];发动机舱自动灭火装置;手动机械断电开关;副制动踏板;校车标志灯和校车停车指示标志牌
	仪器设备检验	转向轮横向侧滑量

① 仅在新车注册登记检验时进行。
注:1.外廓尺寸仅在新车注册登记检验时检验。
2.公路客车、旅游客车、校车、公共汽车等应增加的安全装置检验项目详见表1-13。

表 1-13 大中型客车等部分车型增加项目

项目名称		适用车型要求
灭火器		客车
行驶记录装置	汽车行驶记录仪或卫星定位装置	公路客车、旅游客车、专用校车 2013 年 3 月 1 日起注册登记的未设置乘客站立区的公共汽车
	车内外录像监控系统	卧铺客车 2013 年 5 月 1 日起出厂的专用校车
应急锤		采用密封钢化玻璃式应急窗的客车
急救箱		校车
限速功能或限速装置		新车注册登记检验时,公路客车、旅游客车及车长大于 9m 的未设置乘客站立区的公共汽车
超速报警		新车注册登记检验时,车长大于等于 6m 的客车
防抱死制动装置		2005 年 2 月 1 日起注册登记的总质量大于 12000kg 的公路客车和旅游客车 2012 年 9 月 1 日起出厂的车长大于 9m 的公路客车、旅游客车 2013 年 5 月 1 日起出厂的专用校车 2013 年 9 月 1 日起出厂的车长大于 9m 的未设置乘客站立区的公共汽车
辅助制动装置		新车注册登记检验时,2012 年 9 月 1 日起出厂的车长大于 9m 的客车(对专用校车为车长大于 8m)
盘式制动器		新车注册登记检验时,以下车辆的前轮应装备盘式制动器 2012 年 9 月 1 日起出厂的车长大于 9m 的客车(未设置乘客站立区的公共汽车除外) 2013 年 5 月 1 日起出厂的专用校车 2013 年 9 月 1 日起出厂的车长大于 9m 的未设置乘客站立区的公共汽车
发动机舱自动灭火装置		2013 年 5 月 1 日起出厂的专用校车 2013 年 3 月 1 日起出厂的发动机后置的其他客车
手动机械断电开关		2013 年 3 月 1 日起出厂的车长大于等于 6m 的客车
副制动踏板		教练车
校车标志灯和校车停车指示标志牌		校车

注:1.客车是指设计和制造商主要用于运载乘客及随身行李的汽车,包括驾驶人座位在内座位数超过 9 个。
2.公路客车是指为城间(城乡)运输乘客设计和制造、专门从事旅客运输的客车,包括卧铺客车,即设计和制造供全体乘客卧睡的客车。
3.公共汽车同名城市客车,是指为城市内运输乘客设计和制造的客车,根据是否设有乘客站立区可分为设有乘客站立区的公共汽车和未设置乘客站立区的公共汽车。
4.旅游客车是指为旅游设计和制造、专门用于运载游客的客车。
5.校车是指用于有组织地接送 3 周岁以上学龄幼儿或接受义务教育的学生上学和放学的 7 座以上的载客汽车。
6.专用校车是指设计和制造上专门用于运送 3 周岁以上学龄前幼儿或义务教育阶段学生的校车。
7.教练车是指专门用于驾驶技能培训的汽车。

3. 载货汽车(三轮汽车除外)、专项作业车

载货汽车(三轮汽车除外)、专项作业车检验项目见表 1-14。

表 1-14 载货汽车(三轮汽车除外)、专项作业车检验项目

检验项目		具体检验分项
必检项目	车辆唯一性检查	号牌号码/车辆类型;车辆品牌/型号;车辆识别代号(或整车出厂编号);发动机号码(或电动机号码);车辆颜色和外形
	联网查询	联网查询
	车辆特征参数检查	轴距;整备质量①;核定载人数;后轴钢板弹簧片数

续表

检验项目		具体检验分项
必检项目	车辆外观检查	车身外观;外观标识、标注和标牌;外部照明和信号装置;轮胎;号牌及号牌安装;加装/改装灯具
	安全装置检查	汽车安全带;机动车用三角警告牌;车身反光标识
	底盘动态检验	转向系统;传动系统;制动系统;仪表和指示器
	车辆底盘部件检查	转向系统部件;传动系统部件;行驶系统部件;制动系统部件;其他部件
	仪器设备检验	行车制动(空载制动率、空载制动不平衡率);驻车制动;前照灯远光发光强度;前照灯远近光光束垂直偏移;车速表指示误差①
增加检验项目	车辆特征参数检查	外廓尺寸;栏板高度;货厢
	安全装置检查	灭火器;行驶记录装置;车辆尾部标志板;侧后防护装置;限速功能或限速装置;防抱死制动装置;辅助制动装置;盘式制动器;紧急切断装置;副制动踏板;危险货物运输车标志
	仪器设备检验	行车加载轴制动率;行车加载轴制动不平衡率;转向轮横向侧滑量

① 仅在新车注册登记检验时进行。

注:1. 对于专项作业车、轻型和微型载货汽车,仅在新车注册登记检验时检验外廓尺寸;对于重型和中型载货汽车、挂车,在用机动车检验时应增加检验外廓尺寸。
2. 对于有栏板结构的载货汽车(包括普通货车、自卸货车、仓栅货车等),应检验栏板高度。
3. 对于有货厢结构的载货汽车(包括栏板货车、自卸货车、厢式货车、仓栅货车等),应检验栏板高度。
4. 对于三轴及三轴以上的载货汽车,应检验加载制动。
5. 重型和中型货车、货车底盘改装的专项作业车、危险货物运输车、半挂牵引车、教练车等应增加的安全装置检验项目详见表1-15。

表1-15 重型和中型货车等部分车型增加的安全装置检查项目

项目名称	适用车型要求
灭火器	危险货物运输车
行驶记录装置	危险货物运输车 半挂牵引车、总质量大于或等于12000kg的货车
车辆尾部标志板	2012年9月1日起出厂的总质量大于或等于12000kg的货车(半挂牵引车除外) 2014年1月1日起出厂的总质量大于或等于12000kg的货车底盘改装的专项作业车
侧后防护装置	总质量大于3500kg的货车 货车底盘改装的专项作业车 罐式危险货物运输车
限速功能或限速装置	危险货物运输车
防抱死制动装置	道路运输爆炸品和剧毒化学品车辆 2005年2月1日起注册的总质量大于16000kg、允许挂接总质量大于10000kg的挂车的货车 2012年9月1日起出厂的半挂牵引车、其他危险货物运输车(道路运输爆炸品和剧毒化学品车辆除外) 2014年9月1日起出厂的总质量大于等于12000kg的货车和专项作业车
辅助制动装置	所有危险货物运输车 总质量大于等于12000kg的货车 2014年9月1日起出厂的总质量大于等于12000kg的专项作业车
盘式制动器	2012年9月1日起出厂的危险货物运输车
紧急切断装置	2015年1月1日起,所有用于运输液体危险货物的罐式危险货物运输车
副制动踏板	教练车(三轮汽车除外)
危险货物运输标志	危险货物运输车、道路运输爆炸品和剧毒化学品车辆

4. 挂车

挂车检验项目见表1-16。

表1-16 挂车检验项目

检验项目		具体检验分项
必检项目	车辆唯一性	号牌号码/车辆类型;车辆品牌/型号;车辆识别代号(或整车出厂编号);车辆颜色和外形
	联网查询	联网查询
	车辆特征参数检查	外廓尺寸;轴距;整备质量①;后轴钢板弹簧片数
	车辆外观检查	车身外观;外观标识、标注和标牌;外部照明和信号装置;轮胎;号牌及号牌安装;加装/改装灯具
	安全装置检查	车身反光标识
	车辆底盘部件检查	转向系统部件;传动系统部件;行驶系统部件;制动系统部件;其他部件
	仪器设备检验	行车空载制动率;行车空载制动不平衡率;驻车制动
增加检验项目	车辆特征参数检查	栏板高度;货厢
	安全装置检查	车辆尾部标志板;侧后防护装置;防抱死制动装置;紧急切断装置;危险货物运输车标志
	仪器设备检验	加载轴制动率;加载轴制动不平衡率

① 仅在注册登记检验时进行。

注：1.对于有栏板结构的挂车（包括普通挂车、自卸挂车、仓栅挂车等）应检验栏板高度。
2.对于有货厢结构的挂车（包括普通挂车、自卸挂车、厢式挂车、仓栅挂车等）应检验货厢。
3.对于车长大于8.0m的挂车应检验车辆尾部标志板。
4.对于挂车和罐式危险货物运输挂车应检验侧后防护装置。
5.对于2005年2月1日起注册登记的总质量大于10000kg的挂车应检验防抱死制动装置。
6.对于2015年1月1日起，所有用于运输液体危险货物的罐式危险货物运输车都应检验紧急切断装置。
7.对于运输危险货物的挂车应检验危险货物运输车标志。
8.对于采用并装双轴及并装三轴的挂车，应检验加载制动。

5. 三轮汽车

三轮汽车检验项目见表1-17。

表1-17 三轮汽车检验项目

检验项目		具体检验分项
必检项目	车辆唯一性检查	号牌号码/车辆类型;车辆品牌/型号;车辆识别代号(或整车出厂编号);发动机号码(或电动机号码);车辆颜色和外形
	联网查询	联网查询
	车辆特征参数检查	整备质量;货厢
	车辆外观检查	车身外观;外观标识、标注和标牌;外部照明和信号装置;轮胎;号牌及号牌安装
	安全装置检查	车身反光标识
	底盘动态检验	转向系统;传动系统;制动系统;仪表和指示器
	车辆底盘部件检查	转向系统部件;传动系统部件;行驶系统部件;制动系统部件;其他部件
	仪器设备检验	驻车制动;前照灯远光发光强度
增加检验项目	车辆特征参数检查	外廓尺寸
	安全装置检查	机动车用三角警告牌

注：1.外廓尺寸仅在新车注册登记检验时应检验。
2.有驾驶室的三轮汽车应增加检验机动车用三角警告牌。

6. 摩托车

摩托车检验项目见表 1-18。

表 1-18 摩托车检验项目

检验项目		具体检验分项
必检项目	车辆唯一性检查	号牌号码/车辆类型;车辆品牌/型号;车辆识别代号(或整车出厂编号);发动机号码(或电动机号码);车辆颜色和外形
	联网查询	联网查询
	车辆外观检查	车身外观;外部照明和信号装置;轮胎;号牌及号牌安装
	底盘动态检验	转向系统;传动系统;制动系统;仪表和指示器
	仪器设备检验	行车制动空载制动率;前照灯远光发光强度
增加检验项目	车辆特征参数检查	外廓尺寸;整备质量;核定载人数

注:1. 外廓尺寸仅在新车注册登记检验时应检验。
2. 带驾驶室的正三轮摩托车,还应检验外廓尺寸、整备质量、核定载人数。

出入境检验检疫机构对需领取机动车牌证方可上道路行驶的入境机动车进行检验时,应覆盖本节上述表中规定的检验项目,并按照注册登记检验要求执行。

轮式专用机械车、有轨电车的安全技术检验项目按照相关国家标准和行业标准的要求参照本节上述表中规定进行确定。

第五节

机动车安全技术检验基本流程

机动车安全技术检验流程见图 1-1,机动车安全技术检验的内容是强制性的,机动车安全技术检验机构可根据实际情况适当调整检验流程(包括仪器设备检验各工位顺序均可适当调整)。

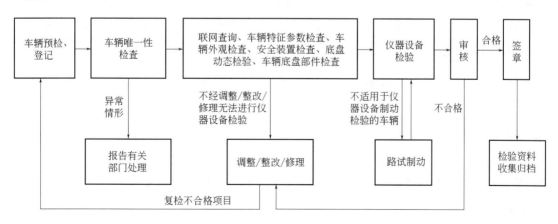

图 1-1 机动车安全技术检验流程

一、检验流程

1. 车辆预检、登记（受理）

对送检机动车进行预检，审核机动车行驶证、机动车交通事故责任强制保险凭证等证件；对达不到送检机动车基本要求的，不予登记（受理），并告知原因。

2. 车辆唯一性检验

车辆登记（受理）完毕后，检验员进行车辆唯一性检查。发现送检机动车有拼装、非法改装、被盗抢、走私嫌疑时，安检机构及其检验员应详细登记该送检机动车的相关信息，拍照、录像固定证据，通过机动车安全技术检验监管系统上报，并告知送检人到当地公安机关交通管理部门处理。

3. 联网查询

车辆唯一性检查合格后，安检机构应联网查询送检机动车的事故或违法信息。

① 对发生过造成人员伤亡交通事故的送检机动车，人工检验时应重点检查损伤部位和损伤情况；属于使用年限在10年以内的非营运小型、微型载客汽车，增加底盘动态检验和车辆底盘部件检查。

② 对涉及尚未处理完毕的道路交通安全违法行为或道路交通事故的送检机动车，应提醒机动车所有人及时到公安机关交通管理部门处理。

4. 人工检验

联网查询完毕后，进行人工检验，具体包括车辆特征参数检查、车辆外观检查、安全装置检查、底盘动态检验和车辆底盘检查。

① 人工检验时，发现有制动失效等暂时无法进行仪器设备检验的车辆，应要求其调整、整改、修理后再复检。

② 注册登记检验时，发现送检机动车的车辆特征参数、安全装置不符合《道路车辆外廓尺寸、轴荷及质量限值》（GB 1589—2004）、《机动车运行安全技术条件》（GB 21861—2014）、《车辆生产企业及产品公告》（以下简称"公告"）、机动车出厂合格证时，应拍照、录像固定证据，详细登记送检机动车的车辆类型、品牌或型号、车辆识别代号（或整车型号和出厂编号）、发动机号码、整车生产厂家、生产日期等信息，通过机动车安全技术检验监管系统上报。

5. 仪器设备检验

人工检验完毕后，进行仪器设备检验。对不适用于仪器设备制动性能检验的车辆，进行路试检验。

6. 审核

仪器设备检验完毕后，由授权签字人审核，出具检验报告，检验结论分为合格、不合格。检验结论为不合格的车辆应要求送检人调整、整改、修理后再复检。

7. 签章

车辆检验合格后，按规定上传相关资料，监管平台审核合格后签章并签发检验合格标志，检验资料收集归档，安检结束。

二、检验流程设置应遵循的原则

1. 一次性、全流程检验

人工检验出现不合格项时应进行仪器设备检验，但出现下列情况时除外。
① 车辆唯一性检查时，出现异常情形。
② 检验过程出现不经调整、整改、修理无法进行仪器设备检验的情形（如制动失效等）。

2. 只复检不合格的项目

不合格车辆经调整、整改、修理后，通常情况只需要复检不合格项目，除非是与不合格项目密切关联的项目（如制动不平衡率与制动率等）。

3. 严格路试检验流程

通常情况下，制动检验应采用台试方式进行，对于不适用于仪器设备制动检验的车辆，经批准方可安排路试制动检验。

对进行路试制动检验的机动车，仍应通过增加配置前照灯检验仪等方式检验前照灯远光发光强度和远近光垂直偏移等仪器设备检验项目，确实因轴荷超限等原因难以配置相应检验设备的，经有关部门批准后可不进行车速表指示误差和转向轮横向侧滑量的检验。

第六节

机动车安全技术检验的基本要求

一、送检机动车的外观要求

送检机动车应清洁，无明显漏油、漏水、漏气现象，轮胎完好，轮胎气压正常且胎冠花纹中无异物，发动机应运转平稳，怠速稳定，无异响；装有车载诊断系统（OBD）的车辆，不应有与防抱死制动系统（ABS）、电动助力转向系统（EPS）及其他与行车安全相关的故障信息。对达不到以上基本要求的送检机动车，机动车安全技术检验机构应告知送检人整改，符合要求后再进行安全技术检验。

对送检机动车提出的基本要求，可通过观察、操作等基本方法进行检查，必要时可使用相应仪器设备。保证机动车的安全技术性能的主体是车主，车主送检时应确保车辆的基本安全技术要求。本着规范服务送检客户的原则，检验员发现车辆不符合送检要求时，应当面与车主解释，并指出不符合的具体情形。

二、送检机动车的交通事故责任强制保险要求

在用机动车检验时，应提供送检机动车的机动车行驶证和有效的机动车交通事故责任强制保险凭证。根据《道路交通安全法实施条例》第十七条，"已注册登记的机动车进行安全技术检验时，机动车行驶证记载的登记内容与该有关情况不符，或者未按照规定提供机动车

第三者责任强制保险凭证的,不予通过检验。"

根据《机动车交通事故责任强制保险条例》,"机动车第三者责任强制保险凭证"即为"机动车交通事故责任强制保险凭证"。

三、机动车安全技术检验时的时间要求

机动车进行安全技术检验时,各检验工位应保证足够的检验时间。机动车安全技术检验各工位的最少检验时间见表1-19。

表1-19 机动车安全技术检验各工位的最少检验时间   单位:s

检验工位		最少检验时间		
		非营运小型、微型载客汽车	载客汽车(非营运小型、微型载客汽车除外)、载货汽车(三轮汽车除外)、专项作业车、挂车	摩托车、三轮汽车
人工检验	车辆唯一性检查、车辆特征参数检查、车辆外观检查、安全装置检查	120	240	90
	底盘动态检验	60	60	
	车辆底盘部件检查	40	100	
仪器设备检验	制动[①]	40	60	30
	前照灯	60[②]	60[②]	30
	车速表	—	20	—

[①] 使用平板式制动检验台时,最少检验时间对汽车为15s。
[②] 使用左右前照灯检测仪同时检测时,最少检验时间对汽车为40s。

机动车安全技术检验各工位最少检验时间要求的提出,其主要目的是进一步规范检验行为,确保每个项目检验到位,使得检验质量得到有效保证。随着机动车检验监管系统的应用,对于安检机构不按照本条要求执行检验的,系统自动预警提示,列为异常业务。

第二章

机动车安全检验要求

《机动车安全技术检验项目和方法》(GB 21861—2014) 中明确规定了机动车安全技术检验的基本要求,本章详细介绍了车辆唯一性检查、联网查询、车辆特征参数检查、车辆外观检查、安全装置检查、底盘动态检验、车辆底盘部件检查、制动性能检验、车速表检验、转向轮侧滑检验的要求,最后,对检验结果的处置进行了说明。

第一节

车辆唯一性检查与联网查询要求

一、车辆唯一性检查

1. 号牌号码/车辆类型、车辆品牌/型号

① 新车注册登记检验时,送检机动车的车辆品牌/型号应与机动车出厂合格证(对进口车为海关货物进口证明书)一致。

② 在用机动车检验时,送检机动车的号牌号码/车辆类型、车辆品牌/型号,应与机动车行驶证签注的内容一致。

2. 车辆识别代号(或整车出厂编号)

(1) 标准条文

① 新车注册登记检验时,送检机动车的车辆识别代号(或整车出厂编号)应与机动车出厂合格证(对进口车为海关货物进口证明书)、车辆识别代号(或整车出厂编号)的拓印膜一致,车辆识别代号的内容和构成应符合 GB 16735 的相关规定;其打刻部位、深度以及组成字母与数字的字高等应符合 GB 7258 的相关规定,且不应出现被凿改、挖补、打磨、擅自重新打刻等现象。对于 2013 年 3 月 1 日起出厂的乘用车、总质量小于等于 3500kg 的货车(低速汽车除外),从车外应能清晰地识读到靠近风窗立柱位置的车辆识别代号标识。车辆上标识的所有车辆识别代号内容都应一致。

② 在用机动车检验时,送检机动车的车辆识别代号(或整车出厂编号)应与机动车行驶证签注的内容一致,且不应出现被凿改、挖补、打磨、擅自重新打刻等现象。

(2) 其他相关说明

① 新车注册登记检验时，应收存车辆识别代号的拓印膜，拓印膜应与实际车辆识别代号一致。在用机动车检验时，只需要拍摄车辆识别代号，不需要收存车辆识别代号的拓印膜。

② 车辆识别代号（或整车出厂编号）作为车辆的重要标识，安检机构应该高度重视各项检验工作。检验人员要掌握车辆识别代号的相关知识，熟悉车辆识别代号的打刻位置、字体等特征，快速识别车辆识别代号被凿改、挖补、打磨、垫片、擅自重新打刻等异常现象。

③ 汽车、摩托车、挂车应具有唯一的车辆识别代号，应至少有一个车辆识别代号打刻在车架（无车架的机动车为车身主要承载且不能拆卸的部件）能防止锈蚀、磨损的部位上。

④ 打刻车辆识别代号（或产品识别代码、整车型号和出厂编号）的部件不应采用打磨、挖补、垫片、凿改、重新涂漆（设计和制造上为保护打刻的车辆识别代号而采取涂漆工艺的情形除外）等方式处理，从上（前）方观察时打刻区域周边足够大面积的表面不应有任何覆盖物；如有覆盖物，该覆盖物的表面应明确标示"车辆识别代号"或"VIN"字样，且覆盖物在不使用任何专用工具的情况下能直接取下（或揭开）及复原，以方便观察到足够大的包括打刻区域的表面。

⑤ 车辆识别代号（或产品识别代码、整车型号和出厂编号）一经打刻后不应更改、变动，但按 GB 16735 的规定重新标示或变更的除外。同一辆机动车的车架（无车架的机动车为车身主要承载且不能拆卸的部件）上，不应既打刻车辆识别代号（或产品识别代码），又打刻整车型号和出厂编号。同一辆车上标识的所有车辆识别代号内容应相同。

⑥ 对于检验时发现打刻车辆识别代号的部件表面严重锈蚀等情况，导致无法有效确认车辆唯一性的，应告之车主至车辆管理部门申请变更登记，同时安检机构拍照留存。

3. 发动机号码（或电动机号码）

(1) 标准条文

① 新车注册登记检验时，送检机动车的发动机号码（或电动机号码）应与机动车出厂合格证（对进口车为海关货物进口证明书）一致，并符合 GB 7258 的相关规定。

② 在用机动车检验时，送检机动车的发动机号码（或电动机号码）应与机动车行驶证签注的内容一致。

(2) 其他相关说明

① 发动机型号和出厂编号应打刻（或铸出）在气缸体上且应能永久保持。若打刻（或铸出）的发动机型号和出厂编号不易见，则应在发动机易见部位增加能永久保持的发动机型号和出厂编号的标识。

② 纯电动汽车、插电式混合动力汽车、燃料电池汽车和电动摩托车应在驱动电动机壳体上打刻电动机型号和编号。对除轮边电动机、轮毂电动机外的其他驱动电动机，如打刻的电动机型号和编号被覆盖，应留出观察口，或在覆盖件上增加能永久保持的电动机型号和编号的标识；增加的标识应易见，且非经破坏性操作不能被完整取下。

③ 按照现行管理规定，检验时无需拓印发动机号。当检验时发现发动机号更改的，安检机构应告之车主至车辆管理部门申请变更备案，同时拍照留存。

4. 车辆颜色和外形

(1) 标准条文

① 新车注册登记检验时，送检机动车的外形应与机动车产品公告照片相符。

② 在用机动车检验时，送检机动车的车辆颜色和外形应与机动车行驶证上的车辆照片相符，且不应出现更改车身颜色、改变车厢形状、改变车辆结构等情形。

（2）其他相关说明

① 新车注册登记检验时，对实行《道路机动车辆生产企业及产品公告》（以下简称《公告》）管理的国产机动车，车辆外观形状应与《公告》的机动车照片一致，但装有《公告》允许选装的部件时除外；2012年9月1日起出厂的厢式货车和封闭式货车，驾驶室（区）两旁应设置车窗，货厢部位不得设置车窗［但驾驶室（区）内用于观察货物状态的观察窗除外］。

② 在用机动车检验时，车辆外观形状应与《机动车行驶证》上机动车标准照片记载的车辆外观形状一致，但装有允许自行加装的部件时除外；机动车标准相片如悬挂有机动车号牌，其号牌号码和类型应与《机动车行驶证》记载的内容一致。

③ 在用机动车检验时，车身颜色应与《机动车行驶证》上的照片一致。对于发现颜色明显差异的，安检机构应告之车主至车辆管理部门申请变更登记，同时拍照留存。

④ 部分金属漆车辆的车身颜色在不同方向观察时会有所区别，光照强度有时也会对车身颜色的确认造成影响，此时宜在车辆标准照片拍摄角度（车辆行驶方向左前45°）确定车身颜色；目前，许多车辆通过车身贴膜的方式改变车身颜色，现行管理规定中对此并无禁止性规定。

⑤ 有部分厢式货车因运送鲜活物品所开设的通风通气孔，这种情况下不应简单判定为不合格，应以公告的信息为准。

二、联网查询

① 对发生过造成人员伤亡交通事故的送检机动车，人工检验时应重点检查损伤部位和损伤情况；属于使用年限在10年以内的非营运小型、微型载客汽车的，增加底盘动态检验、车辆底盘部件检查。

② 对涉及尚未处理完毕的道路交通安全违法行为或道路交通事故的送检机动车，应提醒机动车所有人及时到公安机关交通管理部门处理。

第二节　车辆特征参数检查要求

一、外廓尺寸

1. 标准条文

① 机动车外廓尺寸不得超出 GB 7258、GB 1589 规定的限值。

② 新车注册登记检验时，机动车的外廓尺寸应与机动车产品公告、机动车出厂合格证相符，且误差满足：汽车（三轮汽车除外）、挂车不超过±1%或±50mm；三轮汽车、摩托车不超过±3%或±50mm。

③ 在用机动车检验时，重中型货车、挂车的外廓尺寸应与机动车行驶证签注的内容相符，且误差不超过±2%或±100mm。

2. 其他相关说明

① 新车注册登记检验时，其他类型载客汽车、载货汽车（三轮汽车除外）、专项作业车、挂车、三轮汽车、带驾驶室的正三轮摩托车需要检验外廓尺寸；在用车检验时，仅针对重中型货车和挂车。

② 重中型货车、专项作业车、挂车应使用自动测量装置，其他车型可采用人工检验方式，也可采用自动测量方式。

③ 在符合 GB 7258、GB 1589 规定的限值要求的前提下，外廓尺寸相对误差、绝对误差中，检验过程中满足其中一项即判定为合格。

④ 对于专项作业车，其后伸（指安装在车辆上的、作业时可伸展移动的专用装置的凸出车辆后部刚性部件的尺寸）不计入后悬，但应计入车辆长度；专项作业车的前伸不计入前悬，但应计入车辆长度。

⑤ 乘用车自行加装的前后防撞装置及货运机动车自行加装的防风罩、水箱、工具箱、备胎架，不计入车辆长度和高度，但不应超过 GB 1589 规定的限值。

⑥ 汽车、挂车及汽车列车的外廓尺寸应符合 GB 1589 的规定，摩托车、拖拉机运输机组的外廓尺寸限值见表 2-1。

表 2-1　摩托车、拖拉机运输机组外廓尺寸限值　　　　　　　　单位：m

机动车类型		长	宽	高
摩托车	两轮普通摩托车[①]	≤2.50	≤1.00	≤1.40
	边三轮摩托车	≤2.70	≤1.75	≤1.40
	正三轮摩托车	≤3.50	≤1.50	≤2.00
	两轮轻便摩托车	≤2.00	≤0.80	≤1.10
	正三轮轻便摩托车	≤2.00	≤1.00	≤1.10
拖拉机运输机组	轮式拖拉机运输机组	≤10.00[②]	≤2.50	≤3.00[②]
	手扶拉机运输机组	≤5.00	≤1.70	≤2.20

① 对警用摩托车、发动机排量大于等于 800mL 或电动机额定功率总和大于等于 40kW 的两轮普通摩托车，外廓尺寸限值为长度小于等于 2.80m，宽度小于等于 1.30m，高度小于等于 2.00m。

② 对标定功率大于 58kW 的轮式拖拉机运输机组，限值为长度小于等于 12.00m，高度小于等于 3.50m。

二、轴距

1. 标准条文

① 新车注册登记检验时，机动车的轴距应与机动车产品公告、机动车出厂合格证相符，且误差不超过 ±1% 或 ±50mm。

② 在用机动车检验时，机动车的轴距应与机动车登记信息相符，且误差不超过 ±1% 或 ±50mm。

2. 其他相关说明

① 新车注册登记检验、在用机动车检验时，载货汽车（三轮汽车除外）、专项作业车、挂车需要检验轴距。

② 机动车产品公告、出厂合格证记录的车辆的轴距。对于多轴的车辆，相邻两轴之间

的轴距，之间用"+"隔开，单位为 mm。对于半挂车，第一个轴距数值为半挂车牵引销与第一轴之间的距离。对于线轴结构的车辆，轴距是指"线"与"线"之间的距离或"线"与牵引销之间的距离，并在其后的括号中标明（一线两轴或两线四轴）。

三、整备质量

1. 标准条文

新车注册登记检验时，机动车的整备质量应与机动车产品公告、机动车出厂合格证相符，且误差满足：重中型货车、挂车、专项作业车不超过±3%或±500kg，轻微型货车、专项作业车不超过±3%或±100kg，低速汽车不超过±5%或±100kg，摩托车不超过±10kg。

2. 其他相关说明

① 整备质量测量要求仅针对新车注册登记检验，适用车型为载货汽车、专项作业车、挂车、三轮汽车、带驾驶室的正三轮摩托车。

② 汽车的整备质量，亦即以前惯称的"空车质量"或"自重"。根据 GB/T 3730.2 的定义，汽车在正常条件准备行驶时的质量，包括冷却液、润滑剂、燃油（油箱至少要加注至制造厂设计容量的 90%）、清洗液、备用车轮、灭火器、标准备件、三角垫木、标准工具箱，不包括驾驶员。

③ 在机动车的整备质量相对误差、绝对误差中，只要满足其中一项即为合格。如一辆中型厢式货车出厂合格证记载的整备质量为 5000kg，实际检测的整备质量为 5300kg，超过±3%的相对误差，但未超过±500kg 的绝对误差，该车整备质量判定为合格。

四、核定载人数

1. 标准条文

① 机动车的核定载人数应符合 GB 7258 的核载规定。

② 新车注册登记检验时，机动车的核定载人数应与机动车产品公告、机动车出厂合格证相符。

③ 在用机动车检验时，机动车的座位（铺位）数应与机动车行驶证签注的内容一致。

2. 检验车型及时机

载客汽车、载货汽车（三轮汽车除外）、专项作业车、带驾驶室的正三轮摩托车在新车注册登记检验和在用车检验时应核定载人数的检验。

五、栏板高度

1. 标准条文

① 机动车栏板高度不得超出 GB 1589 规定的限值。

② 新车注册登记检验时，货车、挂车的栏板高度应与机动车产品公告、机动车出厂合格证、驾驶室两侧喷涂的栏板高度数值相符，且误差不超过±1%或±50mm。

③ 在用机动车检验时，货车、挂车的栏板高度应与机动车登记信息、驾驶室两侧喷涂的栏板高度数值相符，且误差不超过±2%或±50mm。

2. 检验车型及时机

有栏板结构的载货汽车、挂车（普通货车、普通挂车、自卸车、仓栅车等）在新车注册登记检验和在用车检验时应进行栏板高度检查。

3. 其他相关说明

① 根据 GB 1589 的要求，对于挂车及二轴货车的货厢栏板高度不得超过 600mm，两轴自卸车、三轴及三轴以上货车的货厢栏板高度不得超过 800mm，三轴及三轴以上自卸车的货厢栏板高度不得超过 1500mm。

② 依据 GB 7258 以及相关管理要求，所有货车和专项作业车均应在驾驶室（区）两侧喷涂总质量（半挂牵引车为最大允许牵引质量），栏板式货车和自卸车还应在驾驶室两侧喷涂栏板高度；栏板挂车应在车厢两侧喷涂栏板高度；喷涂的中文和阿拉伯数字应清晰，高度应大于等于 80mm。

③ 仓栅车的栏板高度取栏板部分的高度。

六、后轴钢板弹簧片数

1. 标准条文

① 新车注册登记检验时，货车、挂车、专项作业车的后轴钢板弹簧片数应与机动车产品公告、机动车出厂合格证一致，且不应有明显"增宽、增厚"情形。

② 在用机动车检验时，货车、挂车、专项作业车的后轴钢板弹簧片数应与机动车登记信息一致，且不应有明显"增宽、增厚"情形。

2. 检验车型及时机

货车、挂车、专项作业车在新车注册登记检验和在用车检验时应进行后轴钢板弹簧片数检查。

3. 其他相关说明

① 检验时应确认钢板弹簧无裂纹和断片现象（必要时用专用手锤敲打），并对弹簧形式、数量、尺寸等进行确认。

② 实际检验过程中该项目也可与车辆底盘部件检查一并进行。

七、客车应急出口

1. 标准条文

① 客车应急出口的数量、标志应符合 GB 7258、GB13094、GB18986、GB24407 的相关规定；且 2013 年 9 月 1 日起出厂的设有乘客站立区的公共汽车车身两侧的车窗如面积能达到设置为应急窗的要求，均应设置为推拉式应急窗或外推式应急窗。

② 新车注册登记检验时，目测应急出口尺寸偏小的，还应测量应急出口的尺寸参数，

尺寸参数应符合 GB 7258、GB 13094、GB 18986、GB 24407 等相关标准的规定。

2. 检验车型及时机

新车注册登记检验时，应对客车的应急出口进行检查。

3. 其他相关说明

本条所提的应急出口指应急门、应急窗或撤离舱口（俗称安全门、安全窗或逃生门、逃生窗等），满足紧急情况下乘客逃生、撤离的需要，每个应急出口都应在其附近设有"应急出口"字样。乘客门和应急出口的应急控制器（包括用于击碎应急窗玻璃的工具）应在其附近标有清晰的符号或字样，并注明其操作方法，字体高度应大于等于 10mm。

（1）应急门　是指仅在异常、紧急情况下作为乘员出口的车门，如图 2-1 所示。

应急门应满足 GB 7258 等有关要求。

① 应急门的净高应大于等于 1250mm，净宽应大于等于 550mm；但车长小于等于 7m 的客车，应急门的净高应大于等于 1100mm，若自门洞最低处向上 400mm 以内有轮罩凸出，则在轮罩凸出处应急门净宽可减至 300mm。

② 车辆侧面的铰接式应急门铰链应位于前端，向外开启角度应大于等于 100°，并能在此角度下保持开启。如在应急门打开时能提供大于等于 550mm 的自由通道，则开度大于等于 100°的要求可不满足。

图 2-1　应急门

③ 通向应急门的引道宽度应大于等于 300mm，不足 300mm 时允许采用迅速翻转座椅的方法加宽引道。专用校车沿引道侧面设有折叠座椅时，在折叠座椅打开的情况下（对在不使用时能自动折叠的座椅，在座椅处于折叠位置时），引道宽度仍应大于等于 300mm。

④ 应急门应有锁止机构且锁止可靠。应急门关闭时应能锁止，且在车辆正常行驶情况下不会因车辆振动、颠簸、冲撞而自行开启。

⑤ 当车辆停止时，应急门不用工具应能从车内外很方便打开，并设有车门开启声响报警装置。允许从车外将门锁住，但应保证始终能用正常开启装置从车内将其打开；门外手柄应设保护套或其他能手动拆除的保护装置，且离地面高度（空载时）应小于等于 1800mm。客车不应安装其他固定、锁止应急门的装置。

（2）应急窗和撤离舱口

① 应急窗是指仅在紧急情况下作为乘员出口的车窗，2013 年 9 月 1 日起出厂的设有乘客站立区的公共汽车车身两侧的车窗如面积能达到设置为应急窗的要求，均应设置为推拉式应急窗或外推式应急窗（图 2-2 和图 2-3）。

② 撤离舱口是指仅在紧急情况下供乘客作为紧急出口的车顶或地板上的开口，即安全顶窗（图 2-4）和地板出口。

应急窗和撤离舱口应满足 GB 7258 等有关要求。

① 应急窗和撤离舱口的面积应大于等于 $4 \times 10^5 mm^2$，且能内接一个 500mm×700mm（对车长小于等于 7m 的客车为 450mm×700mm）的矩形；如应急窗位于客车后

端面，则能内接一个 350mm×1550mm、四角曲率半径小于等于 250mm 的矩形时也视为满足要求。

图 2-2　推拉式应急窗

图 2-3　外推式应急窗

图 2-4　安全顶窗

② 应急窗应采用易于迅速从车内、外开启的装置；或采用自动破窗装置；或在车窗玻璃上方中部或右角标记有直径不小于 50mm 的圆心击破点标志，并在每个应急窗的邻近处提供一个应急锤以方便地击碎车窗玻璃，且应急锤取下时应能通过声响信号实现报警。

③ 设有乘客站立区的客车车身两侧的车窗，若洞口可内接一个面积大于等于 800mm×900mm 的矩形时，应设置为推拉式或外推式应急窗；若洞口可内接一个面积大于等于 500mm×700mm 的矩形时，应设置为击碎玻璃式的应急窗，并在附近配置应急锤或具有自动破窗功能。

④ 公路客车、旅游客车和未设置乘客站立区的公共汽车，车长大于 9m 时车身左右两侧应至少各配置 2 个外推式应急窗并应在车身左侧设置 1 个应急门，车长大于 7m 且小于等于 9m 时车身左右两侧应至少各配置 1 个外推式应急窗；外推式应急窗玻璃的上方中部或右角应有击破点标记，邻近处应配置应急锤。其他车长大于 9m 的未设置乘客站立区的客车，车身左右两侧至少各有 2 个击碎玻璃式的应急窗具有自动破窗功能的，应视为满足要求。

⑤ 安全顶窗应易于从车内、外开启或移开或用应急锤击碎。安全顶窗开启后，应保证从车内外进出的畅通。弹射式安全顶窗应能防止误操作。

八、客车乘客通道和引道

1. 标准条文

① 客车的通道应无明显通行障碍，通向应急门的引道宽度应符合 GB 7258 的相关规定。

② 新车注册登记检验时，目测通道、引道偏窄或高度不符合要求时，还应使用通道、

引道测量装置检查，应符合 GB 7258、GB 13094、GB 18986、GB 24407 等相关标准的规定。

2. 其他相关说明

通道是指乘客从某个座椅至其他（排）座椅、乘客门引道以及乘客站立区域的行走空间，如图 2-5 所示。引道是指从乘客门向车内直到最上一级踏步的外边缘（通道的边缘）的延伸空间。当车门处无踏步时，引道为从乘客门向内 300mm 的空间。

图 2-5　乘客通道

客车乘客通道和引道应满足 GB 7258 等有关要求。

① 客车应设置乘客通道或无障碍通路，并保证在不拆卸或手动翻转任何部件的情况下，符合规定的通道测量装置能顺利通过。

② 通向应急门的引道宽度应大于等于 300mm，不足 300mm 时允许采用迅速翻转座椅的方法加宽引道。

③ 专用校车沿引道侧面设有折叠座椅时，在折叠座椅打开的情况下（对在不使用时能自动折叠的座椅，在座椅处于折叠位置时），引道宽度仍应大于等于 300mm。

九、货厢

1. 标准条文

车辆不应有"加长、加高、加宽货厢""拆除厢式货车顶盖""拆除仓栅式货车顶棚杆"等情形。

2. 其他相关说明

① 货厢检查的目的主要是查处货厢非法改装行为。根据工信部、公安部《关于进一步加强道路机动车辆生产一致性监督管理和注册登记工作的通知》（工信部联产业［2010］453号）的要求：载货车的车厢必须在《公告》批准的整车产品生产地，按照国家强制性标准要求完成装配和配置后方可出厂。

② 对于厢式货车检查时，还应打开车厢门检查，重点检查是否擅自非法改装成"翼开式""加装罐体"等。

第三节 车辆外观检查要求

一、车身外观

1. 标准条文

① 车身外观应满足以下要求。

a. 保险杠、后视镜、下视镜等部件应完好。

b. 风窗玻璃应齐全，驾驶人视野部位应无裂纹、破损，所有风窗玻璃都不应张贴镜面反光遮阳膜。

c. 车体应周正，车体外缘左右对称部位高度差应符合 GB 7258 的相关规定。

d. 车身外部不应有明显的镜面反光现象，不应有任何可能触及行人、骑自行车人等交通参与者的部件、构件，不应有任何可能使人致伤的尖角、锐边等凸起物。

e. 车身（车厢）及其漆面不应有明显的锈蚀、破损现象。

f. 喷涂、粘贴的标识或车身广告不应影响安全驾驶。

② 根据车辆类型和使用性质的不同，相应车辆还应满足以下要求。

a. 货车和挂车的货厢安装应牢固，其栏板和底板应规整，强度满足使用要求，装置的安全架应完好无损。

b. 罐式危险货物运输车的罐体顶部应按 GB 7258 的要求设置倾覆保护装置。

c. 校车和车长大于 7.5m 的其他客车不应设置车外顶行李架；设置车外顶行李架的客车，其车外顶行李架长度不超过车长的 1/3 且高度不超过 300mm。

d. 校车和 2012 年 9 月 1 日起出厂的公路客车、旅游客车的所有车窗玻璃都不应张贴不透明和带任何镜面反光材料的色纸或隔热纸，前风窗玻璃及风窗以外玻璃用于驾驶人视区部位的可见光透射比应大于等于 70%，其他车窗玻璃的可见光透射比应不小于 50%；专用校车乘客区侧窗结构应符合 GB 24407 的相关规定（车窗玻璃包括侧窗玻璃和前、后风窗玻璃，但不包括驾驶人旁侧窗下围的装饰玻璃）。

e. 机动车（挂车除外）应在左右至少各设置一面外后视镜，总质量大于 7500kg 的货车和货车底盘改装的专项作业车应在右侧设置至少各一面广角后视镜和补盲后视镜，车长大于 6m 的平头货车和平头客车在车前应至少设置一面前下视镜或相应的监视装置；教练车（三轮汽车除外）应安装能使教练员有效观察到车辆周围交通状态的辅助后视镜。

f. 货车和挂车的载货部分不应设计成可伸缩的结构或设置有乘客座椅。

g. 乘用车自行加装的前后防撞装置及货运机动车自行加装的防风罩、水箱、工具箱、备胎架，应不影响安全。

h. 三轮汽车和摩托车的前后减振器、转向上下联板和方向把不应有变形和裂损，左右后视镜应齐全有效，坐垫、扶手（或拉带）、脚蹬和挡泥板应齐全，且牢固可靠；对无驾驶室的三轮汽车，货厢前部应安装高出驾驶员坐垫平面至少 800mm 的安全架。

③ 注册登记检验时，送检机动车还应满足以下要求。

a. 车身前部外表面的易见部位上应至少装置一个能永久保持，且与车辆品牌/型号相适应的商标或厂标。

b. 货车货厢（自卸车、装载质量 1000kg 以下的货车除外）前部应安装有比驾驶室高至少 70mm 的安全架。

c. 厢式货车和封闭式货车驾驶室（区）两旁应设置车窗，货厢部位不得设置车窗［但驾驶室（区）内用于观察货物状态的观察窗除外］。

d. 乘用车、专用校车和车长小于 6m 的其他客车的前后部应设置保险杠，货车（三轮汽车除外）应设置前保险杠。

e. 对无驾驶室的正三轮摩托车，应采用方向把转向；对 2013 年 3 月 1 日起出厂的有驾驶室的正三轮摩托车，若采用方向盘转向，方向盘中心立柱距车辆纵向中心平面的水平距离应不大于 200mm。

2. 其他相关说明

① 乘用车和车长小于 6m 的客车前后部应设置保险杠，货车（三轮汽车除外）和货车底盘改装的专项作业车应设置前保险杠。

② 根据 GB 7258—2017 中 4.8.2 的要求，车体应周正，车体外缘左右对称部位高度差应小于等于 40mm。

③ 根据 GB 7258—2017 中 4.8.3 的要求，两轮普通摩托车和轻便摩托车的方向把及导流板等左右对称的零部件离地面高度差应小于等于 10mm；正三轮摩托车的驾驶室和车厢等左右对称的零部件离地面高度差应小于等于 20mm。

④ 货车货厢（自卸车、装载质量 1000kg 以下的货车除外）前部应安装比驾驶室高至少 70mm 的安全架，且安全架应完好无损。

⑤ 倾覆保护装置是用于罐顶防倾翻的保护装置，俗称罐顶围板，为保证防倾覆的效果，该类装置一般是通过罐前至罐尾，左右各设置一块围板的方式，如图 2-6 所示。

图 2-6　罐顶防倾覆保护装置

⑥ 根据工信部、公安部《关于进一步加强道路机动车辆生产一致性监督管理和注册登记工作的通知》（工信部联产业［2010］453 号）的要求：载货汽车和半挂车的载货部分，不得设计成可伸缩的结构。各地安检机构在执行时要重点检查车长较长的挂车。

⑦ 对于允许自行加装的装置部件，不应影响号牌识别，不得有任何可能使人致伤的尖角、锐边等凸起物。

⑧ 驾驶人借助补盲后视镜可进一步扩大视野，减小盲区，如图 2-7 所示。

⑨ 标准条文③中 c 条款所提及厢式货车对于运输畜禽活物等特殊需要可以在厢体局部位置开孔，开孔形状及位置见《公告》照片，不应简单认定为不合格。

⑩ 标准条文③中 e 条款提及检验时应重点关注油门踏板相对于驾驶人纵向中心平面"左偏"现象。从调查的情况看，部分企业将原左偏的方向盘通过简单技术改造往中心移动，以满足 200mm 的要求，但是由于车辆的油门踏板等未做同步调整，导致油门踏板相对于驾驶人纵向中心平面"左偏"现象严重，检验时应认定为不符合要求。

图 2-7　补盲后视镜

二、外观标识、标注和标牌

1. 标准条文

① 根据车辆类型和使用性质的不同，外观标识、标注和标牌应满足以下要求。

a.所有货车（半挂牵引车除外）和专项作业车，其驾驶室（区）两侧都应喷涂总质量；所有半挂牵引车，其驾驶室（区）两侧都应喷涂最大允许牵引质量；载货部位为栏板结构的货车和自卸车，驾驶室两侧应喷涂栏板高度；罐式汽车和罐式挂车的罐体上应喷涂允许装运货物的种类及与机动车产品公告和机动车出厂合格证一致的罐体容积，且罐式危险货物运输车的罐体上喷涂的允许装运货物的名称应与机动车产品公告和机动车出厂合格证一致；载货部位为栏板结构的挂车，其车厢两侧应喷涂栏板高度；喷涂的中文和阿拉伯数字应清晰，高度应大于等于 80mm。

b.总质量大于等于 4500kg 的货车（半挂牵引车除外）、挂车，其车身（车厢）后部应喷涂/粘贴有符合规定的放大号，无法喷涂/粘贴的平板挂车应设置符合规定的放大号。

c.客车（专用校车和设有乘客站立区的公共汽车除外）的乘客门附近车身外部易见位置，应用高度大于等于 100mm 的中文和阿拉伯数字标明该车提供给乘员（包括驾驶人）的座位数。

d.教练车应在车身两侧及后部喷涂有高度大于等于 100mm 的"教练车"字样。

e.气体燃料汽车、两用燃料汽车和双燃料汽车应按 GB/T 17676 的规定标注其使用的气体燃料类型。

f. 消防车、救护车、工程救险车和警车的车身颜色应符合相关国家标准或行业标准,警车、消防车、救护车、工程救险车安装使用的标志灯具应齐全、有效,其他机动车不得喷涂、安装、使用上述车辆专用的或者与其相类似的标志图案、警报器或者标志灯具。

　　g. 残障人机动车应在车身前部和后部分别设置残疾人机动车专用标志。

　　② 新车注册登记检验时,标牌还应满足以下要求。

　　a. 标牌应固定可靠,标注的内容应清晰规范,并符合 GB 7258 的规定。

　　b. 非插电式混合动力汽车的标牌还应标明电动动力系统最大输出功率;纯电动汽车、插电式混合动力汽车、燃料电池汽车还应标明主驱动电动机型号和功率,动力电池工作电压和容量,储氢容器形式、容积、工作压力(燃料电池汽车)。

2. 其他相关说明

　　① 根据公安部令第 123 号,残障人驾驶机动车时,应当在车身前部和后部分别设置专用标志(图 2-8)。专用标志应当设置在车身距离地面 0.4m 以上 1.2m 以下的位置。

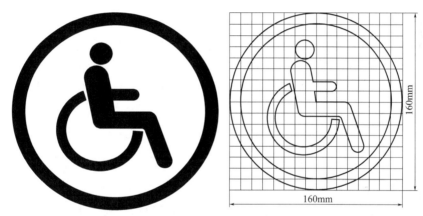

图 2-8　残障人机动车专用标志的式样和方格尺寸

　　② 根据 GA 36—2014 的要求,放大牌号尺寸应为小型汽车号牌登记编号字体尺寸的 2.5 倍(高度为 225mm、宽度为 112.5mm),排列方式应与前号牌一致,字符应清晰、完整,颜色与车体颜色有明显反差。

　　③ 目前,现行的《警车、消防车、救护车、工程救险车标志灯具》(GB 13954—2009)中仅允许警车、消防车、救护车、工程救险车 4 种车辆安装相关标志灯具,其他车辆不得安装和使用。

三、外部照明和信号装置

1. 标准条文

　　① 外部照明和信号装置应满足以下要求。

　　a. 前照灯、前位灯、前转向信号灯、前部危险警告信号灯、示廓灯和牵引杆挂车标志灯等前部照明和信号装置应齐全,工作应正常;前照灯的远、近光光束变换功能应正常。

　　b. 后位灯、后转向信号灯、后部危险警告信号灯、示廓灯、制动灯、后雾灯、后牌照灯、倒车灯、后反射器应齐全,工作应正常;制动灯的发光强度应明显大于后位灯的发光强度。

c.侧转向信号灯、侧标志灯和侧反射器应齐全,工作应正常。

d.对称设置、功能相同的灯具的光色和亮度不应有明显差异,转向信号灯的光色应为琥珀色。

e.除转向信号灯、危险警告信号灯、紧急制动信号灯、校车标志灯及消防车、救护车、工程救险车和警车安装使用的标志灯具外,其他外部灯具不应有闪烁的情形。

f.对2014年9月1日起出厂的总质量大于等于4500kg的货车、专项作业车和挂车,每一个后位灯、后转向信号灯和制动灯的透光面都应大于等于一个80mm直径圆的面积;如属非圆形的,透光面的形状还应能将一个40mm直径的圆包含在内。

g.机动车不应安装遮挡外部照明和信号装置透光面的装置。

h.机动车设置的喇叭应能有效发声。

i.发动机舱内目视可见的电气导线应布置整齐、捆扎成束、固定卡紧,并无破损现象。

② 新车注册登记检验时,车辆外部照明和信号装置的数量、位置、光色还应符合GB 4785等相关标准的规定。

2. 其他相关说明

① 警车和消防车标志灯具的光色应为红色或红、蓝色同时使用,救护车标志灯具光色应为蓝色,工程救险车标志灯具光色应为黄色。

② 关于机动车喇叭声级不作要求,但要求机动车喇叭应具有连续发声功能。

四、轮胎

1. 标准条文

① 轮胎应满足以下要求。

a.同轴两侧应装用同一型号、规格和花纹的轮胎,轮胎螺栓、半轴螺栓应齐全、紧固;轮胎规格应与机动车产品公告和机动车出厂合格证(对于在用机动车检验时为机动车登记信息)相符。

b.轮胎的胎面、胎壁不应有长度超过25mm或深度足以暴露出轮胎帘布层的破裂和割伤及其他影响使用的缺损、异常磨损和变形。

② 根据车辆类型和使用性质的不同,相应车辆还应满足以下要求。

a.乘用车、摩托车和挂车轮胎胎冠上花纹深度应大于等于1.6mm,其他机动车转向轮的胎冠花纹深度应大于等于3.2mm;其余轮胎胎冠花纹深度应大于等于1.6mm,轮胎胎面磨损标志应可见。

b.公路客车、旅游客车和校车的所有车轮及其他机动车的转向轮不应装用翻新的轮胎。

③ 注册登记检验时,送检机动车还应满足以下要求。

a.专用校车应装用无内胎子午线轮胎。

b.危险货物运输车及车长大于9m的其他客车应装用子午线轮胎。

c.使用小规格备胎的小型、微型载客汽车,其备胎附近明显位置(或其他适当位置)应装置有能永久保持的、提醒驾驶人正确使用备胎的标识,标识的相关提示内容应有中文说明。

2. 其他相关说明

① 轮胎气压及轮胎完好程度对车速、制动等线内仪器设备检验项目的检验结果有较大

的影响，要求从事该项检验时，必要时应核实轮胎的气压状况以保证安全技术检验结果的准确、科学。

② 轿车轮胎规格的命名通常由轮胎名义断面宽度（mm）/轮胎名义高宽比、结构类型代号（"R"为子午线结构代号，"-"或"D"为斜交结构代号）、轮辋名义直径（in，1in＝2.54cm）、负荷指数、速度符号五部分组成，增强型轮胎应增加负荷识别标志"EXTRALOAD（或XL）"或"REINFORED（或REINF）"，T型临时使用的轮胎应在最前面增加规格附加标志"T"，最高速度超过240km/h的轮胎，结构类型代号可用"ZR"代替"R"，具体参见国家标准《轿车轮胎规格、尺寸、气压与负荷》（GB/T 2978—2008）；货车（载重汽车）轮胎规格的表示方法分为微型、轻型载重汽车轮胎及载重汽车轮胎两类，具体参见国家标准《载重汽车轮胎规格、尺寸、气压与负荷》（GB/T 2977—2008）。

③ "胎面磨耗标记"是指每条轮胎应沿周向等距离地设置不少于4个能观察到花纹沟的剩余深度为1.6mm的标志。轮胎两侧肩部处必须模刻出指明胎面磨耗标记位置的标记。

④ 翻新胎的甄别和检查中要特别注意轮胎顶部翻新的情形，如图2-9所示。

⑤ 子午线轮胎（图2-10）是轮胎的一种结构形式，区别于斜交轮胎、拱形轮胎、调压轮胎等，国际代号为"R"。GB 21861—2014强制要求危险货物运输车和车长大于9m的客车装用子午线轮胎，主要出发点是为了提高车辆行驶安全性，因为子午线轮胎结构合理，与斜交轮胎相比具有耐磨及耐刺穿性能好、缓冲性能好、行驶温度低、稳定及安全性能好、行驶里程及经济效益高等优点。

图2-9 顶部翻新胎示意

图2-10 子午线轮胎

⑥ 专用校车应装用无内胎子午线轮胎（图2-11），主要出发点是：无内胎子午线轮胎由胎里气密层及胎圈与轮辋的密合作用来保持内压，空气直接压入外胎中，不需要内胎，因此只有在爆破时才会失效；同时，无内胎子午线轮胎的热量从轮辋中直接散出，不会产生内、外胎之间的摩擦，工作温度低，更有利于高速行驶；并且，无内胎子午线轮胎结构简单、重量较轻。

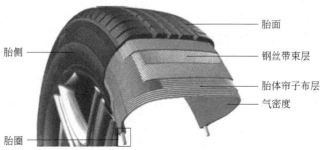

图2-11 无内胎子午线轮胎的结构

五、号牌及号牌安装

1. 标准条文

① 机动车号牌字符、颜色、安装等应符合 GA 36 的规定,机动车号牌专用固封装置应符合 GA 804 的规定。

② 号牌及号牌安装应满足以下要求。

a. 机动车号牌应齐全,表面应清晰、整齐、平滑、光洁、着色均匀,不应有明显的皱纹、气泡、颗粒杂质等缺陷或损伤。

b. 机动车应使用机动车号牌专用固封装置固定号牌,固封装置应齐全、安装牢固。

c. 使用号牌架辅助安装时,号牌架内侧边缘距离机动车登记编号字符边缘应大于 5mm,不应使用可拆卸号牌架和可翻转号牌架。

d. 不应出现影响号牌正常视认的加装、改装等情形。

③ 新车注册登记检验时,号牌及号牌安装还应满足以下要求。

a. 车辆应设置能够满足号牌安装要求的前、后号牌板(架),但摩托车只需设置有能满足号牌安装要求的后号牌板(架);前号牌板(架)应设于前面的中部或右侧(按机动车前进方向),后号牌板(架)应设于后面的中部或左侧。

b. 2013 年 3 月 1 日起出厂的车辆,每面号牌板(架)上至少应设有 2 个号牌安装孔,且能保证用 M6 规格的螺栓将号牌直接牢固可靠地安装在车辆上。

c. 2016 年 3 月 1 日起出厂的车辆,每面号牌板(架)[三轮汽车前号牌板(架)、摩托车后号牌板(架)除外]上应设有 4 个号牌安装孔,且能保证用 M6 规格的螺栓将号牌直接牢固可靠地安装在车辆上。

2. 其他相关说明

根据 GA 36—2014 中第 10 章的要求,号牌安装应符合以下条件。

(1) 金属材料号牌 金属材料号牌的安装要求如下。

a. 应正面朝外、字符正向安装在号牌板(架)上,禁止反装或倒装。

b. 前号牌安装在机动车前端的中间或者偏右(按机动车前进方向),后号牌安装在机动车后端的中间或者偏左,应不影响机动车安全行驶和号牌的识别。

c. 安装要保证号牌无任何变形和遮盖,横向水平,纵向基本垂直于地面,纵向夹角不大于 15°(摩托车号牌向上倾斜纵向夹角可不大于 30°)。

d. 安装孔均应安装符合 GA 804 要求的固封装置,但受车辆条件限制无法安装的除外。

e. 使用号牌架辅助安装时,号牌架内侧边缘距离机动车登记编号字符边缘大于 5mm 以上,不得遮盖生产序列标识。

f. 号牌周边不得有其他影响号牌识别的光源。

(2) 纸质材料号牌 纸质材料号牌的安装要求如下。

a. 临时入境汽车号牌应放置在前风窗右侧,临时入境摩托车号牌应随车携带。

b. 临时行驶车号牌应粘贴在车内前风窗玻璃的左下角或右下角、不影响驾驶人视线的位置,载客汽车的另一张号牌应粘贴在后风窗玻璃左下角,没有前风窗玻璃的应随车携带。

根据 GA 804—2008 中 4.1 的规定,号牌固封装置外观应符合如下要求。

a. 号牌固封装置主要由螺栓、螺母、固封底座和固封扣盖组成。

b. 号牌固封装置各组成部件表面应均匀光滑、无镀层脱落现象。

c. 固封扣盖上应有代表省、自治区、直辖市简称的汉字和代表发牌机关代号的字母，与号牌上机动车登记编号的省、自治区、直辖市简称和发牌机关代号一致。汉字和字母为凹印。

除此以外，对于检验过程中发现号牌破损、不完整、字符被涂改且不能复原、安装孔损坏、底色或字符颜色有明显褪色等情形时，应告知车主到公安机关交通管理部门更换。

六、加装/改装灯具

1. 标准条文

车辆不应有加装或改装强制性标准规定以外的外部照明和信号装置，不应有后射灯。

2. 其他相关说明

① 重、中型货车后部照明信号装置加装防护罩、"后照灯"后的视认性及后方驾驶人正确观察道路交通状况的能力将不同程度地受到影响，不利于道路交通安全、畅通、有序，应予以禁止。

② 近年来，汽车（主要是小型载客汽车）私自换装氙气灯的现象越来越普遍；对于车辆换装氙气灯后机动车外形发生了明显变化，检验员可直接判定送检机动车存在私自改装的情形，安全技术检验不合格，告知送检人应更换合格的前照灯后复检。

第四节

安全装置检查要求

一、汽车安全带

1. 标准条文

① 新车注册登记检验时，检查汽车安全带应满足以下要求。

a. 汽车应按 GB 7258—2012 中 12.1 的要求配备安全带。

b. 对于专用校车，学生座位均应配备两点式汽车安全带，驾驶人座椅、照管人员座椅均应配备汽车安全带。

② 在用机动车检验时，配备的汽车安全带应完好且能正常使用，不得出现"坐垫套覆盖遮挡安全带""安全带绑定在座位下面"等情形。

2. 其他相关说明

GB 7258—2012 已被 GB 7258—2017 代替，GB 7258—2017 中 12.1 对汽车安全带规定了具体要求。

① 乘用车、旅居车、未设置乘客站立区的客车、货车（三轮汽车除外）、专项作业车的所有座椅、设有乘客站立区的客车的驾驶人座椅和前排乘员座椅均应装备汽车安

全带。

注：前排乘员座椅指"最前 H 点"位于驾驶人"R"点的横截面上或在此横截面前方的座椅。

② 除三轮汽车外，所有驾驶人座椅、乘用车的所有乘员座椅（设计和制造上具有行动不便乘客乘坐设施的乘用车设置的后向座椅除外）、总质量小于等于 3500kg 的其他汽车的所有外侧座椅、其他汽车（设有乘客站立区的客车除外）的前排外侧乘员座椅，装备的汽车安全带均应为三点式（或全背带式）。

③ 专用校车和专门用于接送学生上学和放学的非专用校车的每个学生座位（椅）及卧铺客车的每个铺位均应装备两点式汽车安全带。

④ 汽车安全带应可靠有效，安装位置应合理，固定点应有足够的强度。对于能够折叠以方便进入车辆的后部或后备厢的整体座椅或坐垫或靠背，在折叠并恢复座椅到乘坐位置后，依据车辆产品使用说明书，单人就能方便地使用这些座椅配套的安全带，或很容易从这些座椅的下面或后面方便地进行恢复。

⑤ 汽车（三轮汽车除外）应装备驾驶人汽车安全带佩戴提醒装置。当驾驶人未按规定佩戴汽车安全带时，应能通过视觉和声觉信号报警。

⑥ 乘用车（单排座的乘用车除外）应至少有一个座椅配置符合规定的 ISOFIX 儿童座椅固定装置，或至少有一个后排座椅能使用汽车安全带有效固定儿童座椅。

⑦ 设计和制造上具有行动不便乘客（如轮椅乘坐者）乘坐设施的载客汽车、装备有担架的救护车，应装备能有效固定轮椅、担架的安全带或其他约束装置。

二、机动车用三角警告牌

1. 标准条文

汽车（无驾驶室的三轮汽车除外）应配备三角警告牌，三角警告牌的外观、形状应符合 GB 19151 的要求。

2. 其他相关说明

根据《机动车用三角警告牌》（GB 19151—2003）的要求，机动车用三角警告牌是适用于机动车随车携带的、使用时放置在道路上、能昼夜发出警告信号以表示停驶机动车存在的警告装置。三角警告牌如图 2-12 所示。

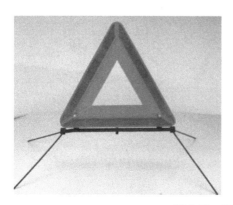

图 2-12　三角警告牌

三、灭火器

1. 标准条文

客车和危险货物运输车配备的灭火器应在使用有效期内，不应出现欠压失效等情形，配备数量应符合 GB 7258 等相关标准的要求。

2. 其他相关说明

① 灭火器在有效期内的，可查看有效性的标识或灭火器压力表（仪表指针处于绿色区域为合格）等。

② 灭火器在车上应安装牢靠并便于取用。仅有一个灭火器时，应设置在驾驶人附近；当有多个灭火器时，应在客厢内按前、后，或前、中、后分布，其中一个应靠近驾驶人座椅。

③ 根据 GB 7258 的要求，专门用于运送易燃和易爆物品的危险货物运输车，车上还应备有消防器材。

四、行驶记录装置

1. 标准条文

① 公路客车、旅游客车、危险货物运输车、校车以及 2013 年 3 月 1 日起注册登记的未设置乘客站立区的公共汽车、半挂牵引车、总质量大于等于 12000kg 的货车，应安装有符合要求的行驶记录装置（包括汽车行驶记录仪或行驶记录功能符合 GB/T 19056 的卫星定位装置等）。

② 行驶记录装置的连接、固定应可靠，显示功能应正常，主机外壳的易见部位应加施有符合规定的"3C"标志。

③ 卧铺客车以及 2013 年 5 月 1 日起出厂的专用校车应安装车内外录像监控系统，功能应正常。

2. 其他相关说明

① 如使用具有行驶记录功能的卫星定位装置作为行驶记录装置，其行驶记录功能应符合《汽车行驶记录仪》（GB/T 19056）的要求，装置应具有符合规定的"3C"标志或插入 USB 可移动磁盘（U 盘）后能完成行驶记录的采集。

② 行驶记录装置及其连接导线在车上应固定可靠，应能正常显示，无显示器的应判定为不合格；如使用行驶记录仪作为行驶记录装置，其显示部分应易于观察、数据接口应便于移动存储介质的插拔。2006 年 12 月 1 日起出厂汽车安装的行驶记录仪，其主机外表面的易见部位应模压或印有符合规定的"3C"标志。

③ 对于卧铺客车以及 2013 年 5 月 1 日起出厂的专用校车，还应检查车内外的录像监控系统，确认其功能是否正常。对于部分车辆安装的录像监控系统缺少车载硬盘，不能存储监控录像的，应判定为不合格。

五、车身反光标识

1. 标准条文

① 货车、货车底盘改装的专项作业车和挂车后部车身反光标识的粘贴要求及材料类型（反光膜型或反射器型）应符合 GB 7258 的规定，反射器型车身反光标识应固定可靠。

② 所有货车（半挂牵引车除外）、货车底盘改装的专项作业车和挂车，侧面粘贴的车身反光标识都应符合 GB 7258 的规定。

③ 粘贴/安装的车身反光标识应印有符合规定的"3C"标志。

2. 其他相关说明

① 新车注册登记检验时，可通过公告查询反光标识型号、反光标识商标、反光标识生产企业并进行实车核对。

② 反光膜型车身反光标识为红白单元相间的条状反光膜材料，表面应完好、无破损；红白单元每一单元的长度应不小于 150mm 且不大于 450mm，宽度可为 50mm、75mm 或 100mm；白色单元上应加施有符合规定的"3C"标识。根据 GB 23254—2009 的要求，白色反光膜表面逆反射系数，在观察角 $0.2°$、照射角 $-4°$ 的情况下，一级车身反光标识应不低于 $500cd/(lx·m^2)$，二级车身反光标识应不低于 $250cd/(lx·m^2)$。

③ 后部车身反光标识应能体现机动车后部的宽度和高度，其离地高度应不小于 380mm。后部反光膜型车身反光标识与后反射器的面积之和，使用一级车身反光标识材料时应不小于 $0.1m^2$，使用二级车身反光标识材料时应不小于 $0.2m^2$。如图 2-13 所示为轻型货车后部反光标识粘贴实例。

④ 侧面反光膜型车身反光标识允许分隔粘贴，但应保持红白单元相间；总长度（不含间隔部分）应不小于车长的 50%，但侧面车身结构无连续表面的混凝土搅拌运输车和专项作业车的侧面车身反光标识长度应不小于车长的 30%；三轮汽车的侧面车身反光标识长度不应小于 1200mm，货厢长度不足车长 50% 的载货汽车的侧面车身反光标识长度应为货厢长度。如图 2-14 所示为轻型货车侧面反光标识粘贴实例。

图 2-13 轻型货车后部反光标识粘贴实例　　图 2-14 轻型货车侧面反光标识粘贴实例

⑤ 厢式货车和厢式挂车后部、侧面的车身反光标识应能体现货厢轮廓。2012 年 9 月 1 日起出厂的厢式货车和厢式挂车，装备的车身反光标识应为由红白相间的反射器单元组成的反射器型车身反光标识。反射器型车身反光标识的反射器单元应横向水平布置、固定可靠，红白单元相间且数量相当；相邻反射器的边缘距离对后部反射器型车身反光标识不应大于 100mm，对侧面反射器型车身反光标识不应大于 150mm。

⑥ 对于道路运输爆炸品和剧毒化学品的车辆，还应在车辆的后部和两侧粘贴能标示车辆轮廓、宽度为 150mm±20mm 的橙色反光带。

⑦ 车身反光标识属于国家强制性认证产品。检验员在检验时应检查其是否加施了符合规定的"3C"标识。同时，检验员可以登录 www.cnca.gov.cn（国家认证认可监督管理委员会）"认证查询"栏目或者 www.csp.gov.cn（中国安全技术防范认证中心）"证书查询"栏目查询最新的"3C"获证信息。

六、车辆尾部标志板

1. 标准条文

① 2012 年 9 月 1 日起出厂的总质量大于等于 12000kg 的货车（半挂牵引车除外）和车长大于 8.0m 的挂车，以及 2014 年 1 月 1 日起出厂的总质量大于等于 12000kg 的货车底盘改装的专项作业车，应安装车辆尾部标志板。

② 车辆尾部标志板的形状、尺寸、布置和固定应符合 GB 25990 的规定。

2. 其他相关说明

车辆尾部标志板固定在车辆后部的方式应稳定、持久，一般使用螺钉或者铆合方式固定。重型货车（半挂牵引车除外）和专项作业车、8.0m 以上的挂车等车辆安装尾部标志板的要求参见表 2-2。

表 2-2　尾部标志板的要求

适用车辆类型	产品图片示例	尺寸要求
重型货车（半挂牵引车除外）和专项作业车		一组标志板由一块、两块或四块标志板组成，其总长度应不小于 1130mm，不大于 2300mm。高度为 140mm±10mm。成组的标志板的形状应该是成对的。斜条纹带的斜度应为 45°±5°，带宽应为 100.0mm±2.5mm
8.0m 以上的挂车		一组标志板由一块、两块或四块标志板组成，其总长度应不小于 1130mm，不大于 2300mm。高度为 200mm。成组的标志板的形状应该是成对的。红色边框的宽度为 40mm±1mm
低速车辆		形状为一个截去顶角的等边三角形，其中一个顶角端朝上。三角形底边长度在 350~365mm 之间。边缘的回复反射材料发光面的宽度在 45~48mm 之间

七、侧后防护装置

1. 标准条文

① 侧后防护装置安装应牢固、无变形，且满足以下要求。

a. 总质量大于 3500kg 的货车、货车底盘改装的专项作业车和挂车，其装备的侧面及后下部防护装置应正常有效，货车列车的牵引车和挂车之间装备的侧面防护装置应正常有效。

b. 罐式危险货物运输车的罐体及罐体上的管路和管路附件不应超出车辆的侧面及后下

部防护装置，罐体后封头及罐体后封头上的管路和管路附件与后下部防护装置的纵向距离应大于等于150mm。

c. 货车和挂车的侧面防护装置的下缘离地高度、防护范围和前缘形式及后下部防护装置的离地高度、宽度、横截面宽度应符合 GB 11567.1 和 GB 11567.2 的规定。

② 新车注册登记检验时，侧后防护装置的外观、结构、尺寸、安装要求还应与机动车产品公告相符。

2. 其他相关说明

① 新车注册登记检验时，应通过查询公告照片及参数信息，重点核对侧面及后下部防护装置所用材料材质、连接方式以及后部防护装置的主要尺寸参数（断面尺寸和离地高度）是否相符。如图 2-15 为装有侧后防护装置的货车。

② 在用机动车检验时，重点检查侧面及后下部防护装置是否安装牢固，位置、尺寸是否符合标准要求。

八、应急锤

1. 标准条文

采用密闭钢化玻璃式应急窗的客车，在相应的应急窗邻近应配备一个应急锤以方便击碎车窗玻璃（图 2-16）。

2. 其他相关说明

检验时重点针对车长大于等于6m，采用密闭钢化玻璃式应急窗的客车，要求应急锤应安放在应急窗附近且便于取用，不得出现应急锤集中存放或者不便于取用的情况。

图 2-15　装有侧后防护装置的货车

图 2-16　应急锤及其安放位置

九、急救箱

1. 标准条文

校车应配备急救箱，急救箱应放置在便于取用的位置并有效适用。

2. 其他相关说明

目前国家及相关部门尚未制定急救箱应配备药品的具体规定，急救箱内是否放置有急救用品不属于机动车安全技术检验时需关注的内容。

十、限速功能或限速装置

1. 标准条文

新车注册登记检验时，公路客车、危险货物运输车、旅游客车及车长大于 9m 的未设置乘客站立区的公共汽车，应具有限速功能或配备限速装置；车长大于等于 6m 的客车，应具有超速报警功能。

2. 其他相关说明

① 根据 GB 7258 的要求，限速功能或限速装置调定的最大车速对公路客车、旅游客车和未设置乘客站立区的公共汽车不得大于 100km/h，对危险货物运输车不得大于 80km/h。

② 专用校车应安装符合 GB/T 24545 要求的限速装置，且调定的最大车速不得大于 80km/h。

十一、防抱死制动装置

1. 标准条文

① 以下车辆应装备防抱死制动装置：

a. 道路运输爆炸品和剧毒化学品的车辆，以及 2012 年 9 月 1 日起出厂的其他危险货物运输车；

b. 2005 年 2 月 1 日起注册登记的总质量大于 12000kg 的公路客车和旅游客车、总质量大于 10000kg 的挂车、总质量大于 16000kg 且允许挂接总质量大于 10000kg 的挂车的货车；

c. 2012 年 9 月 1 日起出厂的半挂牵引车及车长大于 9m 的公路客车、旅游客车；

d. 2013 年 5 月 1 日起出厂的专用校车；

e. 2013 年 9 月 1 日起出厂的车长大于 9m 的未设置乘客站立区的公共汽车；

f. 2014 年 9 月 1 日起出厂的总质量大于等于 12000kg 的货车和专项作业车。

② 机动车配备的防抱死制动装置自检功能应正常。

2. 其他相关说明

① 检查相关车型是否装备防抱死制动装置。

② 检查装备防抱死制动装置自检功能是否正常。一般情况下，打开点火开关，仪表板上的防抱制动装置（ABS）警告灯点亮，自检正常后，警告灯应自行熄灭。

十二、辅助制动装置

1. 标准条文

新车注册登记检验时，以下车辆应安装缓速器或其他辅助制动装置：

① 2012 年 9 月 1 日起出厂的车长大于 9m 的客车（对专用校车为车长大于 8m）、所有危险货物运输车、总质量大于等于 12000kg 的货车；

② 2014 年 9 月 1 日起出厂的总质量大于等于 12000kg 的专项作业车。

2. 其他相关说明

① 新车注册登记检验时，通过机动车产品公告、出厂合格证、说明书等资料进行核查；查看驾驶室（区）内的辅助制动装置操纵开关，有疑问时实车操作检查，确认机动车是否安装了辅助制动装置。

② 辅助制动装置是辅助汽车减速的装置。有些重型汽车和经常在山区行驶的汽车，如果只靠行车制动器连续工作，容易造成制动器过热，制动能力衰退，磨损严重，甚至烧坏。加装辅助制动装置后，可以减轻行车制动器的负担，进一步保证行车安全。

目前辅助制动装置包括排气制动装置（图 2-17）和缓速器（图 2-18）等；缓速器包括液力缓速器和电涡流缓速器。液力缓速器结构复杂，但重量轻，且能与传动系统成为一个整体，其制动力矩不受温度的影响；电涡流缓速器虽然结构简单，但是重量大，制动扭矩会随着温度升高而降低。

图 2-17　排气制动装置

图 2-18　缓速器

③ 无论采取何种辅助制动装置，其性能要求都应使汽车能通过 GB 12676 规定的Ⅱ型或ⅡA 型试验。

十三、盘式制动器

1. 标准条文

新车注册登记检验时，以下车辆的前轮应装备盘式制动器：

① 2012 年 9 月 1 日起出厂的危险货物运输车、车长大于 9m 的客车（未设置乘客站立区的公共汽车除外）；

② 2013 年 5 月 1 日起出厂的专用校车；

③ 2013 年 9 月 1 日起出厂的车长大于 9m 的未设置乘客站立区的公共汽车。

2. 其他相关说明

盘式制动器（又称为碟式制动器）的主要零部件有制动盘、分泵、制动钳、油管等，制动盘用合金钢制造并固定在车轮上，随车轮转动。盘式制动器沿制动盘两侧面施力，制动轴不受弯矩，径向尺寸小，制动性能稳定。同时，盘式制动器散热快、重量轻、构造简单、调整方便，特别是高负载时耐高温性能好，制动效果稳定，而且不怕泥水侵袭，遇水时稳定性也好。汽车前轮采用盘式制动器并与后轮的鼓式制动器配合，可保证较好的制动时的方向稳定性。

十四、紧急切断装置

1. 标准条文

2015年1月1日起,用于运输液体危险货物的罐式危险货物运输车应按《道路运输液体危险货物罐式车辆》(GB 18564.1)等规定安装紧急切断装置。

2. 其他相关说明

① 根据《道路运输液体危险货物罐式车辆》(GB 18564.1)以及有关管理规定,运输液体危险货物的常压金属罐式危险货物运输车应安装符合要求的紧急切断装置。新车注册登记检验参考 GB 18564.1 及《公告》确认;在用机动车检验时,属于出厂后加装的,根据国家安全监管总局、工业和信息化部、公安部、交通运输部、国家质检总局五部委联合发文《关于明确在用液体危险货物罐车加装紧急切断装置液体介质范围的通知》(安监总管三〔2014〕135号)确认。

② 根据2014年7月7日国家安全监管总局、工业和信息化部、公安部、交通运输部、国家质检总局五部委联合发文《关于在用液体危险货物罐车加装紧急切断装置有关事项的通知》(安监总管三〔2014〕74号),以及2014年12月20日国家安全监管总局、工业和信息化部、公安部、交通运输部、国家质检总局五部委联合发文《关于明确在用液体危险货物罐车加装紧急切断装置液体介质范围的通知》(安监总管三〔2014〕135号)等要求。加装紧急切断装置的17种液体介质范围名单见表2-3。

表 2-3　加装紧急切断装置的 17 种液体介质范围名单

GB 12268 编号	介质名称说明	危险程度分类	罐体设计代码
1090	丙酮	易燃	LGBF
1114	苯	易燃、中度危害	LGBF
1120	丁醇	易燃	LGBF
1123	乙酸丁酯	易燃	LGBF
1160	二甲胺水溶液	易燃、中度危害	L4BH
1170	乙醇或乙醇溶液	易燃	LGBF
1173	乙酸乙酯	易燃	LGBF
1198	甲醛溶液	腐蚀、易燃、高度危害	L4BN
1202	柴油	易燃	LGBF
1203	车用汽油或汽油	易燃	LGBF
1212	异丁醇	易燃	LGBF
1219	异丙醇	易燃	LGBF
1223	煤油	易燃	LGBF
1230	甲醇	易燃、中度危害	L4BH
1294	甲苯	易燃	LGBF

续表

GB 12268 编号	介质名称说明	危险程度分类	罐体设计代码
1307	二甲苯	易燃	LGBF
2055	单体苯乙烯(稳定的)	易燃、中度危害	LGBF

③ 根据 GB 18564.1 的要求，紧急切断装置一般由紧急切断阀、控制系统以及易熔塞自动切断装置组成。紧急切断阀又叫底阀，一般安装在罐体底部，连通或隔离罐体与外部管路，非装卸时应处于关闭状态。液体危险货物罐体可能包含多个独立仓，每个独立仓一般对应一个紧急切断阀（图 2-19）。

④ 控制系统通过气动、液压或机械方式控制紧急切断阀的开闭，操作按钮至少两组，一组靠近装卸操作箱，包括每个紧急切断阀控制按钮和总控制开关；另一组装设在车身尾部或驾驶室，为远程控制开关（图 2-20）。

图 2-19　紧急切断阀

图 2-20　远程控制开关

⑤ 液体危险货物罐车紧急切断装置作用：非装卸作业时，紧急切断阀处于关闭状态，即使输油管道碰撞断裂，罐内液体也不会泄漏；装卸作业时，紧急切断阀处于开启状态，遇紧急情况时，可以人工关闭，防止罐内液体泄漏；当环境温度由于火灾等原因升高至设定温度时（一般为 75℃±5℃），阀内易熔塞熔化，紧急切断阀自动关闭，防止罐内液体泄漏；紧急切断阀外部应带有切断槽，当受到撞击时，紧急切断阀从切断槽处断开，防止罐内液体泄漏。在运输过程中紧急切断阀应处于闭合状态，仅在装卸时开启。

十五、发动机舱自动灭火装置

1. 标准条文

以下车辆应装备发动机舱自动灭火装置：
① 2013 年 5 月 1 日起出厂的专用校车；
② 2013 年 3 月 1 日起出厂的发动机后置的其他客车。

2. 其他相关说明

发动机舱自动灭火装置的主要作用：预防和减少因发动机舱着火而引发的燃烧事故。检验时应打开发动机舱，检查是否设置自动灭火装置。必要时通过核对车辆产品说明书或送检企业提供的该类装置的检测或试验报告予以确认。发动机舱自动灭火装置通常有胀裂式、爆炸式、储压式，设置的数量根据不同厂家或者灭火装置本身的灭火能力，一般设置 1～4 枚不等。如图 2-21 所示为发动机舱自动灭火装置。

图 2-21　发动机舱自动灭火装置

十六、手动机械断电开关

1. 标准条文

2013 年 3 月 1 日起出厂的车长大于等于 6m 的客车，应设置能切断蓄电池和所有电路连接的手动机械断电开关。

2. 其他相关说明

安装手动机械断电开关，其主要目的是在紧急情况，驾驶人能通过切断手动机械断电开关，保证车辆门、窗等出口的畅通。考虑到 6m 以上的客车乘员人数多，一旦发生紧急事件将造成严重的损失。必要时可实车操作，检查是否能切断所有电路。

十七、副制动踏板

标准条文：教练车（三轮汽车除外）装备的副制动踏板应牢固、动作可靠有效。

十八、校车标志灯和停车指示标志牌

1. 标准条文

① 校车配备的标志灯和停车指示标志牌应齐全、有效。

② 专用校车以及喷涂或粘贴专用校车车身外观标识的非专用校车应由校车标志、中文字符"校车"、中文字符"核载人数：××人"、校车编号和校车轮廓标识组成，且应符合 GB 24315 的相关规定。

2. 其他相关说明

① 根据《校车标识》（GB 24315—2009）的规定，专用校车标志灯如图 2-22 所示。专用校车应在车外顶部前后各安装 2 个黄色专用校车标志灯。左右两个标志灯应尽量靠近车身左右侧外缘，并与车辆纵向中心线对称。

② 根据 GB 24315 的规定，校车标志灯和停车指示牌如图 2-22 所示。7m 及以上长度的

图 2-22　校车标志灯和停车指示牌

校车采用标准尺寸 460mm×460mm，其他校车可以等比例缩放。停车指示牌是一个可以从校车向外延伸的装置，以警示其他驾乘者不要驶过校车，因为校车已停驻待卸下或者搭载乘客。

③ 所有校车都要配备校车标志灯和停车指示标志牌，无论是专用校车还是非专用校车。出厂时未安装校车标志灯和停车指示标志牌的校车（包括非专用校车和按照 GB 24407—2009 标准生产的专用小学生校车），应按照公共安全行业标准 GA 1004—2012 和 GA 1005—2012 的规定增加配置校车标志灯和停车指示标志牌。

十九、危险货物运输车标志

1. 标准条文

① 危险货物运输车应设置符合 GB 13392 规定的标志。
② 道路运输爆炸品和剧毒化学品车辆应粘贴符合 GB 20300 规定的橙色反光带并设置安全标示牌。

2. 其他相关说明

① 根据《道路运输危险货物车辆标志》（GB 13392—2005）的要求，道路运输危险货物车辆应按照规定放置符合标准要求的标志灯和标志牌。

危险货物运输车标志灯（图 2-23）安装于驾驶室顶部外表面中前部（从车辆侧面看）中间（从车辆正面看）位置，以磁吸或顶檐支撑、金属托架方式安装固定。对于带导流罩的车辆，可视导流罩表面流线形和选择的金属托架角度确定安装位置，允许自制金属托架，允许在金属托架与导流罩间加衬垫，应保证标志灯安装正直。

标志牌一般悬挂在车辆后厢板或罐体后面的几何中心部位附近，避开车辆的放大车牌号；对于低栏板车辆可视情况选择适当悬挂位置。悬挂的标志牌应按《危险货物分类和品名编号》（GB 6944—2012）与所运载危险货物的类、项相对应，与标志灯同时使用。对于罐式车辆，可选择按规定位置悬挂标志牌或以反光材料按相应规定在罐体上喷绘标志。运输爆炸、剧毒危险货物的车辆，应在车辆两侧面厢板几何中心部位附近的适当位置各增加一块悬挂标志牌。运输放射性危险货物的车辆，标志牌的悬挂位置和数量应符合《放射性物质安全运输规程》（GB 11806—2004）的规定。根据车辆结构或用途，可选择螺栓固定、铆钉固定、胶黏剂粘贴固定或插槽固定（可按使用需要随时更换）等方式安装固定标志牌。如

图 2-24 所示为爆炸品和剧毒品标志牌示例。

图 2-23 危险货物运输车标志灯

图 2-24 爆炸品和剧毒品标志牌示例

② 根据《道路运输爆炸品和剧毒化学品车辆安全技术条件》(GB 20300—2006) 的要求，道路运输爆炸品和剧毒化学品车辆除应安装符合《道路运输危险货物车辆标志》(GB 13392—2005) 要求的标志牌和标志灯外，还应在车辆后部安装安全标示牌，在车辆的后部和两侧应粘贴橙色反光带以示车辆的轮廓（图 2-25）。并且，厢式道路运输爆炸品和剧毒品车辆的货厢外部颜色应为浅色。

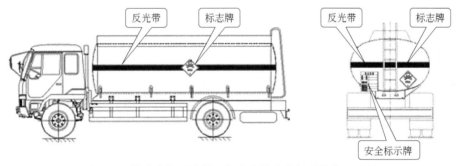
图 2-25 罐式车辆反光带、标志牌及安全标示牌位置示例

二十、肢体残障者操纵辅助装置

1. 标准条文

加装肢体残障者操纵辅助装置的汽车，操纵辅助装置铭牌标明的产品型号和产品编号应与操纵辅助装置加装合格证明或机动车行驶证记载的产品型号和产品编号一致。

2. 其他相关说明

① 肢体残障者驾驶汽车的操纵辅助装置，是指加装在汽车上，辅助肢体残障者驾驶汽车使用的操作装置或汽车电气控制件的迁延开关。根据辅助装置的功能类型，加装在自动变速的乘用车上的辅助装置的分类如表 2-4 所示。

表 2-4 加装在自动变速的乘用车上的辅助装置的分类

辅助装置类别	辅助装置名称	控制方式	代号	功能
转向辅助装置	方向盘控制辅助手柄	单手	Ⅰ	控制车辆的转向机构
制动和加速辅助装置	制动和加速迁延控制手柄	单手	Ⅱ1	控制车辆的制动踏板及加速踏板
	制动和加速迁延踏板	左脚	Ⅱ2	

续表

辅助装置类别	辅助装置名称	控制方式	代号	功能
转向信号辅助装置	转向信号迁延开关	单手	Ⅲ	控制车辆的转向灯
驻车制动辅助装置	驻车制动辅助手柄	单手	Ⅳ	操纵驻车制动装置

② 检验时应正确区分加装肢体残障者操纵辅助装置的汽车与私自改装车。汽车加装辅助装置必须到正规车辆生产、销售、维修企业进行，并由加装企业出具加装合格证明。

③ 仪器设备检验时，应采用肢体残障者操纵辅助装置开展制动等项目的检验，重点检查加装的操纵辅助装置与其他部件是否存在干涉现象。

第五节

车辆底盘动态检查要求

一、转向系统

1. 标准条文

车辆的方向盘应转动灵活，操纵方便，无卡滞现象，最大自由转动量应符合 GB 7258 的相关规定；对于使用方向把的三轮汽车、摩托车，转向轮转动应灵活。

2. 其他相关说明

① 方向盘最大自由转动量是指在静止状态下检验员向左转动方向盘至转向轮开始动作的瞬间作为起点，然后检验员向右转动方向盘至转向轮开始动作的瞬间作为止点，起点和止点形成的转角。

② 根据 GB 7258—2017 中 6.4 的规定，机动车方向盘的最大自由转动量应小于等于：
a. 最大设计车速大于等于 100km/h 的机动车 15°；
b. 三轮汽车 35°；
c. 其他机动车 25°。

二、传动系统

传动系统应满足以下要求：
① 车辆换挡应正常，变速器倒挡应能锁止；
② 离合器接合应平稳，无打滑、分离不彻底等现象。

三、制动系统

1. 标准条文

车辆正常行驶时无车轮阻滞、抱死现象；制动时制动踏板动作应正常，响应迅速，方向盘无抖动，无跑偏现象。

2. 其他相关说明

① 液压制动系统达到规定的制动效能时，踏板行程不得超过全行程的 3/4；制动器装有自动调整间隙装置的踏板行程，不得超过全程的 4/5。

② 此项检验需要在实车 20km/h 速度条件下进行，安检机构应设置足够的底盘动态检验区以满足测试要求和安全。

四、仪表和指示器

1. 标准条文

车辆配备的车速表等各种仪表和指示器不应有异常情形。

2. 其他相关说明

对于因仪器设备检验导致的 ABS、ESC、TCS 等指示灯亮起时，不应认定为仪表和指示器异常，应关闭汽车电源后重新启动车辆，再检查车辆相应指示灯。

第六节 车辆底盘部件检查要求

一、标准条文

1. 转向系统部件

转向系统部件应满足以下要求：
① 各部件不应松动；
② 横、直拉杆不应有拼焊、损伤、松旷、严重磨损等情况；
③ 转向过程中不应有干涉或摩擦现象。

2. 传动系统部件

传动系统部件应满足以下要求：
① 变速器等部件应连接可靠；
② 传动轴、万向节及中间轴承和支架不应有裂纹和松旷现象，不应有漏油现象。

3. 行驶系统部件

行驶系统部件应满足以下要求：
① 车架纵梁、横梁不应有明显变形、损伤，铆钉、螺栓不应缺少或松动；
② 钢板吊耳及销不应松旷，中心螺栓、U 形螺栓不应松旷；
③ 车桥与悬架之间的拉杆和导杆不应松旷和移位，减振器不应漏油。

4. 制动系统部件

制动系统部件应满足以下要求：
① 制动系统应无擅自改动，不应从制动系统获取气源作为加装装置的动力源；
② 制动主缸、轮缸、管路等不应漏气、漏油，制动软管不应有明显老化；
③ 制动系统管路与其他部件无摩擦和固定松动现象。

5. 其他部件

其他部件应满足以下要求。
① 发动机的固定应可靠。
② 排气管、消声器应安装牢固、不应有漏气现象，排气管口不得指向车身右侧（如受结构限制排气管口必须偏向右侧时，排气管口中心线与机动车纵向中心线的夹角应小于等于15°）和正下方；专门用于运送易燃和易爆物品的危险货物运输车，排气管应装在罐体/厢体前端面之前、不高于车辆纵梁上平面的区域，并安装机动车排气火花熄灭器，机动车尾部应安装接地装置。
③ 电气导线应布置整齐、捆扎成束、固定卡紧，并无破损现象。
④ 燃料箱应固定可靠，不应漏油；燃料管路与其他部件不应有碰擦，不应有明显老化。
⑤ 承载式车身底部应完整，不应有影响车身强度的变形和破损。
⑥ 轮胎内侧不应有严重磨损、割伤、腐蚀。

二、其他相关说明

① 检查时，车辆停放在地沟（或举升设备）上方的指定位置。车辆底盘检验员在车内检验员（引车员）转动方向盘配合下，借助照明设备，使用专用手锤敲击和勾动杆件（必要时）目视检查。自2017年3月1日起，大中型客车、重中型货车、专项作业车、挂车检查时必须使用底盘间隙仪。
② 在山区公路行驶的重型货运车辆加装制动淋水装置的情形较为普遍，对于部分车辆加装制动淋水装置时从原制动系统获取气源作为淋水装置的动力源，破坏了原制动系统的结构，极不利于交通安全，检验时应判定为不合格。
③ 车辆底盘部件检查时，可进一步核查是否安装前轮盘式制动器（应装备前轮盘式制动器的车辆），以及检查后轴钢板弹簧片数。

第七节

制动性能检验要求

一、台式制动性能检验要求

1. 行车制动性能检验要求

① 台试空载检验行车制动性能时，行车制动力应符合表2-5中的相关要求。对空载检验制动力有质疑时，可用表2-5规定的满载检验制动力要求进行检验。使用转鼓试验台检

时，可通过测得制动减速度值计算得到最大制动力。摩托车的前、后轴制动力应符合表 2-5 的要求，测试时只准许乘坐一名驾驶人。

检验时制动踏板力或制动气压应符合以下要求。

a. 满载检验时。

气压制动系统：气压表的指示气压≤额定工作气压。

液压制动系统：踏板力，乘用车≤500N；其他机动车≤700N。

b. 空载检验时。

气压制动系统：气压表的指示气压≤750kPa。

液压制动系统：踏板力，乘用车≤400N；其他机动车≤450N。

摩托车（正三轮摩托车除外）检验时，踏板力应小于等于 350N，手握力应小于等于 250N。

正三轮摩托车检验时，踏板力应小于等于 500N。

三轮汽车和拖拉机运输机组检验时，踏板力应小于等于 600N。

表 2-5 台试检验制动力要求　　　　　　　　　　　　　单位：%

机动车类型	制动力总和与整车重量的比例		轴制动力与轴荷①的比例	
	空载	满载	前轴②	后轴②
三轮汽车	—	—	—	≥60③
乘用车、其他总质量不大于 3500kg 的汽车	≥60	≥50	≥60③	≥20③
铰接客车、铰接式无轨电车、汽车列车	≥55	≥45	—	—
其他汽车	≥60④	≥50	≥60③	≥50⑤
挂车	—	—	—	≥55⑥
普通摩托车	—	—	≥60	≥55
轻便摩托车	—	—	≥60	≥50

① 用平板制动检验台检验乘用车、其他总质量小于等于 3500kg 的汽车时应按左右轮制动力最大时刻分别对应的左右轮动态轮荷之和计算。
② 机动车（单车）纵向中心线中心位置以前的轴为前轴，其他轴为后轴；挂车的所有车轴均按后轴计算；用平板制动试验台测试并装轴制动力时，并装轴可视为一轴。
③ 空载和满载状态下测试均应满足此要求。
④ 对总质量小于等于整备质量 1.2 倍的专项作业车应大于等于 50%。
⑤ 满载测试时后轴制动力比例（%）不做要求；空载用平板制动检验台检验时应大于等于 35%；总质量大于 3500kg 的客车，空载用反力滚筒式制动试验台测试时应大于等于 40%，用平板制动检验台检验时应大于等于 30%。
⑥ 满载状态下测试时应大于等于 45%。

台式检验制动力平衡应符合表 2-6 的要求。在制动力增长全过程中同时测得的左右轮制动力差的最大值，与全过程中测得的该轴左右轮最大制动力中大者（当后轴制动力小于该轴轴荷的 60% 时为与该轴轴荷）之比，对新车注册登记和在用车应分别符合表 2-6 的要求。

表 2-6 台试检验制动力平衡要求

项目	前轴/%	后轴（及其他轴）/%	
		轴制动力大于等于该轴轴荷 60% 时	制动力小于该轴轴荷 60% 时
新车注册登记	≤20	≤24	≤8
在用车	≤24	≤30	≤10

制动协调时间要求：汽车的制动协调时间，对液压制动的汽车应小于等于 0.35s，对气

压制动的汽车应小于等于0.60s，对铰接客车、铰接式无轨电车应小于等于0.80s。

车轮阻滞率要求：进行制动力检验时，汽车、汽车列车各车轮的阻滞力均应小于等于轮荷的10％。

② 对于全挂车、半挂车，台试空载制动性能检验时，应同时满足以下要求：

a. 与牵引车组合成的汽车列车检验结果符合表2-5（制动力）和表2-6（制动力平衡）中的相关要求；

b. 挂车的轴制动力之和与挂车轴荷之和的比值大于等于55％；

c. 挂车的轴制动不平衡率符合表2-6（制动力平衡）的要求。

另外，将牵引车与挂车（全挂车、半挂车）组成汽车列车进行检验，可同时检验与计算得到牵引车及挂车制动性能数据，牵引车也可单独检验。当半挂牵引车组合成铰接列车实施台式制动性能检验时，判定半挂牵引车制动性能是否合格只需对牵引车进行评价，列车制动性能不作为牵引车制动性能评价依据。

③ 对于三轴及三轴以上的多轴货车，采用加载制动的检验方法检验后，其加载轴的轴制动率应大于等于50％，加载轴制动不平衡率符合表2-6（制动力平衡）的要求；对于并装双轴、并装三轴的挂车，组成汽车列车按照加载制动的检验方法检验后，加载轴的轴制动率应大于等于45％，加载轴制动不平衡率也应符合表2-6（制动力平衡）的要求。

2. 驻车制动性能检验要求

当采用制动检验台检验汽车和正三轮摩托车驻车制动装置的制动力时，机动车空载，乘坐一名驾驶人，使用驻车制动装置，驻车制动力的总和应大于等于该车在测试状态下整车质量的20％，但总质量为整备质量1.2倍以下的机动车应大于等于15％。

二、路试制动性能检验要求

机动车行车制动性能和应急制动性能检验应在平坦、硬实、清洁、干燥且轮胎与地面间的附着系数大于等于0.7的混凝土或沥青路面上进行。检验时发动机应与传动系统脱开，但对于采用自动变速器的机动车，其变速器换挡装置应位于驱动挡（"D"挡）。

1. 行车制动性能检验要求

（1）制动距离法检验行车制动性能的要求　机动车在规定的初速度下的制动距离和制动稳定性要求应符合表2-7的规定。对空载检验的制动距离有质疑时，可用表2-7规定的满载检验制动距离要求进行。制动距离是指机动车在规定的初速度下急踩制动踏板时，从脚接触制动踏板（或手触动制动手柄）时起至机动车停住时止机动车驶过的距离。制动稳定性要求是指制动过程中机动车的任何部位（不计入车宽的部位除外）不超出规定宽度的试验通道的边缘线。

表2-7　制动距离和制动稳定性要求

机动车类型	制动初速度/(km/h)	空载检验制动距离要求/m	满载检验制动距离要求/m	试验通道宽度/m
三轮汽车	20	≤5.0		2.5
乘用车	50	≤19.0	≤20.0	2.5
总质量小于等于3500kg的低速货车	30	≤8.0	≤9.0	2.5

续表

机动车类型	制动初速度/(km/h)	空载检验制动距离要求/m	满载检验制动距离要求/m	试验通道宽度/m
其他总质量小于等于3500kg的汽车	50	≤21.0	≤22.0	2.5
铰接客车、铰接式无轨电车、汽车列车(乘用车列车除外)	30	≤9.5	≤10.5	3.0①
其他汽车、乘用车列车	30	≤9.0	≤10.0	3.0①
两轮普通摩托车	30	≤7.0		—
边三轮摩托车	30	≤8.0		2.5
正三轮摩托车	30	≤7.5		2.3
轻便摩托车	20	≤4.0		—
轮式拖拉机运输机组	20	≤6.0	≤6.5	3.0
手扶变型运输机	20	≤6.5		2.3

① 对车宽大于2.55m的汽车和汽车列车，其试验通道宽度为"车宽(m)+0.5m"。

(2) MFDD法检验行车制动性能的要求　MFDD法，即用汽车充分发出的平均减速度的方法评价其制动性能。汽车、汽车列车在规定的初速度下急踩制动踏板时充分发出的平均减速度及制动稳定性要求应符合表2-8的规定，且制动协调时间对液压制动的汽车应小于等于0.35s，对气压制动的汽车应小于等于0.60s，对汽车列车、铰接客车和铰接式无轨电车应小于等于0.80s。对空载检验的充分发出的平均减速度有质疑时，可用表2-8规定的满载检验充分发出的平均减速度进行。

表2-8　制动减速度和制动稳定性要求

机动车类型	制动初速度/(km/h)	空载检验充分发出的平均减速度/(m/s²)	满载检验充分发出的平均减速度/(m/s²)	试验通道宽度/m
三轮汽车	20	≥3.8		2.5
乘用车	50	≥6.2	≥5.9	2.5
总质量小于等于3500kg的低速货车	30	≥5.6	≥5.2	2.5
其他总质量小于等于3500kg的汽车	50	≥5.8	≥5.4	2.5
铰接客车、铰接式无轨电车、汽车列车（乘用车列车除外）	30	≥5.0	≥4.5	3.0①
其他汽车、乘用车列车	30	≥5.4	≥5.0	3.0①

① 对车宽大于2.55m的汽车和汽车列车，其试验通道宽度为"车宽(m)+0.5m"。

制动协调时间是指在急踩制动踏板时，从脚接触制动踏板（或手触动制动手柄）时起至机动车减速度（或制动力）达到表2-8规定的机动车充分发出的平均减速度（或表2-5所规定的制动力）的75%时所需的时间。

充分发出的平均减速度MFDD为

$$\text{MFDD} = \frac{v_b^2 - v_e^2}{25.92(S_e - S_b)}$$

式中　MFDD——充分发出的平均减速度，m/s^2；
　　　v_b——$0.8 v_0$ 的试验车速，km/h；
　　　v_e——$0.1 v_0$ 的试验车速，km/h；

S_b——试验车速从v_0到v_b之间车辆行驶的距离，m；
S_e——试验车速从v_0到v_e之间车辆行驶的距离，m；
v_0——试验车制动初速度，km/h。

2. 驻车制动性能检验要求

在空载状态下，驻车制动装置应能保证机动车在坡度为 20%（对总质量为整备质量的 1.2 倍以下的机动车为 15%）、轮胎与路面间的附着系数大于等于 0.7 的坡道上正、反两个方向保持固定不动，时间应大于等于 5min。检验汽车列车时，应使牵引车和挂车的驻车制动装置均起作用。

在规定的测试状态下，机动车使用驻车制动装置能停在坡度值更大且附着系数符合要求的试验坡道上时，应视为达到了驻车制动性能检验规定的要求。

在不具备试验坡道的情况下，在用车可参照相关标准使用符合规定的仪器测试驻车制动性能。

第八节 前照灯检验要求

一、远光光束发光强度要求

机动车每个前照灯的远光光束发光强度应达到表 2-9 的要求；并且，同时打开所有前照灯（远光）时，其总的远光光束发光强度应符合 GB 4785 的规定。测试时，电源系统应处于充电状态。

表 2-9 前照灯远光光束发光强度最小值要求 单位：cd

机动车类型		检查项目					
		新车注册登记			在用车		
		一灯制	二灯制	四灯制[①]	一灯制	二灯制	四灯制[①]
三轮汽车		8000	6000	—	6000	5000	—
最大设计车速小于70km/h的汽车		—	10000	8000	—	8000	6000
其他汽车		—	18000	15000	—	15000	12000
普通摩托车		10000	8000	—	8000	6000	—
轻便摩托车		4000	3000	—	3000	2500	—
拖拉机运输机组	标定功率>18kW	—	8000	—	—	6000	—
	标定功率≤18kW	6000[②]	6000	—	5000[②]	5000	—

① 四灯制是指前照灯具有四个远光光束；采用四灯制的机动车，其中两个对称的灯达到两灯制的要求时视为合格。
② 允许手扶拖拉机运输机组只装用一个前照灯。

二、光束照射位置要求

① 在空载车状态下，汽车、摩托车前照灯近光光束照射在距离 10m 的屏幕上，近光光束明暗截止线转角或中点的垂直方向位置，对近光光束透光面中心（基准中心，下同）高度

小于等于 1000mm 的机动车,应不高于近光光束透光面中心所在水平面以下 50mm 的直线且不低于近光光束透光面中心所在水平面以下 300mm 的直线;对近光光束透光面中心高度大于 1000mm 的机动车,应不高于近光光束透光面中心所在水平面以下 100mm 的直线且不低于近光光束透光面中心所在水平面以下 350mm 的直线。除装用一个前照灯的三轮汽车和摩托车外,前照灯近光光束明暗截止线转角或中点的水平方向位置,与近光光束透光面中心所在处置面相比,向左偏移应小于等于 170mm,向右偏移应小于等于 350mm。

② 在空载车状态下,轮式拖拉机运输机组前照灯近光光束照射在距离 10m 的屏幕上,近光光束中点的垂直位置应小于等于 $0.7H$(H 为前照灯近光光束透光面中心的高度),水平位置向右偏移应小于等于 350mm 且不应向左偏移。

③ 在空载车状态下,对于能单独调整远光光束的汽车、摩托车前照灯,前照灯远光光束照射在距离 10m 的屏幕上,其发光强度最大点的垂直方向位置,应不高于远光光束透光面中心所在水平面(高度值为 H)以上 100mm 的直线且不低于远光光束透光面中心所在水平面以下 $0.2H$ 的直线。除装用一个前照灯的三轮汽车和摩托车外,前照灯远光发光强度最大点的水平位置,与远光光束透光面中心所在垂直面相比,左灯向左偏移应小于等于 170mm 且向右偏移应小于等于 350mm,右灯向左和向右偏移均应小于等于 350mm。

第九节

车速表检验要求

车速表指示误差(最大设计车速不大于 40km/h 的机动车除外):车速表指示车速 v_1(单位:km/h)与实际车速 v_2(单位:km/h)之间应符合下列关系式。

$$0 \leqslant v_1 - v_2 \leqslant \frac{v_2}{10} + 4$$

第十节

转向轮侧滑检验要求

对前轴采用非独立悬架的汽车(前轴采用双转向轴时除外),其转向轮的横向侧滑量值,用侧滑台检验时应小于等于 5m/km。

第十一节

检验结果处置

一、检验结果的评判

授权签字人应逐项确认检验结果并签注整车检验结论。检验结论分为合格、不合格。送检机动车所有检验项目的检验结果均合格的,判定为合格;否则判定为不合格。

二、检验合格处置

① 机动车安全技术检验机构应出具机动车安全技术检验报告（式样），见表2-10，报告一式三份，一份交机动车所有人（或者由送检人转交机动车所有人），一份提交车辆管理所作为机动车安全技术检验合格证明，一份留存检验机构。

② 机动车安全技术检验机构应按 GB/T 26765、《机动车安全技术检验监管系统通用技术条件》（GA 1186）的要求传递数据及图像。

③ 机动车安全技术检验机构应妥善保管机动车安全技术检验报告、机动车安全技术检验表（人工检验部分）（表2-11）、机动车（三轮汽车、摩托车除外）安全技术检验表（仪器设备检验部分）（表2-12）、三轮汽车、摩托车安全技术检验表（仪器设备检验部分）（表2-13）、车辆识别代号（或整车出厂编号）的拓印膜或照片（新车注册登记检验时保存拓印膜，在用机动车检验时保存车辆识别代号照片）等资料，保存至本次检验周期届满前，但最短不得少于2年。

表2-10 机动车安全技术检验报告（式样）

一、基本信息					
检验报告编号		检验机构名称			
号牌号码		所有人			
车辆类型		品牌/型号		使用性质	
注册登记日期		出厂年月		检验日期	
车辆识别代号（或出厂编号）		发动机号码（或电动机号码）			
二、检验结论					
检验结论		授权签字人			
单位名称(盖章)：××××机动车安全技术检验机构					

三、人工检验结果

序号	检验项目	结果判定	具体不符合项目情况说明	备注

四、仪器设备检验结果

序号	检验项目	检验结果	标准限值	结果判定	备注

续表

四、仪器设备检验结果

序号	检验项目	检验结果	标准限值	结果判定	备注

五、建议

备注	

表 2-11　机动车安全技术检验表（人工检验部分）

一、基本信息

号牌号码（编号）：　　　　车辆类型：　　　　使用性质：　　　　里程表读数：　　　　km
车辆出厂日期：　年　月　日　初次登记日期：　年　月　日　检验日期：　年　月　日

二、检验结果

序号	检验项目		判定	序号	检验项目		判定
1	车辆唯一性检查	①号牌号码/车辆类型		4	安全装置检查	㉒汽车安全带	
		②车辆品牌/型号				㉓机动车用三角警告牌	
		③车辆识别代号（或整车出厂编号）				㉔灭火器	
		④发动机号码（或电动机号码）				㉕行驶记录装置	
		⑤车辆颜色和外形				㉖车身反光标识	
2	车辆特征参数检查	⑥外廓尺寸				㉗车辆尾部标志板	
		⑦轴距				㉘侧后防护装置	
		⑧整备质量				㉙应急锤	
		⑨核定载人数				㉚急救箱	
		⑩核定载质量				㉛限速功能或限速装置	
		⑪栏板高度				㉜防抱死制动装置	
		⑫后轴钢板弹簧片数				㉝辅助制动装置	
		⑬客车应急出口				㉞盘式制动器	
		⑭客车乘客通道和引道				㉟紧急切断装置	
		⑮货厢				㊱发动机舱自动灭火装置	
3	车辆外观检查	⑯车身外观				㊲手动机械断电开关	
		⑰外观标识、标注和铭牌				㊳副制动踏板	
		⑱外部照明和信号灯具				㊴校车标志灯和校车停车指示标志牌	
		⑲轮胎				㊵危险货物运输车标志	
		⑳号牌及号牌安装				㊶肢体残障人操纵辅助装置	
		㉑加装/改装灯具					

二、检验结果

序号	检验项目		判定	序号	检验项目		判定
5	联网查询车辆事故/违法信息(对发生过造成人员伤亡交通事故的送检机动车,人工检验时应重点检查损伤部位和损伤情况;)			6	底盘动态检验	㊺仪表和指示器	
6	底盘动态检验	㊷转向系统		7	车辆底盘部件检查	㊻转向系部件	
		㊸传动系统				㊼传动系部件	
						㊽行驶系部件	
		㊹制动系统				㊾制动系部件	
						㊿其它部件	

车辆外廓尺寸(mm×mm×mm):　　　　　　　　　　　整备质量(kg):

机动车所有人:　　　　　　手机电话:　　　　　　　地址/邮编:

检验员建议:　　　　　　　　　　　　　　　　　　　检验员签字:

注:1.判定栏中填"○"为合格,"×"为不合格,"—"为不适用于送检车。
2.当车辆外廓尺寸、整备质量检验项目使用仪器自动测量并打印在仪器设备检验表格中时,本表相应参数可不填。

表2-12　机动车(三轮汽车、摩托车除外)安全技术检验表(仪器设备检验部分)

一、基本信息

检验流水号		引车员		检验日期	
检验类别		检验项目		登录员	
号牌(自编)号		所有人			
号牌种类		车辆类型		品牌/型号	
车辆识别代号				发动机号	
初次登记日期		出厂年月		燃料类别	
驱动型式		驻车轴		转向轴悬架形式	
整备质量/kg		前照灯制		前照灯远光束能否单独调整	

二、检验结果

台试检测项目		轮荷/kg		最大行车制动力/×10N		过程差最大差值点/×10N		空载制动				加载制动			项目判定	单项次数
								行车制动率/%	不平衡率/%	驻车制动力/×10N	驻车制动率/%	加载轴荷/kg	轴制动率/%	不平衡率/%		
		左	右	左	右	左	右									
制动B	一轴															
	二轴															
	三轴															
	四轴															
	五轴															
	整车															
	驻车															
	动态轮荷(左/右)/kg			1轴		/				2轴			/			

续表

	项目	远光发光强度/cd	远光垂直偏移量/(mm/10m)	近光垂直偏移量/(mm/10m)	远光灯中心高/mm	近光灯中心高/mm	远光垂直偏移	近光垂直偏移	项目判定	单项次数
前照灯 H	左外灯									
	左内灯									
	右内灯									
	右外灯									
车速表 S		km/h								
侧滑 A		m/km								
路试制动性能					路试检验员					
车辆外廓尺寸(mm×mm×mm)：					整备质量(kg)：					
主车制动检验结果(对于主车和挂车一起检验,在打印挂车报告时)							总检次数			
备注										

表 2-13 三轮汽车、摩托车安全技术检验表（仪器设备检验部分）

一、基本信息

检验流水号		引车员		检验日期	
检验类别		检验项目		登录员	
号牌(自编)号		所有人			
号牌种类		车辆类型		品牌/型号	
车辆识别代号		发动机号		燃料类别	
初次登记日期		出厂年月		里程表读数	
整备质量/kg		前照灯制		前照灯远光束能否单独调整	

二、检验结果

台试检测项目		轮荷/kg		制动力/×10N		制动率/%	项目判定	单项次数
		左	右	左	右			
制动 B	前轮							
	后轮(轴)							
	驻车							

前照灯 H	项目	远光发光强度/cd	项目判定	单项次数
	左(单)灯			
	右灯			

路试制动性能		路试检验员		
车辆外廓尺寸(mm×mm×mm)：		整备质量(kg)：		
备注		总检次数		

三、检验不合格处置

① 机动车安全技术检验机构应出具机动车安全技术检验报告,并注明所有不合格项目。

② 机动车安全技术检验机构应通过拍照、摄像或保存数据等方式对不合格项取证留存备查。

③ 机动车安全技术检验机构应按 GB/T 26765、《机动车安全技术检验监管系统通用技术条件》(GA 1186)的要求传递数据及图像。

四、异常情形处置

① 发现送检机动车有拼装、非法改装、被盗抢、走私嫌疑时,机动车安全技术检验机构及其检验员应详细登记该送检机动车的相关信息,拍照、录像固定证据,通过机动车安全技术检验监管系统上报,并告知送检人到当地公安机关交通管理部门处理。

② 新车注册登记检验时,发现送检机动车的车辆特征参数、安全装置不符合 GB 1589、GB 7258、机动车产品公告、机动车出厂合格证时,应拍照、录像固定证据,详细登记送检机动车的车辆类型、品牌/型号、车辆识别代号(或整车型号和出厂编号)、发动机号码、整车生产厂家、生产日期等信息,通过机动车安全技术检验监管系统上报。

第三章

机动车安全检验方法

所有检验项目应一次检验完毕，出现不合格项时应继续进行其他项目的检验，但无法继续进行检验的项目除外。仪器设备检验时，除检验员外可再乘坐一名送检人员或随车人员。半挂牵引车可与半挂车组合成铰接列车后同时实施检验，也可单独检验。

第一节

车辆唯一性检查方法

送检机动车应停放在指定位置，发动机停转。通过目视比对检查送检机动车的号牌号码/车辆类型、车辆品牌/型号、车辆识别代号（或整车出厂编号）、发动机号码（或电动机号码）、车辆颜色和外形来确定车辆的唯一性。号牌号码/车辆类型、车辆识别代号（或整车出厂编号）、车辆颜色和外形检查时需要使用智能检验终端（PDA）拍摄图片（或视频），如图3-1所示。各项目具体检验方法如下。

图 3-1　无线 PDA

一、号牌号码/车辆类型

采用目视的检查方法。在用机动车检验时，查看送检机动车的号牌号码/车辆类型，并与机动车行驶证签注的内容进行比对。

二、车辆品牌/型号

采用目视的检查方法。

新车注册登记检验时，查看送检机动车（标牌等处标注）的车辆品牌/型号，并与机动车出厂合格证（对进口车为海关货物进口证明书）进行比对。

在用机动车检验时，查看送检机动车的车辆品牌/型号，并与机动车行驶证签注的内容进行比对。

三、车辆识别代号（或整车出厂编号）

目视检查，目视难以清晰辨别时使用内窥镜（图3-2）、强光手电、螺丝刀等工具。有条件时，可使用伸缩自发光反光镜、蛇管视频探测仪，以及能自动识别车辆识别代号的仪器设备。有疑问时，可使用 VIN 码探伤等仪器进一步检查确认。

图 3-2　内窥镜

新车注册登记检验时，实车查看车辆识别代号（或整车出厂编号），并与机动车出厂合格证（对进口车为海关货物进口证明书）、车辆识别代号（或整车出厂编号）的拓印膜（对于随车配发的拓印膜不符合要求时，应实车拓印）进行比对。重点检查车辆识别代号的内容和构成，打刻部位、深度，以及组成字母与数字的字高等，确认有无被凿改、挖补等现象。对于 2013 年 3 月 1 日起出厂的乘用车、总质量小于等于 3500kg 的货车（低速汽车除外），核查靠近风窗玻璃立柱位置的车辆识别代号标识。

在用机动车检验时，查看送检机动车打刻的车辆识别代号（或整车出厂编号）并拍照，确认与机动车行驶证签注的内容是否一致，确认有无被凿改、挖补等现象。

四、发动机号码（或电动机号码）

目视检查，目视难以清晰辨别时使用内窥镜、强光手电、螺丝刀等工具。有条件时，可使用伸缩自发光反光镜、蛇管视频探测仪等辅助检查。

新车注册登记检验时，查看打刻的发动机号码（或电动机号码），并与机动车出厂合格证（对进口车为海关货物进口证明书）进行比对，确认有无被凿改现象；如发动机号码（或电动机号码）不可见，查看发动机标识，确认是否能永久保持，并与机动车出厂合格证（对进口车为海关货物进口证明书）进行比对。

在用机动车检验时，查看送检机动车的发动机号码（或电动机号码），并与机动车行驶证签注的内容进行比对，确认有无被凿改现象。

五、车辆颜色和外形

采用目视的检查方法。

新车注册登记检验时，通过智能检验终端（PDA）等方式查询机动车产品公告照片，并实车比对送检机动车外形是否相符。

在用机动车检验时，查看送检机动车的车辆颜色和外形，与机动车行驶证上的车辆照片进行比对，查看有无更改车身颜色、改变车厢形状、改变车辆结构等情形。

第二节　车辆特征参数检查方法

车辆特征参数检查主要包括外廓尺寸、轴距、整备质量、核定载人数、栏板高度、后轴钢板弹簧片数、客车应急出口、客车乘客通道和引道、货厢情况 9 项特征参数的检查。核定载人数、后轴钢板弹簧片数、客车应急出口、客车乘客通道和引道、货厢等项目检查时需要使用智能检验终端（PDA）拍摄图片（或视频），具体检查方法如下。

一、外廓尺寸

用钢卷尺、水平尺、铅锤、激光测距仪等长度测量工具进行测量，对重中型货车、专项作业车、挂车应使用自动测量装置。新车注册登记检验时，与机动车产品公告、机动车出厂合格证参数进行比对。在用机动车检验时，与机动车行驶证签注的内容进行比对。

1. 人工检验方法

（1）车辆长度、宽度的测量　将车辆停放在平整、硬实的地面上，在车辆前后和两侧突出位置，使用线锤在地面画出"十"字标记，如图 3-3 所示。

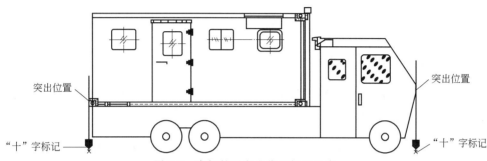

图 3-3　车辆前后突出位置标注示意

为防止车辆前后突出位置不在同一中心线上，影响测试准确度，可将车辆移走，在地面的长宽标记点上分别画出平行线，在地面形成一个长方形框架（可用对角线进行校正），找出车辆中心位置，用钢卷尺分别测出长和宽的直线距离，作为整车的车长和车宽，但 GB/T 3730.3 规定的后视镜、侧面标志灯、示位灯、转向指示灯、挠性挡泥板、折叠式踏板、防滑链、轮胎与地面接触部分变形，以及法律法规允许加装的其他部件不计入，如图 3-4 所示。

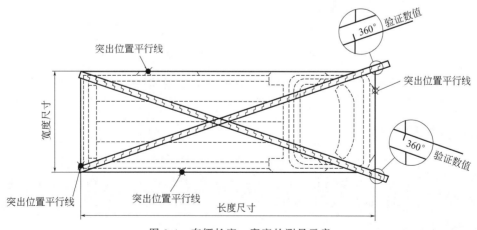

图 3-4　车辆长度、宽度的测量示意

（2）车辆高度的测量　将车辆停放在平整、硬实的地面上，将水平尺放在车辆的最高处并且保持与地面水平。在水平尺一端点放铅垂到地面画出"十"字标记，用钢卷尺测量水平尺该端点与地面"十"字标记之间的距离示值即为该车的实际高度，如图 3-5 所示。

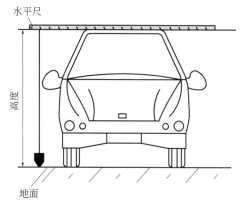

图 3-5　车辆高度的测量示意

2. 外廓尺寸自动测量仪检验

① 将车辆正直居中驶进外廓尺寸自动测量装置（图 3-6），按产品使用说明书的要求，测得车辆长度、宽度和高度数值。

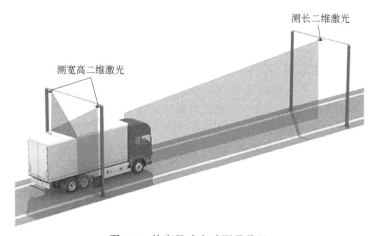

图 3-6　外廓尺寸自动测量装置

② 外廓尺寸自动测量装置不得具有人工修改测量数据和照片的功能，对于需要人工确认修改不计入车长、车宽的，应记录修改日志。

3. 测量过程记录

（1）人工测量过程记录　人工检验的整个检验过程应进行全程摄像记录。

（2）外廓尺寸自动测量装置检验过程记录　测量过程中应由仪器实时自动保存测得数据和车身正面、侧面的测量照片并上传至监管系统，照片及数据不能人工修改。

二、轴距

用钢卷尺等长度测量工具测量。有条件时，可使用自动测量装置。新车注册登记检验时，与机动车产品公告、机动车出厂合格证进行比对。在用机动车检验时，与机动车登记信息进行比对。

三、整备质量

整备质量可选择地磅或轴（轮）重仪（包括带称重功能的平板试验台）等方式进行测量。三轴及三轴以上车辆如采用轴（轮）重仪测量时，应保证轴（轮）重仪有足够的有效测量长度，确保双联和三联的各并装轴同侧轮同时停在一块称重板上。

新车注册登记检验时，与机动车产品公告、机动车出厂合格证进行比对。

1. 应用地磅的测量方法

① 将车辆平稳、缓慢地行驶至地磅上，等平稳、静止后，测得整备质量。

② 挂车的整备质量可先测得汽车列车的整备质量、牵引车的整备质量，然后计算得出汽车列车的整备质量与牵引车的整备质量的差值，作为挂车的整备质量。

2. 应用轴（轮）重仪的测量方法

① 利用轴（轮）重仪测量时应保持被测车辆水平，将车辆依次逐轴（对并装双轴和并装三轴视为一轴）平稳、缓慢地行驶至测量台，等平稳、静止后，测得该轴轴荷；计算所有轴荷之和，计为该车的整备质量。

② 挂车的整备质量可先用轴（轮）重仪测得汽车列车的整备质量、牵引车的整备质量，然后计算得出汽车列车的整备质量与牵引车的整备质量的差值，作为挂车的整备质量。

四、核定载人数

目视检查，目测座椅宽度、深度及驾驶室内部宽度等参数偏小时，使用量具测量相关尺寸。

新车注册登记检验时，确认座椅宽度、深度、驾驶室内部宽度等参数及座椅布置是否符合 GB 7258 的规定，与机动车产品公告、机动车出厂合格证进行比对。

在用机动车检验时，与机动车行驶证签注的内容进行比对，观察座椅布置有无变动。

五、栏板高度

用钢卷尺或钢直尺等长度测量工具测量，有条件时可使用自动测量装置。

新车注册登记检验时，货车、挂车的栏板高度与机动车产品公告、机动车出厂合格证、驾驶室两侧喷涂的栏板高度数值进行比对。

在用机动车检验时，货车、挂车的栏板高度与机动车登记信息、驾驶室两侧喷涂的栏板高度数值进行比对。

六、后轴钢板弹簧片数

采用目视的检查方法。

新车注册登记检验时，货车、挂车、专项作业车的后轴钢板弹簧片数与机动车产品公告、机动车出厂合格证进行比对，重点检查有无明显"增宽、增厚"情形。

在用机动车检验时，货车、挂车、专项作业车的后轴钢板弹簧片数应与机动车登记信息进行比对，重点检查有无明显"增宽、增厚"情形。

七、客车应急出口

目视检查应急出口的数量、标志,确认是否符合 GB 7258、GB 13094、GB 18986、GB 24407 等标准规定;目测应急出口尺寸偏小的,应使用钢卷尺或钢直尺等长度测量工具测量相关尺寸。对于 2013 年 9 月 1 日起出厂的设有乘客站立区的公共汽车车身两侧的车窗如面积能达到设置为应急窗的要求,查看是否均设置为推拉式应急窗或外推式应急窗。

八、客车乘客通道和引道

目视检查,目测通道、引道偏窄或高度不符合要求时,使用通道、引道测量装置检查。

九、货厢

目视检查,目测货厢有超长、超宽、超高之嫌时,使用钢卷尺或钢直尺等长度测量工具测量相关尺寸。重点查看是否有"加长、加高、加宽货厢""拆除厢式货车顶盖""拆除仓栅式货车顶棚杆"等情形。

第三节

车辆外观检查方法

车辆外观检查包括车身外观、"外观标识、标注和标牌"、"外部照明和信号装置"、轮胎、"号牌及号牌安装"和"加装/改装灯具"6 项,主要采用目视和操作的检查方法。车身外观、"外观标识、标注和标牌"、轮胎、"号牌及号牌安装"应采用检验智能终端(PDA)等设备拍摄检验照片(或视频),其数量、内容和清晰度应能满足检验监管的要求。具体检查方法如下。

一、车身外观

目视检查,对封闭式货厢的货车、挂车应打开车厢门检查,目测有疑问时,使用透光率计、钢尺、手锤、铁钩及照明器具等工具测量相关参数。

① 车身外观应满足以下要求。

a. 保险杠、后视镜、下视镜等部件应完好。

b. 车窗玻璃应齐全,驾驶人视野部位应无裂纹、破损,所有车窗玻璃都不应张贴镜面反光遮阳膜。

c. 车体应周正,车体外缘左右对称部位高度差应符合 GB 7258 的相关规定。

d. 车身外部不应有明显的镜面反光现象,不应有任何可能触及行人、骑自行车人等交通参与者的部件、构件,不应有任何可能使人致伤的尖角、锐边等凸起物。

e. 车身(车厢)及其漆面不应有明显的锈蚀、破损现象。

f. 喷涂、粘贴的标识或车身广告不应影响安全驾驶。

② 根据车辆类型和使用性质的不同,相应车辆还应满足以下要求。

a. 货车和挂车的货厢安装应牢固,其栏板和底板应规整,强度满足使用要求,装置的安全架应完好无损。

b. 罐式危险货物运输车的罐体顶部应按 GB 7258 的要求设置倾覆保护装置。

c. 校车和车长大于 7.5m 的其他客车不应设置车外顶行李架；设置车外顶行李架的客车，其车外顶行李架长度不超过车长的 1/3 且高度不超过 300mm。

d. 校车和 2012 年 9 月 1 日起出厂的公路客车、旅游客车的所有车窗玻璃都不应张贴不透明和带任何镜面反光材料的色纸或隔热纸，前风窗玻璃及风窗以外玻璃用于驾驶人视区部位的可见光透射比应大于等于 70%，其他车窗玻璃的可见光透射比应不小于 50%；专用校车乘客区侧窗结构应符合 GB 24407 的相关规定。

注：车窗玻璃包括侧窗玻璃和前、后风窗玻璃，但不包括驾驶人旁侧窗下围的装饰玻璃。

e. 机动车（挂车除外）应在左右至少各设置一面外后视镜，总质量大于 7500kg 的货车和货车底盘改装的专项作业车应在右侧设置至少各一面广角后视镜和补盲后视镜，车长大于 6m 的平头货车和平头客车在车前应至少设置一面前下视镜或相应的监视装置；教练车（三轮汽车除外）应安装能使教练员有效观察到车辆周围交通状态的辅助后视镜。

f. 货车和挂车的载货部分不应设计成可伸缩的结构或设置有乘客座椅。

g. 乘用车自行加装的前后防撞装置及货运机动车自行加装的防风罩、水箱、工具箱、备胎架，应不影响安全。

h. 三轮汽车和摩托车的前后减振器、转向上下联板和方向把不应有变形和裂损，左右后视镜应齐全有效，坐垫、扶手（或拉带）、脚蹬和挡泥板应齐全，且牢固可靠；对无驾驶室的三轮汽车，货厢前部应安装高出驾驶员坐垫平面至少 800mm 的安全架。

③ 注册登记检验时，送检机动车还应满足以下要求。

a. 车身前部外表面的易见部位上应至少装置一个能永久保持，且与车辆品牌/型号相适应的商标或厂标。

b. 货车货厢（自卸车、装载质量 1000kg 以下的货车除外）前部应安装有比驾驶室高至少 70mm 的安全架。

c. 厢式货车和封闭式货车驾驶室（区）两旁应设置有车窗，货厢部位不得设置车窗［但驾驶室（区）内用于观察货物状态的观察窗除外］。

d. 乘用车、专用校车和车长小于 6m 的其他客车的前后部应设置有保险杠，货车（三轮汽车除外）应设置前保险杠。

e. 对无驾驶室的正三轮摩托车，应采用方向把转向；对 2013 年 3 月 1 日起出厂的有驾驶室的正三轮摩托车，若采用方向盘转向，方向盘中心立柱距车辆纵向中心平面的水平距离应不大于 200mm。

二、外观标识、标注和标牌

目视检查，目测字高偏小时，使用长度测量工具测量相关尺寸。

① 根据车辆类型和使用性质的不同，外观标识、标注和标牌应满足以下要求。

a. 所有货车（半挂牵引车除外）和专项作业车，其驾驶室（区）两侧都应喷涂总质量；所有半挂牵引车，其驾驶室（区）两侧都应喷涂最大允许牵引质量；载货部位为栏板结构的货车和自卸车，驾驶室两侧应喷涂栏板高度；罐式汽车和罐式挂车的罐体上应喷涂允许装运货物的种类及与机动车产品公告和机动车出厂合格证一致的罐体容积，且罐式危险货物运输车的罐体上喷涂的允许装运货物的名称应与机动车产品公告和机动车出厂合格证一致；载货部位为栏板结构的挂车，其车厢两侧应喷涂栏板高度；喷涂的中文和阿拉伯数字应清晰，高度应大于等于 80mm。

b. 总质量大于等于 4500kg 的货车（半挂牵引车除外）、挂车，其车身（车厢）后部应喷涂/粘贴符合规定的放大号，无法喷涂/粘贴的平板挂车应设置符合规定的放大号。

c. 客车（专用校车和设有乘客站立区的公共汽车除外）的乘客门附近车身外部易见位置，应用高度大于等于 100mm 的中文和阿拉伯数字标明该车提供给乘员（包括驾驶人）的座位数。

d. 教练车应在车身两侧及后部喷涂高度大于等于 100mm 的"教练车"字样。

e. 气体燃料汽车、两用燃料汽车和双燃料汽车应按 GB/T 17676 的规定标注其使用的气体燃料类型。

f. 消防车、救护车、工程救险车和警车的车身颜色应符合相关国家标准或行业标准，警车、消防车、救护车、工程救险车安装使用的标志灯具应齐全、有效，其他机动车不得喷涂、安装、使用上述车辆专用的或者与其相类似的标志图案、警报器或者标志灯具。

g. 残障人机动车应在车身前部和后部分别设置残障人机动车专用标志。

② 注册登记检验时，标牌还应满足以下要求。

a. 标牌应固定可靠，标注的内容应清晰规范，并符合 GB 7258 的规定。

b. 非插电式混合动力汽车的标牌还应标明电动动力系统最大输出功率；纯电动汽车、插电式混合动力汽车、燃料电池汽车还应标明主驱动电动机型号和功率，动力电池工作电压和容量，储氢容器形式、容积、工作压力（燃料电池汽车）。

三、外部照明和信号装置

目视检查并操作。

① 外部照明和信号装置应满足以下要求。

a. 前照灯、前位灯、前转向信号灯、前部危险警告信号灯、示廓灯和牵引杆挂车标志灯等前部照明和信号装置应齐全，工作应正常；前照灯的远、近光光束变换功能应正常。

b. 后位灯、后转向信号灯、后部危险警告信号灯、示廓灯、制动灯、后雾灯、后牌照灯、倒车灯、后反射器应齐全，工作应正常；制动灯的发光强度应明显大于后位灯的发光强度。

c. 侧转向信号灯、侧标志灯和侧反射器应齐全，工作应正常。

d. 对称设置、功能相同的灯具的光色和亮度不应有明显差异，转向信号灯的光色应为琥珀色。

e. 除转向信号灯、危险警告信号灯、紧急制动信号灯、校车标志灯及消防车、救护车、工程救险车和警车安装使用的标志灯具外，其他外部灯具不应有闪烁的情形。

f. 对 2014 年 9 月 1 日起出厂的总质量大于等于 4500kg 的货车、专项作业车和挂车，每一个后位灯、后转向信号灯和制动灯的透光面都应大于等于一个 80mm 直径圆的面积；如属非圆形的，透光面的形状还应能将一个 40mm 直径的圆包含在内。

g. 机动车不应安装遮挡外部照明和信号装置透光面的装置。

h. 机动车设置的喇叭应能有效发声。

i. 发动机舱内目视可见的电气导线应布置整齐、捆扎成束、固定卡紧，并无破损现象。

② 新车注册登记检验时，车辆外部照明和信号装置的数量、位置、光色还应符合 GB 4785 等相关标准的规定。

四、轮胎

目视检查轮胎规格/型号，目测胎压不正常、轮胎胎冠花纹深度偏小时，使用轮胎气压表、花纹深度计等测量工具测量相关参数。

① 轮胎应满足以下要求。

a.同轴两侧应装用同一型号、规格和花纹的轮胎，轮胎螺栓、半轴螺栓应齐全、紧固；轮胎规格应与机动车产品公告和机动车出厂合格证（对于在用机动车检验时为机动车登记信息）相符。

b.轮胎的胎面、胎壁不应有长度超过 25mm 或深度足以暴露出轮胎帘布层的破裂和割伤及其他影响使用的缺损、异常磨损和变形。

② 根据车辆类型和使用性质的不同，相应车辆还应满足以下要求。

a.乘用车、摩托车和挂车轮胎胎冠上花纹深度应大于等于 1.6mm，其他机动车转向轮的胎冠花纹深度应大于等于 3.2mm；其余轮胎胎冠花纹深度应大于等于 1.6mm，轮胎胎面磨损标志应可见。

b.公路客车、旅游客车和校车的所有车轮及其他机动车的转向轮不应装用翻新的轮胎。

③ 注册登记检验时，送检机动车还应满足以下要求。

a.专用校车应装用无内胎子午线轮胎。

b.危险货物运输车及车长大于 9m 的其他客车应装用子午线轮胎。

c.使用小规格备胎的小型、微型载客汽车，其备胎附近明显位置（或其他适当位置）应装置有能永久保持的、提醒驾驶人正确使用备胎的标识，标识的相关提示内容应有中文说明。

五、号牌及号牌安装

目视检查，目测号牌安装位置、形式，有疑问时使用长度测量工具测量相关尺寸。

① 机动车号牌字符、颜色、安装等应符合 GA 36 的规定，机动车号牌专用固封装置应符合 GA 804 的规定。

② 号牌及号牌安装应满足以下要求。

a.机动车号牌应齐全，表面应清晰、整齐、平滑、光洁、着色均匀，不应有明显的皱纹、气泡、颗粒杂质等缺陷或损伤。

b.机动车应使用机动车号牌专用固封装置固定号牌，固封装置应齐全、安装牢固。

c.使用号牌架辅助安装时，号牌架内侧边缘距离机动车登记编号字符边缘应大于5mm，不应使用可拆卸号牌架和可翻转号牌架。

d.不应出现影响号牌正常视认的加装、改装等情形。

③ 新车注册登记检验时，号牌及号牌安装还应满足以下要求。

a.车辆应设置能够满足号牌安装要求的前、后号牌板（架）。摩托车只需设置有能满足号牌安装要求的后号牌板（架）；前号牌板（架）应设于前面的中部或右侧（按机动车前进方向），后号牌板（架）应设于后面的中部或左侧。

b.2013 年 3 月 1 日起出厂的车辆，每面号牌板（架）上至少应设有 2 个号牌安装孔，且能保证用 M6 规格的螺栓将号牌直接牢固可靠地安装在车辆上。

c.2016 年 3 月 1 日起出厂的车辆，每面号牌板（架）［三轮汽车前号牌板（架）、摩托车后号牌板（架）除外］上应设有 4 个号牌安装孔，且能保证用 M6 规格的螺栓将号牌直接牢固可靠地安装在车辆上。

六、加装/改装灯具

目视检查，车辆不应有加装或改装强制性标准以外的外部照明和信号装置，不应有后射灯。

第四节
车辆安全装置检查方法

车辆安全装置检查包括汽车安全带、机动车用三角警告牌、灭火器、行驶记录装置、车身反光标识、车辆尾部标志板、侧后防护装置等 20 项检查，主要采用目视和操作的检查方法。除限速功能或限速装置外，所有检查项目都应采用检验智能终端（PDA）等设备拍摄检验照片（或视频），其数量、内容和清晰度应能满足检验监管的要求。具体检查方法如下。

一、汽车安全带

目视检查并操作。
① 新车注册登记检验时，检查汽车安全带应满足以下要求。
a. 汽车应按 GB 7258—2012 中 12.1 的要求配备安全带。
b. 对于专用校车，学生座位均应配备两点式汽车安全带，驾驶人座椅、照管人员座椅均应配备汽车安全带。
② 在用机动车检验时，配备的汽车安全带应完好且能正常使用，不得出现"座垫套覆盖遮挡安全带""安全带绑定在座位下面"等情形。

二、机动车用三角警告牌

目视检查，汽车（无驾驶室的三轮汽车除外）应配备三角警告牌，三角警告牌的外观、形状应符合 GB 19151 的要求。

三、灭火器

目视检查，客车和危险货物运输车配备的灭火器应在使用有效期内，不应出现欠压失效等情形，配备数量应符合 GB 7258 等相关标准的要求。

四、行驶记录装置

目视检查，目测显示功能异常存疑时，使用专用检验仪器。
① 公路客车、旅游客车、危险货物运输车、校车以及 2013 年 3 月 1 日起注册登记的未设置乘客站立区的公共汽车、半挂牵引车、总质量大于等于 12000kg 的货车，应安装有符合要求的行驶记录装置（包括汽车行驶记录仪或行驶记录功能符合 GB/T 19056 的卫星定位装置等）。
② 行驶记录装置的连接、固定应可靠，显示功能应正常，主机外壳的易见部位应加施有符合规定的"3C"标志。
③ 卧铺客车以及 2013 年 5 月 1 日起出厂的专用校车应安装车内外录像监控系统，功能应正常。

五、车身反光标识

目视检查,目测逆反射系数偏小时,使用专用检验仪器。

① 货车、货车底盘改装的专项作业车和挂车后部车身反光标识的粘贴要求及材料类型(反光膜型或反射器型)应符合 GB 7258 的规定,反射器型车身反光标识应固定可靠。

② 所有货车(半挂牵引车除外)、货车底盘改装的专项作业车和挂车,侧面粘贴的车身反光标识都应符合 GB 7258 的规定。

③ 粘贴/安装的车身反光标识应印有符合规定的"3C"标志。

六、车辆尾部标志板

目视检查,目测逆反射系数偏小时,使用专用检验仪器。

① 2012 年 9 月 1 日起出厂的总质量大于等于 12000kg 的货车(半挂牵引车除外)和车长大于 8.0m 的挂车,以及 2014 年 1 月 1 日起出厂的总质量大于等于 12000kg 的货车底盘改装的专项作业车,应安装车辆尾部标志板。

② 车辆尾部标志板的形状、尺寸、布置和固定应符合 GB 25990 的规定。

七、侧后防护装置

目视检查,目测防护装置单薄、安装不规范时,使用长度测量工具。

① 侧后防护装置安装应牢固、无变形,且满足以下要求。

a. 总质量大于 3500kg 的货车、货车底盘改装的专项作业车和挂车,其装备的侧面及后下部防护装置应正常有效,货车列车的牵引车和挂车之间装备的侧面防护装置应正常有效。

b. 罐式危险货物运输车的罐体及罐体上的管路和管路附件不应超出车辆的侧面及后下部防护装置,罐体后封头及罐体后封头上的管路和管路附件与后下部防护装置的纵向距离应大于等于 150mm。

c. 货车和挂车的侧面防护装置的下缘离地高度、防护范围和前缘形式及后下部防护装置的离地高度、宽度、横截面宽度应符合 GB 11567.1 和 GB 11567.2 的规定。

② 新车注册登记检验时,侧后防护装置的外观、结构、尺寸、安装要求还应与机动车产品公告相符。

八、应急锤

目视检查,采用密闭钢化玻璃式应急窗的客车,在相应的应急窗邻近应配备一个应急锤以方便击碎车窗玻璃。

九、急救箱

目视检查,校车应配备急救箱,急救箱应放置在便于取用的位置并有效适用。

十、限速功能或限速装置

审查机动车产品公告、机动车出厂合格证、产品使用说明书等技术凭证资料。

新车注册登记检验时,公路客车、危险货物运输车、旅游客车及车长大于 9m 的未设置乘客站立区的公共汽车,应具有限速功能或配备限速装置;车长大于 6m 的客车,应具有超速报警功能。

十一、防抱死制动装置

打开电源，观察"ABS"指示灯，对于半挂车检查相关装置。

① 以下车辆应装备防抱死制动装置：

a. 道路运输爆炸品和剧毒化学品的车辆，以及2012年9月1日起出厂的其他危险货物运输车；

b. 2005年2月1日起注册登记的总质量大于12000kg的公路客车和旅游客车、总质量大于10000kg的挂车、总质量大于16000kg且允许挂接总质量大于10000kg的挂车的货车；

c. 2012年9月1日起出厂的半挂牵引车及车长大于9m的公路客车、旅游客车；

d. 2013年5月1日起出厂的专用校车；

e. 2013年9月1日起出厂的车长大于9m的未设置乘客站立区的公共汽车；

f. 2014年9月1日起出厂的总质量大于等于12000kg的货车和专项作业车。

② 机动车配备的防抱死制动装置自检功能应正常。

十二、辅助制动装置

审查机动车产品公告等技术资料凭证并操作驾驶室（区）内操纵开关，有疑问时检查相关装置。

新车注册登记检验时，以下车辆应安装缓速器或其他辅助制动装置：

① 2012年9月1日起出厂的车长大于9m的客车（对专用校车为车长大于8m）、所有危险货物运输车、总质量大于等于12000kg的货车；

② 2014年9月1日起出厂的总质量大于等于12000kg的专项作业车。

十三、盘式制动器

目视检查，新车注册登记检验时，以下车辆的前轮应装备盘式制动器：

① 2012年9月1日起出厂的危险货物运输车、车长大于9m的客车（未设置乘客站立区的公共汽车除外）；

② 2013年5月1日起出厂的专用校车；

③ 2013年9月1日起出厂的车长大于9m的未设置乘客站立区的公共汽车。

十四、紧急切断装置

目视检查，2015年1月1日起，用于运输液体危险货物的罐式危险货物运输车应按GB 18564.1等规定安装紧急切断装置。

十五、发动机舱自动灭火装置

目视检查，以下车辆应装备发动机舱自动灭火装置：

① 2013年5月1日起出厂的专用校车；

② 2013年3月1日起出厂的发动机后置的其他客车。

十六、手动机械断电开关

目视检查,有疑问时操作开关,观察是否断电。
2013 年 3 月 1 日起出厂的车长大于等于 6m 的客车,应设置能切断蓄电池和所有电路连接的手动机械断电开关。

十七、副制动踏板

目视检查,有疑问时踩下踏板,判断踏板工作是否正常。
教练车(三轮汽车除外)装备的副制动踏板应牢固、动作可靠有效。

十八、校车标志灯和校车停车指示标志牌

目视检查。
① 校车配备的标志灯和停车指示标志牌应齐全、有效。
② 专用校车以及喷涂或粘贴专用校车车身外观标识的非专用校车应由校车标志、中文字符"校车"、中文字符"核载人数:××人"、校车编号和校车轮廓标识组成,且应符合 GB 24315 的相关规定。

十九、危险货物运输车标志

目视检查。
① 危险货物运输车应设置符合 GB 13392 规定的标志。
② 道路运输爆炸品和剧毒化学品车辆应粘贴符合 GB 20300 规定的橙色反光带并设置安全标示牌。

二十、肢体残疾者操纵辅助装置

目视检查,加装肢体残疾者操纵辅助装置的汽车,操纵辅助装置铭牌标明的产品型号和产品编号应与操纵辅助装置加装合格证明或机动车行驶证记载的产品型号和产品编号一致。

第五节

车辆底盘动态检查方法

车辆底盘动态检查包括制动系统、转向系统、传动系统、"仪表和指示器" 4 项检查,主要采用目视、耳听、操作感知等方式检查。具体检查方法如下。

一、制动系统

以不低于 20km/h 的速度正直行驶,双手轻扶方向盘,急踩制动踏板后迅速放松。
车辆正常行驶时无车轮阻滞、抱死现象;制动时制动踏板动作应正常,响应迅速,方向盘无抖动,无跑偏现象。

二、转向系统

检验员操作车辆，起步并行驶 20m 以上。对方向盘最大自由转动量和转向力有疑问时，使用方向盘转向力-转向角检测仪测量相关参数。

车辆的方向盘应转动灵活，操纵方便，无卡滞现象，最大自由转动量应符合 GB 7258 的相关规定；对于使用方向把的三轮汽车、摩托车，转向轮转动应灵活。

三、传动系统

检验员操作车辆，起步并行驶 20m 以上。对方向盘最大自由转动量和转向力有疑问时，使用方向盘转向力-转向角检测仪测量相关参数。

传动系统应满足以下要求：
① 车辆换挡应正常，变速器倒挡应能锁止；
② 离合器接合应平稳，无打滑、分离不彻底等现象。

四、仪表和指示器

检验过程中，观察仪表和指示器。
车辆配备的车速表等各种仪表和指示器不应有异常情形。

第六节
车辆底盘部件检查方法

车辆底盘部件检查包括转向系统部件、传动系统部件、行驶系统部件、制动系统部件、其他部件 5 项检查。车辆停放在地沟上方的指定位置，使用专用手锤等工具检查，并由驾驶室操作人员配合；大中型客车、重中型货车、专项作业车、挂车检查时应使用底盘间隙仪。所有检查项目都应采用检验智能终端（PDA）等设备拍摄检验照片（或视频），其数量、内容和清晰度应能满足检验监管的要求。具体检查方法如下。

一、转向系统部件

转向系统部件应满足以下要求：
① 各部件不应松动；
② 横、直拉杆不应有拼焊、损伤、松旷、严重磨损等情况；
③ 转向过程中不应有干涉或摩擦现象。

二、传动系统部件

传动系统部件应满足以下要求：
① 变速器等部件应连接可靠；
② 传动轴、万向节及中间轴承和支架不应有裂纹和松旷现象，不应有漏油现象。

三、行驶系统部件

行驶系统部件应满足以下要求：
① 车架纵梁、横梁不应有明显变形、损伤，铆钉、螺栓不应缺少或松动；
② 钢板吊耳及销不应松旷，中心螺栓、U形螺栓不应松旷；
③ 车桥与悬架之间的拉杆和导杆不应松旷和移位，减振器不应漏油。

四、制动系统部件

制动系统部件应满足以下要求：
① 制动系统应无擅自改动，不应从制动系统获取气源作为加装装置的动力源；
② 制动主缸、轮缸、管路等不应漏气、漏油，制动软管不应有明显老化；
③ 制动系统管路与其他部件无摩擦和固定松动现象。

五、其他部件

其他部件应满足以下要求。
① 发动机的固定应可靠。
② 排气管、消声器应安装牢固，不应有漏气现象，排气管口不得指向车身右侧（如受结构限制排气管口必须偏向右侧时，排气管口中心线与机动车纵向中心线的夹角应小于等于15°）和正下方；专门用于运送易燃和易爆物品的危险货物运输车，排气管应装在罐体/厢体前端面之前、不高于车辆纵梁上平面的区域，并安装机动车排气火花熄灭器，机动车尾部应安装接地装置。
③ 电气导线应布置整齐、捆扎成束、固定卡紧，并无破损现象。
④ 燃料箱应固定可靠，不应漏油；燃料管路与其他部件不应有碰擦，不应有明显老化。
⑤ 承载式车身底部应完整，不应有影响车身强度的变形和破损。
⑥ 轮胎内侧不应有严重磨损、割伤、腐蚀。

第七节 制动性能检验方法

制动性能检验主要包括台试空载制动检验、路试制动检验和台式加载制动检验，检验设备采用滚筒反力式制动检验台、平板制动检验台，不适宜用制动检验台检验的车辆用便携式制动性能测试仪等路试设备检验。

一、台试空载制动检验

1. 检验设备相关要求

① 机动车制动检验宜采用滚筒反力式制动检验台或平板制动检验台，并应根据所检验车辆的轴荷选择相应承载能力的制动台。
② 轴（轮）重仪应水平安装，安装时称重台上表面与地平面的高差不得超过±5mm。

③ 制动台前后地面的附着系数应不小于 0.7。

④ 用于检验多轴及并装轴车辆的滚筒反力式制动检验台，应具有台体举升功能并满足：滚筒中心距为 460mm、主副滚筒高差为 30mm 时，副滚筒上母线与地面水平面的高度差为＋40mm。当滚筒中心距增大或减小 10mm，副滚筒上母线与地面水平面的高度差相应增大或减小 2mm；当主副滚筒高差减小 10mm，副滚筒上母线与地面水平面的高度差相应增大 4mm。

2. 检验前准备

① 制动检验台滚筒（或平板）表面应清洁，没有异物及油污。

② 检验辅助器具应齐全。

③ 气压制动的车辆，储气筒压力应能保证该车各轴制动力测试完毕时，气压仍不低于起步气压（未标起步气压者，按 400kPa 计）。

④ 液压制动的车辆，根据需要将踏板力计装在制动踏板上。

3. 滚筒反力式制动检验台检验

① 被检车辆正直居中行驶，各轴依次停放在轴（轮）重仪上，并按规定时间（不少于 3s）停放，测出静态轴（轮）荷［轮（轮）重、制动分列式］。

② 被检车辆正直居中行驶，将被测试车轮停放在制动台滚筒上，变速器置于空挡，松开制动踏板；对于全时四轮驱动车辆，非测试轮应处于附着系数符合要求的辅助自由滚筒组上，变速器置于空挡；采用具有举升功能的滚筒反力式制动检验台时，对于多轴车辆及并装轴车辆，举升台体至规定位置，测出左右轮空载轮荷，计算得出该轴空载轴荷（或直接测得该轴空载轴荷）。

③ 启动滚筒电动机，稳定 3s 后实施制动，将制动踏板逐渐慢踩到底或踩至规定制动踏板力，测得左、右车轮制动力增长全过程的数值及左、右车轮最大制动力，并依次测试各车轴；对驻车制动轴，操纵驻车制动操纵装置，测得驻车制动力数值，并按照第 5 点（制动性能参数计算）计算轴制动率、不平衡率、驻车制动率、整车制动率。

④ 可采取相关措施防止被检车辆在滚筒反力式制动检验台上后移，以适应制动检测需要。

4. 平板制动检验台检验

① 检验员将被检车辆以 5～10km/h 的速度滑行，置变速器于空挡后（对自动变速器车辆可位于"D"挡），正直、平稳驶上平板。

② 当被测试车轮均驶上平板时，急踩制动踏板，使车辆停止，测得各车轮的轮荷（对小型、微型载客汽车应为动态轮荷，对于并装双轴、并装三轴车辆的左右两侧可以按照 1 个车轮计）、最大轮制动力、轮制动力增长全过程的数值等，并按照第 5 点（制动性能参数计算）规定计算轴的制动率、不平衡率、整车制动率等指标。

③ 重新启动车辆，待车辆驻车制动轴驶上平板时操纵驻车制动操纵装置，测得驻车制动力数值，按照第 5 点（制动性能参数计算）规定计算驻车制动率。

④ 车辆制动停止时如被测试车轮已离开平板，则此次制动测试无效，应重新测试。

5. 制动性能参数计算

（1）用滚筒反力式制动检验台检验

① 轴制动率为测得的该轴左、右车轮最大制动力之和与该轴（静态）轴荷的比例（%）。

② 以同轴左、右轮两个车轮均达到最大制动力（或两个车轮一个达到最大制动力、另一个产生抱死滑移；或两个车轮均产生抱死滑移）时为取值终点，取制动力增长过程中测得的同时刻左右轮制动力差最大值为左、右车轮制动力差的最大值，用该值除以左、右车轮最大制动力中的大值（对于后轴及其他轴，制动力小于该轴轴荷的60%时为该轴轴荷），得到不平衡率。

③ 整车制动率为测得的各轮最大制动力之和与该车各轴（静态）轴荷之和的比例（%）。

④ 驻车制动率为测得的各驻车轴制动力之和与该车所有车轴（静态）轴荷之和的比例（%）。

注：对多轴车辆及并装轴车辆，采用具有举升功能的滚筒反力式制动检验台，计算轴制动率、不平衡率和整车制动率时，（静态）轴荷按照空载轴荷计算；按照本小节加载制动检验，计算加载轴制动率、加载轴制动不平衡率时，（静态）轴荷按照加载状态下的轴荷计算。

（2）用平板制动检验台检验

① 轴制动率为测得的该轴左、右车轮最大制动力之和与该轴轴荷的比例（%），对小（微）型载客汽车轴荷取左、右轮制动力最大时刻所分别对应的左、右轮荷之和，对其他机动车轴荷取该轴静态轴荷。

② 不平衡率、整车制动率、驻车制动率等指标的计算同第5点（制动性能参数计算）。

6. 特殊情形处置

① 在滚筒反力式制动检验台上检验时，被测试车轮在滚筒上抱死但整车制动率未达到合格要求时，应在车辆上增加足够的附加质量或相当于附加质量的作用力（在设备额定载荷以内，附加质量或作用力应在该轴左、右车轮之间对称作用，不计入轴荷）后，重新测试。

② 在滚筒反力式制动检验台上检测受限的车辆或底盘动态检验过程中点制动时无明显跑偏，但左、右轮制动力差不合格的车辆，应换用平板制动检验台或采用路试检验。

③ 对加装肢体残障者操纵辅助装置的汽车，应通过操纵辅助装置检验制动性能。检验行车制动性能时施加在制动和加速迁延手柄表面上的正压力不应大于300N，检验驻车制动性能时驻车制动辅助手柄的操纵力应不大于200N。

二、路试制动检验

1. 行车制动

① 路试制动性能检验应在纵向坡度不大于1%、轮胎与地面间的附着系数不小于0.7的硬实、清洁、干燥的水泥或沥青路面上进行。检验时车辆变速器应置于空挡。检验前应对检验场地进行安全检查，并采取必要的防护及封闭措施，确保检验过程的安全。

② 对于不适用于仪器设备制动检验的车辆，用制动距离或者充分发出的平均减速度（MFDD）和制动协调时间判定制动性能。有疑问时应安装踏板力计，检查达到规定制动效能时的制动踏板力是否符合标准。

③ 在试验路面上，按照GB 7258划出规定的试车道的边线，被测车辆沿着试车道的中线行驶。使用便携式制动性能测试仪进行测试时，行驶至规定初速度后，置变速器于空挡，

急踩制动踏板，使车辆停止，测量充分发出的平均减速度（MFDD）和制动协调时间，并检查车辆有无驶出车道边线；当使用第五轮仪或非接触式速度仪进行测试时，行驶至高于规定的初速度后，置变速器于空挡，滑行到规定的初速度时，急踩制动踏板，使车辆停止，测量车辆的制动距离和检查车辆是否驶出车道边线。

④ 对已在制动检验台上检验过的车辆，制动力平衡及前轴制动率符合要求，但整车制动率未达到合格要求时，用便携式制动性能测试仪检测，对于小（微）型载客汽车及其他总质量不大于 4500kg 的汽车的制动初速度应不低于 30km/h，对于其他汽车、汽车列车及无轨电车，制动初速度应不低于 20km/h，急踩制动踏板后测取 MFDD 及制动协调时间。

2. 驻车制动

① 将车辆驶上坡度为 20%（总质量为整备质量的 1.2 倍以下的车辆为 15%）、附着系数不小于 0.7 的坡道上，按正反两个方向保持固定不动，其时间不少于 5min，检验车辆的驻车制动是否符合要求。

② 在用机动车检验时，在不具备试验坡道的情况下，可参照相关标准使用符合规定的仪器测试驻车制动性能。

三、台式加载制动检验

加载制动检验宜采用具有台体举升功能的滚筒反力式制动检验台进行，多轴货车、由并装轴挂车组成的汽车列车的第一轴和最后一轴不进行加载制动检验。具体方法如下：

① 被检车辆正直居中行驶，将被测试车的第二轴停放在制动台滚筒上，变速器置于空挡，松开制动踏板。

② 通过举升台体对测试轴加载，举升至副滚筒上母线离地 100mm（或轴荷达到 11500kg 时），停止举升；测出左、右轮轮荷，计算得出该轴加载状况下的轴荷（或直接测得该轴加载状况下的轴荷）。

③ 启动滚筒电动机，稳定 3s 后实施制动，将制动踏板逐渐慢踩到底或踩至规定制动踏板力，测得左、右车轮制动力增长全过程的数值及左、右车轮最大制动力；并按本节一中第 5 点（制动性能参数计算）要求计算加载轴制动率、加载轴制动不平衡率。

④ 重复①～③步骤，依次测试各车轴。

第八节

前照灯检验方法

前照灯光束照射位置检验及前照灯远光光束发光强度测量应使用具备远近光光束照射位置检验功能的前照灯检测仪。

一、检验前仪器及车辆准备

检验前，仪器及车辆准备如下：
① 检测仪受光面应清洁；
② 对手动式前照灯检测仪应检查其电池电压是否在规定范围内；
③ 轨道内应无杂物，使仪器移动轻便；

④ 前照灯应清洁。

二、检验方法

1. 自动式前照灯检测仪检验

（1）采用自动式前照灯检测仪检验时，按以下步骤进行：

a. 车辆沿引导线居中行驶至规定的检测距离处停止，车辆的纵向轴线应与引导线平行，如不平行，车辆应重新停放，或采用车辆摆正装置进行拨正；

b. 置变速器于空挡（无级变速两轮、三轮车辆应实施制动），车辆电源处于充电状态，开启前照灯远光灯；

c. 给自动式前照灯检测仪发出启动测量的指令，仪器自动搜寻被检前照灯，并测量其远光发光强度及远光照射位置偏移值；

注：前照灯远光照射位置偏移值检验仅对远光光束能单独调整的前照灯进行；远光光束能单独调整的前照灯是指手工或通过使用专用工具能够在不影响近光光束照射角度的情况下调整远光光束照射角度的前照灯，通常情况下远近光束一体的前照灯其远光光束照射角度不能单独进行调整。

d. 被检前照灯转换为近光光束，自动式前照灯检测仪自动检测其近光光束明暗截止线转角（或中点）的照射位置偏移值；

e. 按上述 c、d 步骤完成车辆所有前照灯的检测；

f. 在对并列的前照灯（四灯制前照灯）进行检验时，应将与受检灯相邻的灯遮蔽；

g. 采用气体放电光源前照灯时，测试前应预热。

② 三轮汽车、摩托车前照灯检验时，按以下步骤进行：

a. 将车辆停止在规定的位置；

b. 保持前照灯正对检测仪，有夹紧装置的将车轮夹紧；

c. 开启前照灯检测仪进行检测，检测过程中车辆应处于充电状态（挡位置于空挡，无级变速的车辆应实施制动）；

d. 对两轮机动车和装用一个前照灯的三轮机动车，记录前照灯远光光束发光强度，对装用两个或两个以上前照灯的三轮机动车，参照自动式前照灯检测仪检验的①方法进行。

2. 手动式前照灯检测仪检验

用手动式前照灯检测仪检验时，参照自动式前照灯检测仪检验的方法进行。

第九节

车速表指示误差检验方法

车速表指示误差检验宜在滚筒式车速表检验台上进行。

一、检验程序

① 将车辆正直居中驶上检验台，驱动轮停放在测速滚筒上。

② 降下举升器或放松滚筒锁止机构，为防止车辆向前驶出该工位，可在非驱动轮前部

加止动块（前轮驱动车使用驻车制动）。

③ 当车速表指示 40km/h 时，测取实际车速，检验结束。

④ 升起举升器或锁止滚筒，将车辆驶出检验台。

二、检验注意事项

① 测速时车辆前、后方及驱动轮两旁不准站立人员。

② 检验结束后，检验员不可采取任何紧急制动措施使滚筒停止转动。

③ 对于不能在车速表检验台上检验的车辆，只需在底盘动态检验时定性判断其车速表工作是否正常即可。

第十节

转向轮横向侧滑检验方法

转向轮横向侧滑量的检验应在侧滑检验台上进行，侧滑检验台宜具有轮胎侧向力释放功能。

一、检验程序

将车辆正直居中驶近侧滑检验台，并使转向轮处于正中位置，在驱动状态以不大于 5km/h 的车速平稳、直线通过侧滑检验台，读取最大示值。

二、检验注意事项

车辆通过侧滑检验台时，不得转动方向盘；不得在侧滑检验台上制动或停车；应保持侧滑检验台滑板下部的清洁，防止锈蚀或阻滞。

第二篇 机动车检验仪器设备

第四章 人工检查器具

第一节 车辆唯一性检查的器具

根据 GB 21861 要求，车辆唯一性检查时，进行目视比对检查，目视难以清晰辨别时使用内窥镜等工具，本节介绍内窥镜的基本结构和原理。

一、汽车内窥镜的基本结构

汽车内窥镜的基本结构如图 4-1 所示。

1. 目镜

目镜位于操作部上方，用于检测人员观察图像，也可以安装照相机或摄像机用于照相或摄像，或安装电视转接器将图像转到电视显示器上显示。

2. 操作部

位于目镜的下方，包括调焦装置、转角控制钮和转角控制锁紧钮等。调焦装置在目镜的

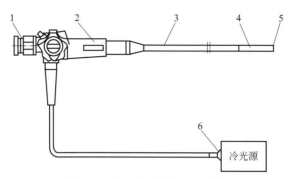

图 4-1 汽车内窥镜的基本结构
1—目镜；2—操作部；3—主软管；4—弯曲部；5—头端部；6—导光光缆及其光源插头

下方。转动此装置的光圈，可调节目镜与导光束之间的距离而使图像清晰。转角控制钮用于对弯曲部上下左右活动方向的调节，转角控制锁紧钮用于对头端部的固定。

3. 镜身

镜身为一根易弯曲的软管道，也称为软管部，由钢丝管与蛇形钢管制成，具有保护作用。其外部套有聚氨酯塑料管。聚氨酯塑料管具有密封作用，可防止油、水的进入和腐蚀。

外套管表面光滑，并每5mm划一道刻线，以指示纤维内窥镜插入被测部位深度。镜身的前部为弯曲部，能实现上下左右的弯曲，实现无盲区观察。镜身内装有导像束、导光束和控制转角的钢丝等装置。

4. 头端部

头端部是纤维内窥镜镜身前头的端部，为硬性部分。头端部包括物镜和导光窗等装置。物镜对物像的观察有三种类型：直视型、侧视型、斜视型。直视型头端部在进镜时能清楚地观察到前进方向的弯曲走向及前壁的状况，但对侧壁观察欠佳。侧视型头端部能正面观察到前进方向侧壁的状况，特别是对于狭小空间侧壁的观察效果更好，但对正前方观察欠佳。斜视型头端部观察物像的方向介于直视型和侧视型之间，一般为30°~45°。纤维内窥镜的前端部一般设有1~2个导光窗，照明光线由此射出，以便物镜能观察到物像。导光窗由导光束末端面和密封玻璃组成。

5. 导光光缆及其光源插头

导光光缆（也称导光软管）一端在操作部与纤维内窥镜体连接，另一端与冷光源连接，是纤维内窥镜和冷光源之间的连接部分。导光光缆内有导光束和控制自动曝光的电线等。导光光缆的光源插头比较复杂，这是因为在光源插头中还有供摄像曝光等装置的插头。

二、汽车内窥镜的原理

汽车内窥镜的主体是纤维光束。纤维光束由许多传光的细光学纤维构成。光学纤维有两种类型：玻璃光学纤维和塑料光学纤维（主要是丙烯树脂）。光在光学纤维内传导必须遵循全内反射原理，也就是必须遵循每根光学纤维传导的像素不发生折射而泄漏，应在纤维中以全内反射方式由一端传至另一端。只有这样才能保证光在传导中无损失，图像无失真，传递高清晰度、高精度的图像。

汽车内窥镜遵循光全内反射原理，使光的传导在光学纤维内从一端到另一端有序地进行。当光学纤维弯曲时，反射角相应地变化，光的传递就随纤维的弯曲而弯曲。这样，就能看到从任何方向传来的物像。

三、使用汽车内窥镜的注意事项

① 光导纤维切勿锐角弯曲或重压，以免损伤光导纤维，造成视野黑点增多。
② 内窥镜的关键部件是导光束和传像束，它由数万根细玻璃纤维组成，容易损坏。使用中不要碰撞，一定要轻拿轻放。
③ 目镜、物镜要保持清洁，有脏物时用镜头纸擦拭干净。
④ 冷光源使用时间不宜过长，随用随开。
⑤ 检测时，动作要轻，插入时要缓慢，防止损坏镜面与镜体。
⑥ 用毕，应垂直挂在专用框上，防止长期卷曲造成软管不易伸直。

第二节 车辆特征参数检查器具

一、轴（轮）重仪

1. 轴（轮）重仪的作用和分类

轴（轮）重仪用于分别测定车辆各轴（轮）的垂直载荷，提供在汽车制动检测时计算各轴及整车的制动效能时所需的轴荷数据。

从原理上看，轴（轮）重仪可以分为机械式和电子式两类。机械式是一种传统的形式，它是依据杠杆原理制成的，因功能简单、精度较低、不便于联网，目前已很少使用。电子式轴（轮）重仪多配有智能化仪表，因其功能强、精度高，目前已获得广泛应用。

按允许承载轴荷，一般可将轴（轮）仪分为3t、10t、13t 三种。

2. 轴（轮）重仪的结构

电子式轴（轮）重仪可分为轴重仪和轮重仪。

轴重仪的整个承重台面为一个刚性连接整体，左、右车轮停在同一台面上直接测取轴荷；轮重仪（图 4-2）分左、右两块相互独立的承重板，通过测取左、右轮重计算轴荷，测试精度较高。为更好地评价车辆制动性能，尽可能采用能分别测量和显示左、右车轮轮荷的轮重仪。

轴（轮）重仪主要由框架和承重台面及电子仪表组成。能独立测量和显示左、右车轮的轮重仪具有两个承重台面，分别安装在左、右框架内；而电子仪表则主要起显示作用。

承重台面四角分别固定4个压力应变传感器。当传感器受到压力时，电阻应变片的阻值发生变化，从而能够输出一个与所受压力成正比的电压信号。

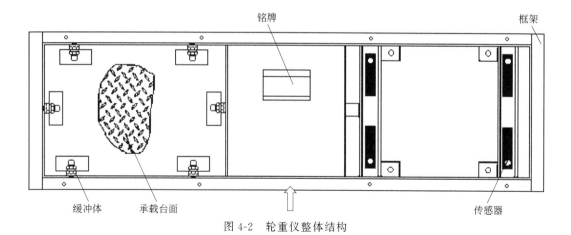

图 4-2 轮重仪整体结构

3. 轴（轮）重仪的测量原理

设轴重仪的质量为 W，其重心位于台面上任意一点 M，四个传感器将会受到大小不等的压力。根据力学常识不难理解，这四个力的大小比例与 M 点的位置有关。但是四个传感器的支撑力之和必定等于轴重仪的质量 W。因为台面在轴重仪的质量 W 和四个传感器支撑力的作用下是保持平衡的，而且与 M 点的位置无关。因此，只要采集这四个传感器输出的电信号经放大滤波后，送往仪表或 A/D 转换器转换成数字信号，经计算机或仪表计算处理后，即可将显示结果打印输出。

在实际使用中，若被测质量过于偏离承载台面中心，可能会增大测量误差。所以在实际测量轴重时，应该尽量摆正车轮在检验台上的位置。

二、其他器具

车辆特征参数检查的其他器具如表 4-1 所示。

表 4-1 车辆特征参数检查的其他器具

序号	器具名称	参数
1	激光测距仪	测量范围:0.05~60m 测量精度:±1.5mm 典型测量时间:小于 0.5s 防水防尘等级:不低于 Ip54 电池:自带可充电电池或使用 2 节 AAA 型号 1.5V 电池,满电状态测量次数不低于 5000 次 产品为手持式,质量不大于 200g
2	钢直尺	测量范围:0~500mm 分辨力:1mm 准确度等级:2 级
3	钢卷尺	测量范围:0~5000mm、0~30000mm 分辨力:1mm 准确度等级:2 级
4	螺丝刀	规格:一字 5mm×100mm、十字 5mm×100mm
5	水平尺	规格:600mm

第三节

车辆外观检查和安全装置检查器具

车辆外观检查和安全装置检查主要为目视检查,必要时采用长度测量工具、胎压表、轮胎花纹深度尺等工具检查,如表 4-2 所示。

表 4-2 车辆外观检查和安全装置检查器具

序号	器具名称	参数
1	激光测距仪	测量范围:0.05~60m 测量精度:±1.5mm 典型测量时间:小于 0.5s 防水防尘等级:不低于 Ip54 电池:自带可充电电池或使用 2 节 AAA 型号 1.5V 电池,满电状态测量次数不低于 5000 次 产品为手持式,质量不大于 200g
2	透光率计	测量范围:0~100.0% 分辨率:0.1% 电池寿命:1000 个测量值以上 漂移:小于 1% 示值误差:不超过±2%(绝对误差) 重复性:小于 2% 工作温度:0~40℃
3	轮胎气压表	测量范围:0~10kg/cm 分辨力:0.1kg/cm 准确度等级:2.5 级
4	轮胎花纹深度尺	测量范围:0~15mm 分辨力:0.1mm 准确度等级:2 级
5	强光手电	规格:锂电池 LED 亮度:不低于 500lm
6	铁钩	规格:0.6m
7	手锤	规格:0.25kg
8	铅锤	规格:300g
9	钢直尺	测量范围:0~500mm 分辨力:1mm 准确度等级:2 级
10	钢卷尺	测量范围:0~5000mm、0~30000mm 分辨力:1mm 准确度等级:2 级
11	螺丝刀	规格:一字 5mm×100mm、十字 5mm×100mm
12	水平尺	规格:600mm

第四节

车辆底盘动态与底盘部件检查器具

一、方向盘自由转动量检测仪

方向盘自由转动量是指汽车转向轮保持直线行驶位置，静止不动时，轻轻左右晃动方向盘所测得的游动角度，其结构与工作原理和使用与注意事项分别介绍如下。

1. 结构与工作原理

简易方向盘自由转动量检测仪只能检测方向盘的自由转动量。该仪器主要由刻度盘和指针两部分组成。刻度盘和指针分别固定在方向盘轴管和方向盘边缘上。固定方式有机械式和磁力式两种。机械式方向盘自由转动量检测仪如图 4-3 所示。磁力式方向盘自由转动量检测仪使用磁力座固定指针或刻度盘，结构更为简单，使用更为方便。

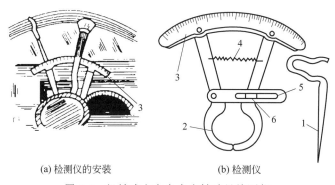

(a) 检测仪的安装　　　　　(b) 检测仪

图 4-3　机械式方向盘自由转动量检测仪
1—指针；2—夹臂；3—刻度盘；4—弹簧；5—连接板；6—固定螺钉

2. 使用与注意事项

测量时，应使汽车的两个转向轮处于直线行驶位置不动，轻轻向左（或向右）转动方向盘至空行程一侧的极端位置（感到有阻力），调整指针指向刻度盘 0°。然后轻轻转动方向盘至另一侧空行程极端位置，指针所示刻度即为方向盘的自由转动量。

二、ZC-2 型转向参数测量仪

方向盘的转向力是指在一定条件下，作用在方向盘外缘的圆周力。

1. 结构与工作原理

国产 ZC-2 型转向参数测量仪是以微机为核心的智能仪器，可测得方向盘自由转动量和转向力。该仪器由操纵盘、主机箱、连接叉和定位杆四部分组成，如图 4-4 所示。操纵盘由螺钉固定在三爪底板上，底板经力矩传感器与三个连接叉相连，每个连接叉上都有一个可伸缩长度的活动卡爪，以便与被测方向盘相连接。主机箱为一个圆形结构，固定在底板中央，其内装有接口板、微机板、转角编码器、打印机、力矩传感器和电池等。定位杆从底板下伸出，经磁力座吸附在驾驶室内的仪表盘上。定位杆的内端连接有光电装置，光电装置装在主机箱内的下部。

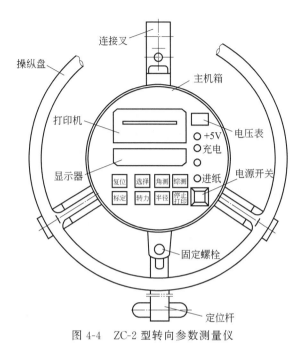

图 4-4　ZC-2 型转向参数测量仪

2. 使用与注意事项

测量时，把转向参数测量仪对准被测方向盘中心，调整好三个连接叉上伸缩卡爪的长度，与方向盘连接并固定好。转动操纵盘，转向力通过底板、力矩传感器、连接叉传递到被测方向盘上，使方向盘转动以实现汽车转向。此时，力矩传感器将转向力矩转变成电信号，而定位杆内端连接的光电装置则将转角的变化转变成电信号。这两种电信号由微机自动完成数据采集、转角编码、运算、分析、存储、显示和打印。因此，使用该测量仪既可测得方向盘的转向力，又可测得方向盘的自由转动量。

三、最大转向角度转盘仪

最大转向角度是指将方向盘向左或向右转到最大极限时，转向轮所转动的角度。

1. 结构与工作原理

最大转向角度的检测能够确定汽车的灵活性和最小转弯半径。检测最大转向角度，只需用带有刻度的转盘即可进行作业。转盘仪结构简图如图 4-5 所示。

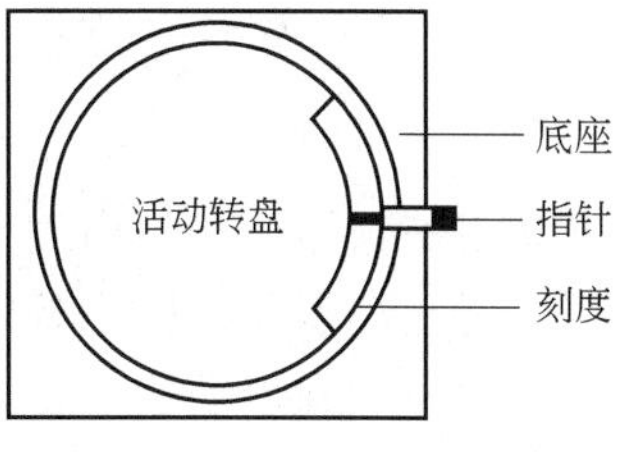

活动转盘通过滚动轴承、销轴与底座相连，活动转盘可以在底座上围绕销轴自由转动；为了避免非测量状态时装盘的移动，在转盘与底座之间设置有锁止销；在活动转盘外沿镶嵌有刻度盘，用来指示车轮转动角度；在底座上固定有指针，在转盘仪处于非测量的自由状态时，指针指向刻度盘的

图 4-5　转盘仪结构简图

正中间。

检测时,将被检车辆转向轮置于转盘正中,拔出锁止销,驾驶员向左(右)转动方向盘到最大角度,转盘仪指针指示的刻度即为转向轮的最大转角。

2. 使用与注意事项

① 检测前转盘与底座必须处于锁止状态。

② 检测时,车轮要缓慢驶上活动转盘,速度过快会对转盘产生较大冲击,易加剧转盘仪的损坏。

③ 不允许超过转盘仪允许载重的车辆驶上转盘仪,以免损坏转盘仪。

④ 非测量状态时,转盘仪的锁销应处于锁止状态。

⑤ 保持转盘仪的清洁、干燥,定期用润滑脂对转盘轨道进行润滑。

四、离合器打滑频闪测定仪

离合器打滑会使发动机的动力不能有效地传递到输出驱动车轮上去,并使离合器自身过热、加剧磨损、烧焦甚至损坏。使用离合器打滑频闪测定仪可检测离合器是否有打滑现象。

1. 结构与工作原理

该仪器主要由透镜、闪光灯、电阻器、电容器、电源和传感器等组成,如图4-6所示,电源采用汽车蓄电池。

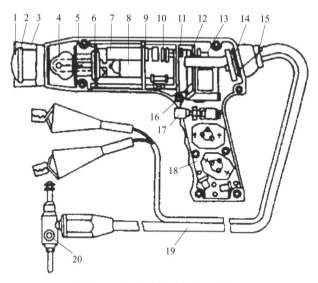

图 4-6 离合器打滑频闪测定仪

1—环;2—透镜;3—框架;4—闪光灯;5—护板;6,9,11,12,18—隔板;7—电阻器;8,10—电容器;13—二极管;14—支持器;15—座套;6—变压器;17—开关;19—导线;20—传感接头

使用该仪器时,需由发动机的火花塞给仪器内高压电极输入电脉冲信号。火花塞每跳火一次,闪光灯就亮一次,且闪光频率与发动机转速成正比。离合器不打滑时,传动轴上设定点会与闪亮点同步动作,传动轴似乎处于不转动状态。否则,轴上设定点转速会滞后于闪亮点动作,而说明离合器存在打滑现象。

2. 使用与注意事项

离合器打滑频闪测定仪使用时，首先把被测汽车驶上底盘测功机或车速表试验台上，将驱动车轮停置在两滚筒之间，降下举升装置，车轮与滚筒接触。在传动轴上做一个标记点，变速器置入选定挡位，松开驻车制动装置，踩下加速踏板，同时，调节测功机制动力矩对滚筒加载，增加驱动车轮负荷。若无底盘测功机，也可将驱动桥支起，变速器置入行驶挡，踩下加速踏板使车辆原地运转，利用行车制动或驻车制动方式对车轮加载。再将闪光灯发出的闪亮点投射到传动轴上预设的标记点，通过加载改变发动机转速，观察传动轴在不同转速下，轴上标记点的转动是否与闪亮频率同步，从而判断离合器打滑程度。

五、指针式游动角度检测仪

1. 结构与工作原理

该仪器主要由指针、刻度盘和测量扳手组成。指针固定在驱动桥主动轴上，刻度盘则固定在主传动器壳上，如图 4-7(a) 所示。测量扳手一端带有 U 形卡嘴，以确保卡在十字万向节上。为了适应多种车型，卡嘴上带有可更换的钳口。测量扳手另一端有指针和刻度盘，可指示转动扳手的转矩值，如图 4-7(b) 所示。

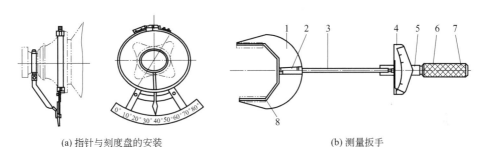

(a) 指针与刻度盘的安装　　　　(b) 测量扳手

图 4-7　指针式游动角度检测仪

1—卡嘴；2—指针座；3—指针；4—刻度盘；5—手柄；6—手柄套筒；7—定位销；8—可换钳口

检测传动系统游动角度时，将测量扳手卡在万向节上，用不小于 30N·m 的转矩转动，使之从一个极端位置转动到另一个极端位置，刻度盘上指针转过的角度即为所测游动角度值。

2. 使用与注意事项

传动系统游动角度的检测应分段进行，具体检测方法如下。

（1）检测驱动桥的游动角度　变速器挂空挡，驻车制动器松开，驱动轮制动，将测量扳手卡在驱动桥主动轴万向节的从动叉上，即可测得驱动桥的游动角度。

（2）检测万向传动装置的游动角度　与测驱动桥游动角度的方法基本相同，只是将测量扳手卡在变速器后端万向节的主动叉上。此时获得的游动角度减去驱动桥的游动角度，即为万向传动装置的游动角度。

（3）检测离合器和变速器的游动角度　放松制动器，离合器处于接合状态，视必要可支起驱动桥。测量扳手仍卡在变速器后端万向节的主动叉上，依次挂入各挡即可获得不同挡位下从离合器到变速器的游动角度。

对上述三段游动角度求和，即可获得传动系统游动角度。

六、数字式游动角度检测仪

1. 结构与工作原理

该仪器由倾角传感器和显示器两部分组成，检测范围通常为 0°～30°，使用的电源为直流 12V。

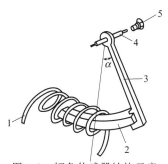

图 4-8　倾角传感器结构示意
1—弧形线圈；2—弧形铁氧体磁棒；
3—摆杆；4—心轴；5—轴承

如图 4-8 所示为倾角传感器结构示意。图中弧形线圈固定在外壳中的夹板上，弧形铁氧体磁棒通过摆杆和心轴支承在夹板的两轴承上，因此可绕心轴轴线摆动。在重力作用下，摆杆与重力方向始终保持某一夹角 α。当传感器外壳倾斜角度不同时，弧形线圈内弧形磁棒的长度也随之不同，产生的电感量亦不同，因而也就改变了电路的振荡频率。可见，传感器实际上是一个倾角-频率转换器。为使传感器可动部分摆动后能迅速处于平衡状态，传感器外壳内装变压器油。测量仪实际上是一台专用的数字式频率计，能直接显示传感器的倾角。

由倾角传感器和测量仪两部分组成的数字式游动角度检测仪，采用了 PMOS 数字集成电路。其工作原理是：由传感器送来的振荡信号经计数门进入主计数器，在置成的补数基础上累计脉冲数。计数结束后，在锁存器接收脉冲作用下，将主计数器的结果送入寄存器，并由荧光数码管将结果显示出来。使用中，将游动范围内两个极端位置的倾角读出，其差值即为游动角度。

2. 使用与注意事项

将测量仪接好电源，用电缆把测量仪和传感器连接好，先按仪器使用说明书的要求对仪器进行自校，再将转换开关扳到"测量"位置上，即可进行实测。在汽车传动系统中，最便于固定倾角传感器的部位是传动轴。因此，在整个检测过程中，该传感器一直固定在传动轴上。

各部位游动角度的测量方法如下。

（1）检测万向传动装置的游动角度　把传动轴置于驱动桥游动范围的中间位置或将驱动桥支起，拉紧驻车制动器。左、右旋转传动轴至极端位置，测量仪便直接显示出固定的传动轴上的传感器的倾斜角度。将两个极端位置的倾斜角度记下，其差值即为万向传动装置的游动角。此角度不包括传动轴与驱动桥之间的万向节的游动角度。

（2）检测离合器与变速器各挡的游动角度　放松驻车制动器，变速器挂入选定挡位，离合器处于接合状态，传动轴置于驱动桥游动范围中间位置或将驱动桥支起。左、右旋转传动轴至极端位置，测量仪便显示出传感器的倾斜角度。求出两极端位置倾斜角度的差值，便可得到一个游动角度值。该游动角度减去已测得的万向传动装置的游动角度，即为离合器与变速器在该挡位下的游动角度。按同样方法，依次挂入各挡位，便可测得离合器与变速器各挡位下的游动角度。

（3）检测驱动桥的游动角度　变速器置于空挡位置，松开驻车制动器，踩下制动踏板将驱动轮制动。左、右旋转传动轴至极端位置，即可测得驱动桥的游动角度。该角度包括传动轴与驱动桥之间万向节的游动角度。

对于多桥驱动的汽车，当需要检测每一段的游动角度时，传感器应分别固定在变速器与分动器之间的传动轴、前桥传动轴、中桥传动轴和后桥传动轴上。

在测量仪上读取数值时应注意，其显示的角度值在 0°～30° 内有效。出现大于 30° 的情况，可将固定在传动轴上的传感器适当转过一定角度。若其中一个极限位置为 0°，另一个极限位置超过 30°，说明该段游动角度已大于 30°，超出了仪器的测量范围。

七、底盘间隙仪

1. 作用和分类

（1）作用　底盘间隙仪是一种辅助底盘检查人员的工具，可使左、右两轮以不同的方向移动，用于快速辅助人工检查汽车车轮及悬挂系统的间隙及隐患，检查相关机件的装配松旷现象，以保证车辆的安全运行。目前，产品制造标准有《汽车悬架转向系间隙检查仪》（JT/T 633—2005）。

（2）分类　按轴承载质量，一般可分为 3t、10t、13t 三类。

2. 基本结构

底盘间隙检测仪安装在地沟两侧，普遍采用液压方式推动滑板，用于辅助在地沟中的检验人员检查相关部位，见图 4-9。检测仪通常由手电筒、电控箱、泵站系统及左、右滑板机构组成。

（1）手电筒　由电动机开关、手电开关、按钮"↓↑"、按钮"←→"以及按钮"→←"等组成。

（2）电控箱　内装继电器和接触器，用于控制油泵电动机的运转和控制滑板的工作台面向四个方向移动。

（3）泵站系统　由电动机、齿轮泵、电磁溢流阀、压力表、电磁换向阀、油箱、油缸和油管等组成。

（4）左、右滑板机构　左、右滑板机构均由工作台面、导向机构、滑动轴承等组成。可以使滑板台面沿前、后、左、右四个方向移动。

(a) 底盘间隙仪安装前外形　　　　(b) 底盘间隙检测台安装后外形

图 4-9　底盘间隙检测仪

3. 工作原理

其工作原理为手电筒通过电控箱，将控制信号加到工作泵站，工作泵站的液压系统通过电动机、油泵、电磁阀和油缸等，产生一定的工作压力，使油缸动作，从而推动左、右滑板横向或纵向运动，以带动车辆车轮的运动。通过手电筒的光线，检验员可清晰地观察车辆转向系统及悬挂系统的状态，从而完成对汽车底盘的检测。底盘间隙仪油路连接见图 4-10。

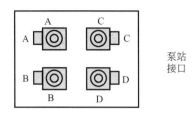
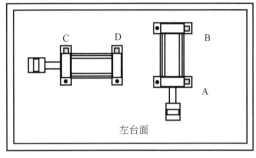
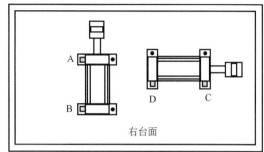

图 4-10　底盘间隙仪油路连接

A～D—油路接口

4. 使用方法

① 检查线路及油路的连接情况，确保正确无误。

② 接通电控箱上的总电源开关，将手电筒上的电动机电源开关打开，电动机顺时针转动，油泵开始工作。

③ 引车员将汽车前轮驶上工作台面中央位置。

④ 检查纵向间隙：引车员踩汽车制动踏板使前轮制动，检验员按下移动按钮"↓↑"，3～5s 松开，然后按下移动按钮"↑↓"，3～5s 再松开，工作台面纵向移动并回位，如此循环多次（注意：此按钮操作次数应成偶数）。

此时主要检查：

a. 转向节主销与转向节、前桥主销支承孔是否松旷；

b. 转向器直、横拉杆球头销是否松旷；

c. 转向器支架连接是否松动；

d. 钢板弹簧 U 形螺栓是否松动；

e. 独立悬架下摆臂铰接处是否松动和传力斜拉杆胶垫是否磨损松旷等。

⑤ 检查横向间隙：引车员松开汽车制动踏板，检验员按下移动按钮"←→"，3～5s 松开，然后按下移动按钮"→←"，3～5s 再松开，工作台面横向移动并回位，如此循环多次（注意：此按钮操作次数也应成偶数）。

此时主要检查：

a. 左、右轮毂轴承和主销铰接是否松旷；

b. 左、右钢板弹簧及销是否松旷；

c. 左、右悬架其他连接是否松动；

d. 前部车架有无裂纹和悬架系统各零件有无裂纹等。

⑥ 检查结束后，关闭手电筒电源开关，关闭电动机电源开关，再关闭总电源开关，检查工作结束。

第五章

制动性能检验设备

第一节

滚筒式制动性能检验台

制动性能检验台按测试原理不同,可分为反力式和惯性式两类;按检验台支撑车轮形式不同,可分为滚筒式和平板式两类。目前检测站常用制动检验设备多为滚筒反力式制动检验台和平板制动检验台。按允许承载轴荷,一般可将制动检验台分为3t、10t、13t 三种。

一、滚筒反力式制动性能检验台的结构

滚筒反力式制动性能检验台的结构如图 5-1 所示。它由结构完全相同的左、右两套对称的车轮制动力测试单元和一套指示、控制装置组成。每一套车轮制动力测试单元都由框架(多数检验台将左、右测试单元的框架制成一体)、驱动装置、滚筒组、举升装置、测量装置等构成。

1. 驱动装置

驱动装置由电动机、减速器和链传动组成。电动机经过减速器减速后驱动主动滚筒,主动滚筒通过链传动带动从动滚筒旋转。减速器输出轴与主动滚筒同轴连接或通过链条、皮带连接,减速器壳体为浮动连接(即可绕主动滚筒轴自由摆动)。日制式制动检验台测试车速较低,一般为 0.1~0.18km/h,驱动电动机的功率较小,一般为 $2\times(0.7\sim2.2)$kW;而欧制式制动检验台测试车速为 2.0~5km/h,驱动电动机的功率较大,一般为 $2\times(3\sim11)$kW。减速器的作用是减速增扭,其减速比根据电动机的转速和滚筒测试转速确定。由于测试车速低,滚筒转速也较低,一般在 40~100r/min 范围(日制式制动检验台转速则更低,甚至低于 10r/min)。因此要求减速器减速比较大,一般采用两级齿轮减速或一级蜗轮蜗杆减速与一级齿轮减速。

理论分析与试验表明,滚筒表面线速度过低时测取协调时间偏长、制动重复性较差;过高时对车轮损伤较大。《滚筒反力式汽车制动检验台》(GB/T 13564)推荐使用滚筒表面线速度为 2.5km/h 左右的制动检验台。

2. 滚筒组

每个车轮制动力测试单元设置一对主、从动滚筒。每个滚筒的两端分别用滚筒轴承与轴

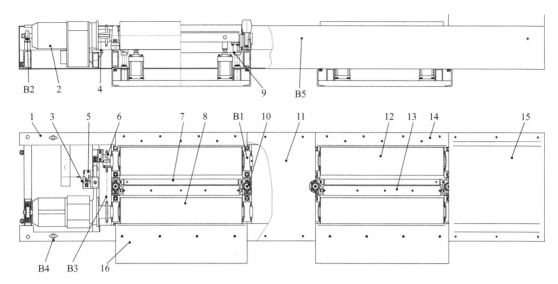

图 5-1 滚筒反力式制动性能检验台的结构

1—框架；2—减速机组件；3—力臂支架；4—主滚筒链轮；5—光电开关支架；6—副滚筒链轮；7—左制动第三滚筒；8—左制动主滚筒；9—举升器导向；10—轮胎挡轮；11—中间盖板；12—右制动副滚筒；13—右制动举升器；14—右制动出车端边盖板；15—右制动边盖板；16—左制动引板；B1—滚筒轴承；B2—电动机轴承；B3—链条；B4—吊环；B5—框架侧顶螺栓

承座支承在框架上，且保持两滚筒轴线平行。滚筒相当于一个活动的路面，用来支承被检车辆的车轮，并承受和传递制动力。汽车轮胎与滚筒间的附着系数将直接影响制动检验台所能测得的制动力大小。为了增大滚筒与轮胎间的附着系数，滚筒表面都进行了相应加工与处理[《滚筒反力式汽车制动检验台》（GB/T 13564）要求滚筒表面附着系数不小于 0.7]。

滚筒直径与两滚筒间中心距的大小对检验台的性能有较大影响。滚筒直径增大有利于改善与车轮之间的附着情况，增加测试车速，使检测过程更接近实际制动状况。但必须相应增加驱动电动机的功率。而且随着滚筒直径增大，两滚筒间中心距也需相应增大，才能保证合适的安置角。这样使检验台结构尺寸相应增大，制造要求提高。《滚筒反力式汽车制动检验台》（GB/T 13564）推荐使用直径为 245mm 左右的制动检验台。

为能及时控制停机，有的滚筒制动检验台在主、从动滚筒之间设置一个直径较小，既可自转又可上下摆动的第三滚筒，平时由弹簧使其保持在最高位置。在第三滚筒上装有转速传感器。在检验时，被检车辆的车轮置于主、从动滚筒上，同时压下第三滚筒，并与其保持可靠接触。控制装置通过转速传感器即可获知被测车轮的转动情况。当被检车轮制动，转速下降至接近抱死时，控制装置根据转速传感器送出的相应电信号计算滑移率达到一定值（比如25%）时使驱动电动机停止转动，以防止滚筒剥伤轮胎和保护驱动电动机。第三滚筒除了上述作用外，有的检验台上还作为安全保护装置用，只有当两个车轮制动测试单元的第三滚筒同时被压下时，检验台驱动电动机电路才能接通。《滚筒反力式汽车制动检验台》（GB/T 13564）只是要求有轮胎抱死时能及时控制停机的装置，不规定具体停机方式，没有明确规定必须加装第三滚筒。

3. 制动力测量装置

制动力测量装置主要由测力杠杆和传感器组成。测力杠杆一端与传感器接触，另一端与减速器壳体连接,被测车轮制动时测力杠杆与减速器壳体将一起绕主动滚筒(或绕减速器输出轴、电动机枢轴)轴线摆动。传感器将测力杠杆传来的、与制动力成比例的力(或位移)转变成电信号输送到指示、控制装置。传感器有应变测力式、自整角电动机式、电位计式、差动变压器式等多种类型。日制式制动检验台多采用自整角电动机式测量装置,而欧制式制动检验台以及近期国产制动检验台多用应变测力式传感器。

4. 举升装置

为了便于汽车出入制动检验台,在主、从动两滚筒之间设置有举升装置。该装置通常由举升器、举升平板和控制开关等组成。常用的举升器有气压式、电动螺旋式、液压式 3 种型式,气压式是用压缩空气驱动气缸中的活塞或使气囊膨胀完成举升作用;电动螺旋式是由电动机通过减速器带动丝母转动,迫使丝杠轴向运动起举升作用;液压式是由液压举升缸完成举升动作。有些带有第三滚筒的制动检验台未装举升装置。

5. 控制装置

目前制动检验台控制装置大多数采用电子式。为提高自动化与智能化程度,有的控制装置中配置计算机。指示装置有指针式和数字显示式两种。带计算机的控制装置多配置数字显示器,但也有配置指针式指示仪表的。

二、滚筒反力式制动性能检验台的工作原理

滚筒反力式制动性能检验台制动力测试原理如图 5-2 所示。检测时将汽车车轮停于主、副滚筒之间,车轮把制动检验台的到位开关(或光电开关)触发,控制仪表或系统,采集车轮到位信号后启动电动机,经变速箱、链传动和主、副滚筒带动车轮匀速旋转,控制仪器提示驾驶员踩下制动踏板。驾驶员踩下制动踏板后,车轮在车轮制动器的摩擦力矩下开始减速旋转。此时电动机驱动的滚筒对车轮轮胎周缘的切线方向产生与车轮制动器力矩相反的制动力,以克服制动器摩擦力矩,维持车轮继续旋转。与此同时车轮轮胎对滚筒表面切线方向附加一个与电动机产生的力矩方向相反等值的反作用力,在形成的反作用力矩作用下,减速箱外壳与测力杠杆一起朝滚筒转动相反方向摆动,测力杠杆一端的测力传感器受力,输出与制动力大小成比例的电信号。从测力传感器输出的电信号经放大滤波后,送往仪表或 A/D 转换器转换成数字信号,经计算机或仪表计算处理后,将显示结果打印输出。另外在实际使用时可将第三滚筒的转速信号输入仪表或计算机系统,测试中当车轮与滚筒之间的滑移率下降到预设值时(滑移率指踩制动踏板后车轮转速下降的值与未踩制动踏板时车轮的转速值之比),仪表或计算机就会发出停电动机指令,测试完毕,以起到停机保护作用;也有采用软

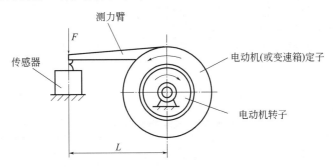

图 5-2 滚筒反力式制动性能检验台制动力测试原理

件判断等其他方式控制停机的制动检验台。

三、滚筒反力式制动性能检验台的检定

根据国家质检总局和国家标准委员会 2017 年第 31 号公告和推荐性国家标准复审结论，自 2017 年 12 月 15 日起，《机动车安全检测设备　检定技术条件　第 2 部分：滚筒反力式制动试验台检定技术条件》(GB/T 11798.2—2001) 废止。现行标准参照《滚筒反力式制动检验台检定规程》(JJG 906—2015) 执行。

1. 计量性能要求

（1）分辨力　不超过 0.1%FS。

注：FS 表示制动力满量程，是英文"Full Seale"的缩写。

（2）空载动态零值误差

① FS≤1500daN（1daN=10N，下同）：不超过 ±0.9%FS。

② FS＞1500daN：不超过 ±0.3%FS。

（3）静态误差

① 示值误差：不超过 ±3%。

② 示值间差：不超过 3%。

③ 测量重复性：不超过 2%。

（4）动态误差

① 测量重复性：不超过 3%。

② 示值误差：不超过 ±8%。

（5）采样及数据处理准确性　不超过 ±3%。

（6）滚筒滑动附着系数

① 标准装置测量法：不小于 0.70。

② 模拟测量法：不小于 0.75。

（7）驱动电动机自动停机时的滑移率　对带有第三滚筒的制动台，应在 25%～35% 范围内。

2. 通用技术要求

① 制动台应有清晰的铭牌，标明设备名称、规格型号、额定承载质量、测量范围、制造厂名、生产日期、出厂编号等。

② 各操纵件操作应灵活可靠，无松动或卡滞等现象。

③ 滚筒表面不得有损伤轮胎及影响测量的缺陷。

④ 仪表显示清晰，无影响读数的缺陷。

3. 检定项目

主要检定项目见表 5-1。

表 5-1　主要检定项目

检定项目		首次检定	后续检定	使用中检查
通用技术要求	外观及一般要求	+	+	—

续表

检定项目		首次检定	后续检定	使用中检查
计量性能要求	分辨力	+	−	−
	空载动态零值误差	+	+	+
	静态误差 示值误差	+	+	+
	静态误差 示值间差	+	+	+
	静态误差 测量重复性	+	+	+
	动态误差 测量重复性	+	−	−
	动态误差 示值误差*	+	−	−
	采样及数据处理准确性*	+	−	−
	滚筒滑动附着系数	+	+	−
	驱动电动机自动停机时的滑移率	+	+	−

注："+"表示必检项目；"−"表示不需检定项目；标有"*"的项目摩托车线制动台不检。

4. 检定方法

检定方法参照《滚筒反力式制动检验台检定规程》（JJG 906—2015）执行。

5. 检定结果处理

经检定合格的滚筒反力式制动检验台发给检定证书；不合格者发给检定结果通知书，并列出不合格项及数据。

6. 检定周期

滚筒反力式制动检验台的检定周期一般不超过 1 年。

第二节

平板式制动性能检验台

一、平板式制动性能检验台的结构

为满足汽车行驶的制动要求、提高制动稳定性、减少制动时后轴车轮侧滑和汽车甩尾，考虑到汽车制动时重心将发生前移，乘用车在设计上有许多车前轴制动力可达到静态轴荷的 140% 左右，而后轴制动力则设计得相对较小。上述制动特性只有在道路试验时才能体现，在滚筒反力式制动性能检验台上，由于受设备结构和试验方法的限制，无法测量出前轴最大制动力。

平板式制动性能检验台模拟实际道路制动过程进行检测，能够反映制动时轴荷转移及车辆其他系统（如悬架结构、刚度等）对制动性能的影响，因此可以较为真实地检测前轴驱动的乘用车的制动效能。平板式制动性能检验台一般由结构相同或相近的 2 块或 4 块检测板组成，每块检测板的结构如图 5-3 所示。图中编号为 6~8 的部件只有在进行参数标定或校准时才安装，日常检测时必须拆除。

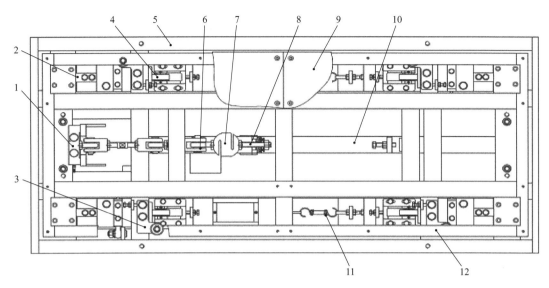

图 5-3 检测板的结构

1—制动力传感器；2—称重传感器；3—检测板侧向限位装置；4—检测板纵向限位装置；5—检测板外框架；6—制动力标定传感器连接装置；7—制动力标定传感器；8—标定传感器加载装置；9—检测板粘砂面板；10—底架；11—检测板回位弹簧；12—检测板框架

二、平板式制动性能检验台的测试原理

平板式制动性能检验台由几块平整的检测板组合安装而成，形成一段模拟路面，检测板工作面采用特殊的网格、喷涂、粘砂等处理工艺增加附着系数。检测时机动车辆以一定的速度（5~10km/h）行驶到该平板上并实施制动，此时轮胎对台面产生一个沿行车方向的切向力（图 5-4），车辆驶上检验台面后的全过程中装在平板制动检测板下面的轮重传感器和制动力传感器将车辆轮胎传递的力转换成电信号，经放大滤波后，送往 A/D 转换器转换成数字信号，由计算机处理后显示结果打印输出。

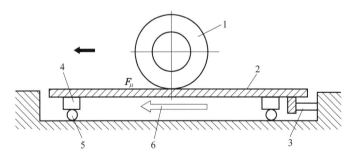

图 5-4 平板式制动性能检验台制动力测试原理

1—车轮；2—检测板；3—制动力传感器；4—称重传感器；5—钢珠；6—制动力的方向

三、平板式制动性能检验台的检定

根据国家质检总局和国家标准委员会 2017 年第 31 号公告和推荐性国家标准复审结论，自 2017 年 12 月 15 日起，《机动车安全检测设备　检定技术条件　第 9 部分：平板制动试验

台检定技术条件》(GB/T 11798.9—2001) 废止。现行标准参照《平板式制动检验台检定规程》(JJG 1020—2017) 执行。

1. 计量性能要求

（1）制动平板水平度　制动平板水平度在任意方向上不大于 3mm/m。
（2）制动平板间水平差　制动平板间水平差不大于 8mm。
（3）制动平板附着系数　制动平板附着系数应不小于 0.75。
（4）制动力和轮重　制动力和轮重的计量性能要求见表 5-2。

表 5-2　制动力和轮重的计量性能要求

项目			计量性能要求	
		承载轴质量	≤3t	>3t
制动力		分辨力	2daN	5daN
		制动起始力	50N	150N
		仪器漂移	±2daN	±5daN
	示值误差	空载（不加轮重）	±3%	
		加载（加载轮重）	在加载 300kg±30kg 状态下：±5%①	
	回零误差		±5daN	±8daN
	示值间差		2%	
	重复性		2%	
轮重		分辨力	2kg	5kg
		仪器漂移	±2kg	±5kg
	示值误差	空载（不加恒定力）	±2%	
		加载（加载恒定力）	±5%②	
	回零误差	空载（不加恒定力）	±2kg	±5kg
		加载（加载恒定力）	±1%FS③	
	重复性		2%	
	偏载		0.2%FS	

① 平板制动台仪表调零，先给制动平板加载 300kg±30kg 的砝码或配重，然后测试平板制动台在加载轮重状态下的制动力示值误差。
② 平板制动台仪表调零，先给制动平板加载 200kg（或 500kg）的砝码或配重，然后沿行车方向给制动平板施加恒定力 500daN±50daN，然后测试平板制动台在加载恒定力状态下的轮重示值误差。
③ 平板制动台仪表调零，先给制动平板加载 200kg 以上的载荷，再沿行车方向给制动平板施加恒定力，然后测试平板制动台在加载恒定力状态下的轮重回零误差。

2. 通用技术要求

（1）外观及一般要求
① 平板制动台应符合 GB/T 13306 规定的产品铭牌规定，产品铭牌上标明设备名称、规格型号、额定轴载荷、额定或允许的最大轮制动力、制造厂名、生产日期、出厂编号等。
② 平板制动台的各操纵件操作应灵活可靠；显示仪表应显示清晰，没有影响读数的缺陷。
③ 制动平板不得有损伤轮胎的尖角和影响测量的缺陷，在不平衡承载时不应有明显的翘曲等变形现象；制动平板应预留施力空间，便于检定时施力操作。

(2) 电气安全性

① 平板制动台应有接地装置和接地标志，应可靠接地。

② 平板制动台应有良好的绝缘性能，绝缘电阻应不小于 5MΩ。

3. 检定项目

主要检定项目见表 5-3。

表 5-3 主要检定项目

检定项目			首次检定	后续检定	使用中检查
外观及一般要求			＋	＋	＋
电气安全性			＋	－	－
制动平板水平度			＋	＋	＋
制动平板间水平差			＋	＋	＋
制动平板附着系数			＋	＋	＋
制动力		分辨力	＋	－	－
		制动起始力	＋	－	－
		仪器漂移	＋	＋	＋
	示值误差	空载(不加轮重)	＋	＋	＋
		加载(加载轮重)	＋	＋	＋
		回零误差	＋	＋	＋
		示值间差	＋	＋	＋
		重复性	＋	＋	＋
轮重		分辨力	＋	－	－
		仪器漂移	＋	＋	＋
	示值误差	空载(不加恒定力)	＋	＋	＋
		加载(加载恒定力)	＋	－	－
	回零误差	空载(不加恒定力)	＋	＋	＋
		加载(加载恒定力)	＋	＋	＋
		重复性	＋	＋	＋
		偏载	＋	＋	＋

注："＋"表示必检项目；"－"表示选检项目。

4. 检定方法

检定方法参照《平板式制动检验台检定规程》（JJG 1020—2017）执行。

5. 检定结果处理

经检定合格的平板式制动性能检验台发给检定证书；不合格者发给检定结果通知书，并列出不合格项及数据。

6. 检定周期

平板式制动性能检验台的检定周期一般为 1 年。

第三节

制动性能道路检验设备

道路试验检测制动性能根据检测参数的不同，使用不同的仪器，常用的路试设备主要有五轮仪、光电式速度测试仪和制动减速度仪等。

一、五轮仪

进行汽车道路试验时，需要测量试验车辆的位移、速度和相应时间。车辆里程表虽然能够指示行驶里程和速度，但由于受到轮胎滚动半径变化、机械传递系统磨损、指示仪表本身精度不高等因素的影响，其显示精度不能满足试验要求，因此，需要用专门仪器进行测量。这种用来测量汽车行驶过程的位移、速度与时间的仪器称为车速测量仪。由于传统上该仪器的传感器部分是一个专门的小轮子，试验时由汽车拖动在路面上滚动，故又称为五轮仪（图5-5）。

图 5-5　五轮仪

1. 组成

五轮仪由第五轮、显示器、传感器、脚踏开关（用于制动、换挡加速试验）等组成。第五轮由轮子、齿圈、连接臂、安装盘组成。

2. 工作原理

试验时，第五轮固定在试验车尾部或侧面，当第五轮随车运动而转动时，磁电传感器感受到齿圈齿顶、齿谷的交替变化，产生与齿数成一定比例数量的电脉冲。脉冲数与车行距离成正比，脉冲频率与车速成正比。汽车行驶距离与脉冲信号数的比值是一个常数，通常称为"传递系数"。当显示仪收到由传感器传递过来的一定频率和数量的脉冲信号时，便自动与"传递系数"相乘得到相应的距离，同时将距离与由晶体振荡器控制的时间相比得出车速，并显示、存储或打印出来，以上过程在试验中隔一定时间进行一次，直至试验结束，从而完成试验过程中车速、距离、时间的实时测量。

传递系数与第五轮的周长和齿盘有关，若第五轮实际周长为 $L(m)$，齿盘上有 n 个齿，传感器每感受到一次齿顶、齿谷的变化发送2个脉冲信号，则传递系数为 $L/(2n)$（$m/$脉冲）。由于第五轮周长随胎压和接地压力变化，因此每次试验前都应进行传递系数的标定。传递系数的标定方法，不同的五轮仪方法也不一样，应根据所用五轮仪使用说明书要求的方法进行。

3. 使用

使用五轮仪时应该保证第五轮与地面间有一定的接地压力，以避免运动中第五轮跳离地面。传递系数固定值的五轮仪，在标定传递系数时，应使第五轮实际周长尽可能符合使用说明书的"标准值"；传递系数可变的五轮仪，传递系数一经标定并输入内存，试验中不能关机，否则应重新标定。

二、光电式速度测试仪

光电式速度测试仪也称非接触式五轮仪,是一种没有第五轮的广义的五轮仪,同五轮仪一样,能测量车辆行驶中的位移、车速和相应时间。光电式速度测试仪利用空间滤波原理来检测车速。空间频率传感器如图 5-6 所示,它由投光器和受光器组成,投光器强光射在路面上,由于路面凸凹不平,形成明暗对比度不同的反射,由受光器中的梳状光电管接收。其基本工作原理如下。

如图 5-7 所示,以一定间距 P 排列的一排透光格子,当点光源以一定速度相对格子移动时,通过格子列后的光的强度就变成了忽明忽暗、反复出现的脉冲状态,此脉冲与光穿过格子的次数相对应,即每移动一个 P 距离变换一次。

假设点光源移动速度为 v,光学系统的放大率为 m,则在格子列上移动的光点速度为 mv。这样,一明一暗的脉冲列的周期为 $P/(mv)$,即频率 $f=mv/P$ 与速度(v)成正比。v 的变化则可以通过 f 的变化表现出来,这就是空间滤波器的基本工作原理。

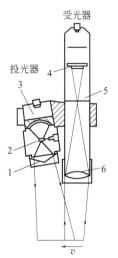

图 5-6 空间频率传感器
1—透镜;2—灯泡;3—反光镜;
4—梳状光电管;5—光栅;
6—聚光透镜

与点光源相比,一般的光学投影则稍有差异。这种光学投影(凹凸不均的形状)可以看作许多不同强度的点光源不规则地集中,不改变相互位置,向着一定的方向,同时平行移动着的状况。由此得到的光量,就是从这些点光源一个一个地测量的光量总和。然而,点光源的分布和强度都不同,导致其相位和亮度全然不同。但因频率完全相同,结果组成了许多仅仅相位和振幅不同的信号,其平均频率为 mv/P,从而可得到相位和振幅均随机平稳变化的信号(窄带随机信号)。通过推测此中心频率可解出移动速度和移动距离。

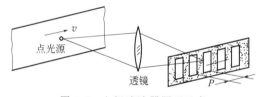

图 5-7 空间滤波器原理示意

光电式速度测试仪的优点是安装方便,测量精度高,适用于高速测量,最高测量速度可达 250km/h;其缺点是光源耗电量大,价格昂贵,在车速很低时,测量误差很大,车速在 1.5km/h 以下不能测量。

光电式速度测试仪的校准参照《非接触式汽车速度计校准规范》(JJF 1193—2008)执行。

三、制动减速度仪

制动减速度仪以检测制动减速度和制动时间为主。制动减速度仪由显示仪和传感器两部分组成。传感器有滑块式和摆锤式两种,滑块式传感器的结构如图 5-8 所示,其由弹簧滑块结构和光电转换机构组成。当汽车进行检测时,传感器部分放置在驾驶室或车厢地板上,正面朝上,其前端对准汽车前进方向,并紧靠固定部位。汽车制动时,在惯性力的作用下滑块克服弹簧的拉力产生位移,位移量与汽车减速度成正比。为尽量减少弹簧与滑块组合产生的简谐振动,由阻尼杆产生适当阻尼。光电转换结构由发光二极管、光敏晶体管、定光栅和动光栅组成,将滑块移动量变成电脉冲信号送入显示仪。显示部分接到脚踏开关信号后,对传感器送来的信号进行整形、放大分析、处理，最后显示制动减速度和制动时间。

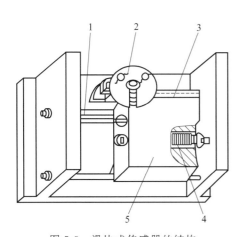

图 5-8 滑块式传感器的结构
1—阻尼杆；2—光电转换机构；3—齿条；4—弹簧；5—滑块结构

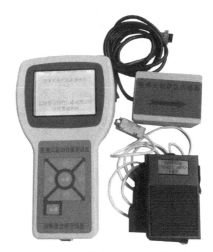

图 5-9 便携式制动性能测试仪

四、便携式制动性能测试仪

便携式制动性能测试仪可用于检测机构的路试制动性能的检验，能够显示充分发出的平均减速度（MFDD）、制动协调时间、制动初速度、制动距离等数据，部分产品可当场打印测试报告，并与计算机相连接传送数据。

1. 基本结构

由加（减）速度传感器、信息处理单元、制动踏板开关、微型打印机等组成，如图 5-9 所示。

2. 工作原理

以加（减）速度传感器作为探测元件，由制动踏板触点开关提供制动起始信号，通过等时间间隔对加（减）速度以及时间的连续测量，经过微处理机的高速运算，测量输出充分发出的平均减速度（MFDD）、制动协调时间，并对减速度按时间积分推算出制动初速度、制动距离等结果。

便携式制动性能测试仪的校准参照《便携式制动性能测试仪校准规范》（JJF 1168—2007）执行。

第六章

前照灯检测仪

第一节

前照灯检测基本知识

一、光的度量

1. 光通量

可见光是电磁波中波长为 400~700nm 的那一部分,由于人眼对不同波长的光灵敏度不一样,比如在白天或光线较强的地方,对波长为 555nm 的黄、绿光最灵敏,波长离 555nm 越远,灵敏度越低。

照明的效果最终由人眼来评定,因此仅用能量参数来描述各类光源的光学特性是不够的,还必须引入基于人眼视觉的光量参数——光通量来衡量。

光源在单位时间内向周围空间辐射并引起视觉的能量,称为光通量,用符号 φ 表示,单位为流明(lm)。1lm 相当于波长为 555nm 的单色辐射功率为 1/683W 时的光通量。

2. 光的空间分布

桌子上方有一盏无罩的白炽灯,在加上灯罩后,桌面显得亮多了。同一灯泡不加灯罩与加灯罩,它所发出的光通量是一样的,只不过加上灯罩后,光线经灯罩的反射,使光通量在空间的分布状况发生了变化,射向桌面的光通量比未加罩时增多了。因此,在电气照明技术中,只知道光源所发出的总光通量是不够的,还必须了解光通量在空间各个方向上的分布情况。

球面上的某块面积对球心形成的角称为立体角。立体角的单位为"球面度"(sr),即以 r 为半径做一个圆球,若锥面在圆球上截出的面积 S 等于 r^2,则该立体角即为一个单位立体角,称为"球面度"(sr)。整个圆球面所对应的立体角为 $\omega = 4\pi r^2 / r^2 = 4\pi (\mathrm{sr})$。

3. 发光强度

光源在空间某一特定方向上单位立体角内(每球面度)辐射的光通量空间刻度,称为光源在该方向上的发光强度(简称光强),用符号 I_θ 表示,单位为坎德拉(cd)。

一个光源发出频率为 540THz（555nm）的单色辐射，若在一定方向上的辐射强度为 1/683W/sr（即 1/683W 每球面度），则此光源在该方向上的发光强度为 1cd。

4. 照度

照度用来表示被照面（点）上光的强弱。投射到被照面上的光通量与被照面的面积之比称为该面的照度，用符号 E 表示。定义式为

$$E=\frac{\Phi}{S}$$

式中　Φ——被照面上接收的光通量，lm；
　　　S——被照面的面积，m^2。

照度的单位为勒克斯（lx），表示 1lm 的光通量均匀分布在 $1m^2$ 的被照面上，即 $1lx=1lm/m^2$。

5. 发光强度和照度的关系

照度＝发光强度÷距光源距离的平方。

距光源距离一定时，受照面的照度与光源的发光强度成正比。

光源发光强度一定时，受照面的照度与距光源距离的平方成反比。

利用前照灯检测仪测取距离前照灯一定距离处的照度值，可以间接测量前照灯的发光强度。

二、前照灯的光学特性

1. 配光特性

把照度相同的各点用曲线连起来则为等照度曲线，如图 6-1 所示。

配光特性就是用等照度曲线来表示受照物体表面各部分的照度的分布情况。

汽车前照灯有远光和近光两种光束：前照灯远光光强较强，能够进行车前 100m 以内路段照明；前照灯近光光强较弱，在会车时用，只能进行车前 30m 以内路段照明。

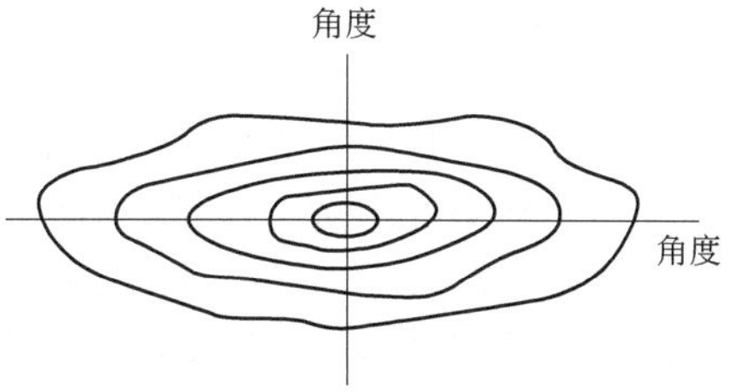

根据 GB 4599 和 GB 5948 对机动车远光灯的要求，典型的前照灯远光灯配光特性是等照度曲线；在上下方向和左右方向基本对称，越靠近中心点，照度越大。

图 6-1　等照度曲线

典型的前照灯远光灯光分布如图 6-2 所示，光强越强的点，其在图像上的灰度值越大，光斑越白；光强越弱的点，其在图像上的灰度值越小，光斑越暗。

根据 GB 4599 和 GB 5948 对机动车近光灯的要求，典型的前照灯近光灯配光特性是有明显的明暗截止线，在明暗截止线的左上方有一个比较暗的暗区，在明暗截止线的右下方有一个比较亮的亮区。其光强最强的区域在明暗截止线的右下方，在以光强最大的区域中心点，照度越大，并以这个中心点为中心，形成一定的等照度曲线。

典型的前照灯近光灯光分布如图 6-3 所示，光强越强的点，其在图像上的灰度值越大，光斑越白；光强越弱的点，其在图像上的灰度值越小，光斑越暗。

汽车前照灯的近光为非对称式，即光形分布有一条明显的明暗截止线。明暗截止线的上方是暗区，下方是亮区。非对称式配光有两种：一种是在配光屏幕上，明暗截止线的水平部

分在 V—V 线的左半边，右半边为水平线向上成 15°的斜线，如图 6-4(a) 所示；另一种是明暗截止线右半边为水平线向上成 45°斜线至垂直距离 25cm 转向水平的折线，由于明暗截止线呈 Z 形，亦称 Z 形配光，如图 6-4(b) 所示。

图 6-2　典型的前照灯远光灯光分布

图 6-3　典型的前照灯近光灯光分布

2. 全光束

前照灯照射物体后，物体上得到的总照度称为全光束。可用光束分布特性的纵端面特性曲线（图 6-5）表示，全光束就是该曲线的旋转体积。

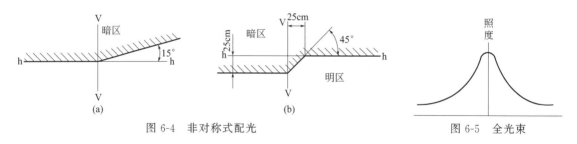

图 6-4　非对称式配光　　　　　　　　图 6-5　全光束

3. 照射方向

光轴对测量基准线的水平方向和垂直方向的偏移量（或偏移角），是前照灯的照射方向。

光轴是前照灯几何中心与汽车正前方测量屏幕上光束投影中心（远光光束中心）或明暗截止线转角（近光光束中心）的连线。

测量基准线是从前照灯基准中心引出，在水平方向上与汽车纵向中心线平行，在垂直方向上呈水平状态的虚拟直线。

第二节

前照灯检测仪的基本结构与检测原理

一、前照灯检测仪的结构组成

前照灯检测仪主要由导轨、底箱、立柱、光接收箱等几部分组成。

1. 导轨

导轨供主机在其上运动，同时导轨又起到引导主机运动方向的作用。

2. 底箱

底箱是整台仪器的基座，起到支撑作用。同时，底箱内一般装有驱动系统，以驱动仪器在水平、垂直方向上运动。

3. 立柱

立柱是光接收箱垂直运动的支承导向柱。立柱表面上还安装有扫描光电池阵列，以实现光接收箱的快速定位。一般电气系统的控制电路板也安装在立柱内。

4. 光接收箱

光接收箱由菲涅尔透镜、测量屏幕、CCD 摄像机、光强检测板、DSP 系统等组成。NHD-6108 型全自动前照灯检测仪外形如图 6-6 所示。

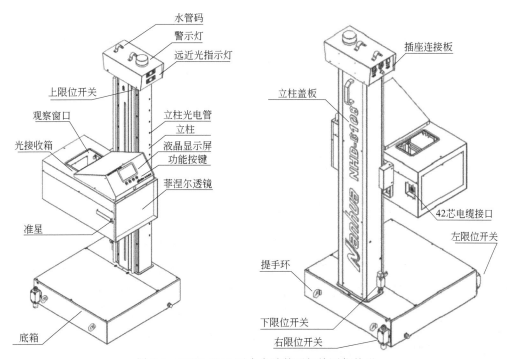

图 6-6　NHD-6108 型全自动前照灯检测仪外形

FD-103 全自动远近光前照灯检测仪外观结构如图 6-7 所示。

二、前照灯检测仪的检测原理

1. 光学传感器的测量原理

测量前照灯发光强度和光轴偏移量的光学传感器主要有以下两种形式。

（1）光电池　光电池是一种光电的变换器件，多为硒（或硅）光电池。

光线照射到光电池的受光面 PN 结上，由于光生伏特效应，在 PN 结的两端会产生电动势，如图 6-8 所示。将其接入图 6-8 的回路，会产生电流。光强不同，产生的电动势不同，进入回路产生的电流也不同。测量电流的大小，就可以知道光强。

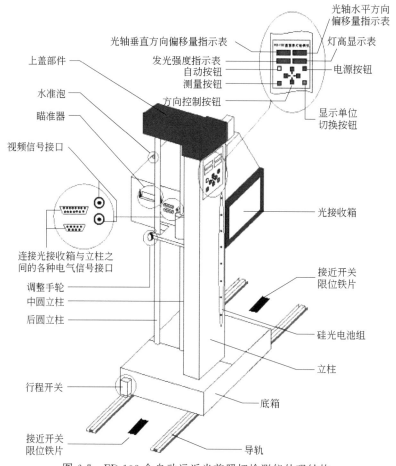

图 6-7　FD-103 全自动远近光前照灯检测仪外观结构

（2）CCD 传感器　CCD（电荷耦合摄像器件）传感器由光敏（光积分）单元和电荷转移单元（读出移位寄存器）组成，每个光敏单元对应一个像素，如图 6-9 所示。

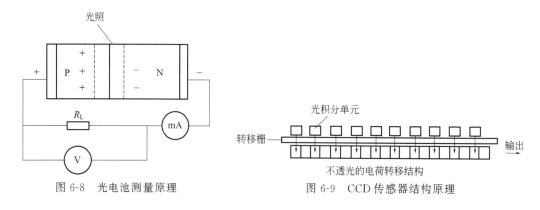

图 6-8　光电池测量原理　　　　图 6-9　CCD 传感器结构原理

CCD 传感器有线阵 CCD 和面阵 CCD 之分，前照灯检测仪上用的大多为面阵 CCD，如图 6-10 所示。

CCD 传感器的突出特点是以电荷为信号的载体，而不同于其他大多数器件是以电流或者电压为信号的载体。

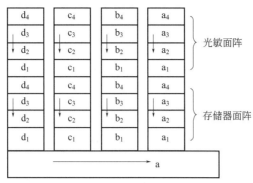

图 6-10　面阵 CCD

2. 聚光透镜的聚光特性

如图 6-11 所示，一束平行于聚光透镜主光轴 $L—L'$ 的光线入射在聚光透镜上时，光线经过透镜会聚之后聚焦在主光轴 $L—L'$ 与焦平面相交的主焦点 A 上。

当一束与主光轴 $L_1—L_1'$ 成一定角度（β）入射的光线经过聚光透镜聚光后，光线聚焦在聚光透镜的焦平面上，这束光线在焦平面的聚焦点 B 和透镜光学中心的连线与主光轴的夹角 β' 和光束与主光轴的夹角 β 是相等的。

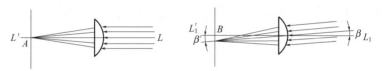

图 6-11　聚光透镜的聚光特性

3. 光轴的追踪定位

对进入仪器光接收箱但未进行聚光的机动车前照灯光束进行拍摄，对整个光斑进行量化分析处理，找出前照灯的光轴中心，通过控制系统控制驱动电动机，使光接收箱的光学中心和前照灯的光束中心准确重合。

当光接收箱的光学中心和前照灯的光束中心准确重合时[图 6-12(a)]，上下、左右电动机不动，仪器处于平衡状态。

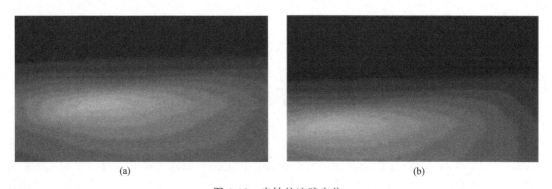

图 6-12　光轴的追踪定位

当光接收箱的光学中心和前照灯的光束中心不重合时［图 6-12(b)］，计算机会发出指令，使上下、左右电动机移动，直到光接收箱的光学中心和前照灯的光束中心准确重合为止。

4. 光轴偏移量的测量

对准光轴后，利用 CCD 对进入仪器光接收箱经过聚光镜聚光后，聚集在焦平面屏幕上的机动车前照灯光束光斑进行拍摄，利用高性能计算机和先进的图像处理技术对整个焦平面光斑进行量化分析处理，找出其光束中心。不同偏角的光束其光学中心成像在焦平面上的位置也不同。

当机动车前照灯光束的偏角为 0°时，光束经过聚光透镜聚光后，其成像在焦平面光学中心，也在焦平面的中心，其成像在焦平面的光分布如图 6-13(a) 所示。当机动车前照灯光束的偏角不为 0°时，灯光束经过聚光透镜聚光后，其成像在焦平面光学中心，但不在焦平面的中心，其成像在焦平面的光分布如图 6-13(b) 所示。

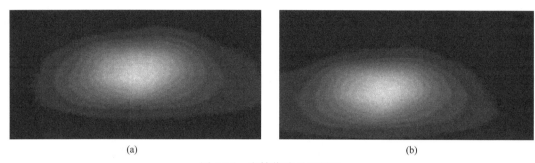

图 6-13 光轴偏移量的测量

5. 发光强度的测量

同样利用"光轴偏移量的测量"中拍摄的光斑，不同光强的点，其在图像上的灰度也不同，光强越强的点，光斑越白；光强越弱的点，光斑越暗，这样就可以测出机动车前照灯远光灯的角度和光强。

CCD 传感器受设计原理和生产工艺的限制，动态范围较小（<1∶500）。

前照灯的发光光强范围变化较大（0～80000cd），在发光强度测量上，光电池要优于 CCD 传感器。因此，也有很多前照灯检测仪采用具有大动态范围的光电池测量远光发光强度。

第三节

前照灯检测仪的检定

根据国家质检总局和国家标准委员会 2017 年第 31 号公告及推荐性国家标准复审结论，自 2017 年 12 月 15 日起，《机动车安全检测设备 检定技术条件 第 6 部分：对称式前照灯检测仪检定技术条件》（GB/T 11798.6—2001）废止，现行标准参照《机动车前照灯检测仪检定规程》（JJG 745—2016）执行。

一、计量性能要求

1. 发光强度

发光强度的示值最大允许误差为±15%。

2. 光轴偏移值（角）

① 发光强度为定值（如 20kcd）时，光轴偏移值（角）的示值最大允许误差为±4.4cm/dam(±15′)（1dam=10m，下同）。
② 自动式前照灯检测仪的光轴偏移值（角）示值间差最大不超过±4.4cm/dam(±15′)。
③ 发光强度改变时，光轴偏移值（角）的示值最大允许误差为±3.5cm/dam(±12′)。

3. 跟踪时间

自动式前照灯检测仪在能接收前照灯光束照射的范围内，自动跟踪并完成测定时间不大于 20s。

4. 光接收器的疲劳特性

前照灯检测仪光接收器的疲劳特性：其发光强度示值的相对变化不超过 3%。

5. 基准中心高度

前照灯检测仪的基准中心离地高度示值最大允许误差为±0.01m。

6. 导轨水平面度

自动式前照灯检测仪导轨水平面度应在 3mm/m（10′）范围内。

二、通用技术要求

1. 外观要求

① 前照灯检测仪应有铭牌，符合 GB/T 13306 的要求，并标有仪器名称、规格型号、制造厂商、生产日期、出厂编号等。
② 前照灯检测仪各部件应运转灵活、平稳，锁定可靠。光学器件应清洁，无斑点、气泡和划痕等影响测量精确度的缺陷。
③ 前照灯检测仪应有发光强度、光轴偏移值（角）的显示仪表。显示仪表为指针式的，表盘应清晰，指针不应弯曲，指针转动时不应出现跳动、卡滞等现象；显示仪表为数显式的，显示应完整清晰，不应有影响读数的缺陷。

2. 打印及显示

配有打印机装置或配置计算机控制的机动车检测线上的自动式前照灯检测仪，其仪表显示值、打印值或线上计算机显示值均应与仪表示值一致。

3. 近光要求

具备近光检测的前照灯检测仪，其近光功能应满足 GB 7258、GB 21861 对机动车前照灯近光检测的需要。应能显示近光明暗截止线转角或中点偏移值（角），并与10m屏幕人眼目视的结果一致。

三、检定项目

主要检定项目见表6-1。

表6-1 主要检定项目

序号	检定项目	首次检定	后续检定	使用中检查
1	外观	＋	＋	＋
2	打印及显示示值一致性	＋	＋	＋
3	近光要求	＋	－	－
4	发光强度	＋	＋	＋
5	光轴偏移值(角)	＋	＋	＋
6	跟踪时间	＋	－	－
7	光接收器的疲劳特性	＋	－	－
8	基准中心高度	＋	＋	＋
9	导轨水平面度	＋	－	－

注：需要检定的项目用"＋"表示，不需要检定的项目用"－"号表示。

四、检定方法

检定方法参照《机动车前照灯检测仪检定规程》（JJG 745—2016）执行。

五、检定结果处理

经检定合格的前照灯检测仪发给检定证书；不合格者发给检定结果通知书，并列出不合格项及数据。对不满足"打印及显示"要求的，应判定并注明是前照灯检测仪还是其他原因造成。

六、检定周期

前照灯检测仪检定周期一般不超过1年。

第七章

转向轮侧滑与车速表检验台

第一节

转向轮侧滑检验台

一、转向轮侧滑检验台的结构

转向轮侧滑检验台是使汽车在滑动板上驶过时,用测量滑动板横向移动量的方法来测量转向轮侧滑量的大小和方向,并判断其值是否合格的一种检测设备。目前,国内侧滑检验台有双板联动式侧滑检验台、双板分动式侧滑检验台和单板侧滑检验台。

双板联动式侧滑检验台主要由机械和电气两部分组成,如图 7-1 所示是 CH-030 侧滑检验台外形。机械部分主要由两块滑板、联动机构、回零机构、滚轮、导向机构、限位装置及锁零机构组成。电气部分包括位移传感器和电气仪表。

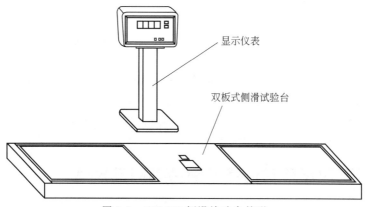

图 7-1　CH-030 侧滑检验台外形

1. 机械部分

左右两块滑板分别支撑在各自的四个滚轮上,每块滑板与其连接的导向轴承在轨道内滚动,保证了滑板只能沿左右方向滑动而限制了其纵向的运动(图 7-2)。两块滑板通过中间的连杆机构连接起来,从而保证了两块滑板做同时向内或向外的运动。相应的位移量通过位移传感器转变成电信号送入仪表。回零机构保证汽车转向轮通过后滑板能够自动回零。限位装置可限制滑板过分移动而超过传感器的允许范围，起保护传感器的作用。锁止机构能在设备空闲或设备运输时保护传感器。润滑机构能够保证滑板轻便自如地移动。

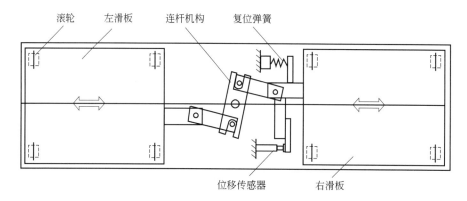

图 7-2　侧滑检验台结构示意

2. 电气部分

电气部分按传感器的种类不同而有所区别。目前常用的位移传感器有电位计式和差动变压器式两种。早期的侧滑台也有用自整角电机的，现已很少用。

（1）电位计式测量装置　其原理非常简单，将一个可调电阻安装在侧滑检验台底座上，其活动触点通过传动机构与滑板相连，电位计两端输入一个固定电压（如5V），中间触点随着滑板的内外移动也发生变化，输出电压也随之在0～5V之间变化，把2.5V左右的位置作为侧滑台的零点，如果滑板向外移动，输出电压大于2.5V，则达到外侧极限位置输出电压为5V。滑板向内移动；输出电压小于2.5V，则达到内侧极限输出电压为0V。这样仪表就可以通过A/D（模/数）转换将侧滑传感器电压转换成数字量，并送入单片机处理，得出侧滑量的大小。

（2）差动变压器式测量装置　原理与电位计式类似，只是电位计式输出一个正电压信号，而差动变压器式输出的是正负两种信号。把电压为0V时的位置作为零点。滑板向外移动输出一个大于0V的正电压，向内移动输出一个小于0V的负电压。同样，仪表就可以通过A/D转换将侧滑传感器电压转换成数字量，并送入单片机处理，得出侧滑量的大小。

指示仪表可分为数字式和指针式两种，目前检测站普遍使用的是数字式仪表，数字式仪表多为智能仪表，实际就是一个单片机系统。

二、双板联动式侧滑检验台的测量原理

1. 侧滑板仅受到车轮外倾角的作用

这里以右前轮为例，先讨论只存在车轮外倾角（前束角为零）的情况。具有外倾角的车轮，其中心线的延长线必定与地面在一定距离处有一个交点O，此时的车轮相当于一圆锥体的一部分，如图7-3所示，在车轮向前或向后运动时，其运动形式均类似于滚锥。

从图7-3可以看出，具有外倾角的车轮在滑动板上滚动时，车轮有向外侧滚动的趋势，由于受到车桥的约束，车轮不可能向外移动，从而通过车轮与滑动板间的附着作用带动滑动

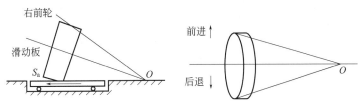

图 7-3　具有外倾角的车轮在滑板上滚动的情况（右轮）

板向内运动，运动方向如图 7-3 所示。此时滑动板向内移动的位移量记为 S_a（即由外倾角所引起的侧滑分量）。按照约定，具有外倾角的车轮，由于其类似于滚锥的运动情况，因而无论其前进还是后退时所引起的侧滑分量均为负；反之，内倾车轮引起的侧滑分量均为正。

2. 滑动板仅受到车轮前束的作用

这里仅讨论车轮只存在前束角，而外倾角为零时的情况。前束是为了消除具有外倾角的车轮类似于滚锥运动所带来的不良后果而设计的。

具有前束的车轮在前进时，由于车轮有向内滚动的趋势，但因受到车桥的约束作用，在实际前进驶过侧滑台时，车轮不可能向内侧滚动，从而会通过车轮与滑动板间的附着作用带动滑动板向外侧运动。此时，车轮在滑动板上做纯滚动，滑动板相对于地面有侧向移动，其运动方向如图 7-4 所示，此时测得的滑动板的横向位移量记为 S_t（即由前束所引起的侧滑分量）。遵照约定，前进时，由车轮前束引起的侧滑分量 S_t 大于或等于零；反之，仅具有前张角的车轮在前进时，由车轮前张（负前束）引起的侧滑分量 S_t 小于或等于零。

当具有前束的车轮后退时，若在无任何约束的情况下，车轮必定向外侧滚动，但因受到车桥的约束作用，虽然其存在着向外滚动的趋势，也不可能向外侧滚动，从而会通过其与滑动板间的附着作用带动滑动板向内侧移动，其运动方向如图 7-4 所示。此时测得滑动板向内的位移记为 S_t，遵照约定，仅具有前束角的车轮在后退时，通过侧滑台所引起的侧滑分量 S_t 小

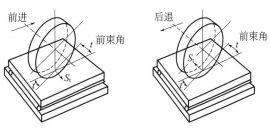

图 7-4　具有前束的车轮在滑板上滚动的情况（右轮）

于或等于零；反之，仅具有前张角的车轮在后退时，通过侧滑台所引起的侧滑分量 S_t 大于或等于零。

综上可知，仅具有前束的车轮，在前进时驶过侧滑台时所引起的侧滑量分量为正值，在后退时驶过侧滑台所引起侧滑量分量为负值；反之，仅具有前张的车轮，在前进时驶过侧滑台时所引起的侧滑分量为负值，在后退时驶过侧滑台所引起的侧滑量分量为正值。

3. 滑动板受到车轮外倾角和前束角的同时作用

汽车转向轮同时具有外倾角和前束角，在前进时由外倾所引起的侧滑分量 S_a 与由前束所引起的侧滑分量 S_t 的方向相反，因而两者相互抵消。在后退时两者方向相同，两分量相互叠加。

三、单滑板侧滑检验台

单滑板侧滑检验台仅用一块滑板，如图 7-5 所示。汽车左前轮从单滑板上通过，右前轮

从地面上行驶。若右前轮正直行驶无侧滑即侧滑角 β 为 $0°$，而左前轮具有侧滑角 α 向内侧滑时，如图 7-6(a) 所示，通过车轮与滑动板间的附着作用带动滑动板向左移动距离 b。若右前轮也具有侧滑角 β，同样右前轮相对左前轮也会向内侧滑，此时，滑动板向左移动距离 c，并由于左前轮同时向内侧滑的量为 b，则滑动板的移动距离为两前轮向内侧滑量之和，即 $b+c$，如图 7-6(b) 所示。上述 $b+c$ 距离可反映出汽车左右车轮总的侧滑量及侧滑方向。也就是说，采用单滑板侧滑检验台测量汽车的侧滑量时，虽然是一侧车轮从滑动板上通过，但测量的结果并非是单轮的侧滑量，而是左右轮侧滑量的综合反映。此侧滑量与汽车驶过台板时的偏斜度无关。根据这一侧滑量可以计算出每一边车轮的侧滑量，即单轮的侧滑量为 $(b+c)/2$。

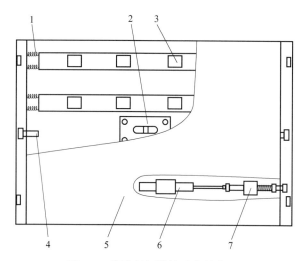

图 7-5 单滑板侧滑检验台结构图

1—滚珠架回位弹簧；2—滑动板回位机构；3—滚珠；4—防侧翻定位销；
5—滑动板；6—位移量传感器；7—传感器调整装置

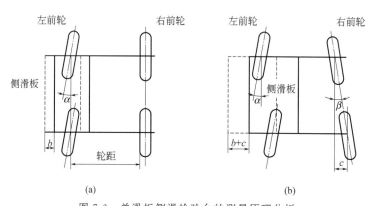

图 7-6 单滑板侧滑检验台的测量原理分析

车轮在驶入侧滑试验台前，由于车轮侧滑量的作用，车轮与地面间接触产生的横向应力迫使车轮发生变形，在驶上侧滑板的瞬间将迅速释放并引起滑板移动量大于实际侧滑量引起的位移；在驶出滑板的瞬间已接触地面部分的轮胎将积聚应力阻碍滑板移动，从而使滑板位移量小于实际值。因此，近来陆续出现了前后带应力释放板的侧滑试验台，以保证车轮通过中间滑板（带侧滑量检测传感器）时能得以准确测量。因进车时的应力释放对侧滑测量造成的影响比出车时大得多，考虑到成本因素，目前在进车方向带释放板的侧滑检验台较多。

四、侧滑检验台的检定

根据国家质检总局和国家标准委员会 2017 年第 31 号公告和推荐性国家标准复审结论，自 2017 年 12 月 15 日起，《机动车安全检测设备　检定技术条件　第 1 部分：滑板式汽车侧滑检验台检定技术条件》(GB/T 11798.1—2001) 废止。现行标准参照《汽车侧滑检验台检定规程》(JJG 908—2009) 执行。

1. 计量性能要求

（1）零点漂移　侧滑检验台的零点漂移 15min 内不大于 0.2m/km。
（2）零值误差　±0.2m/km。
（3）示值误差　±0.2m/km。
（4）示值重复性　±0.1m/km。
（5）滑板位移同步性　双滑板联动侧滑台左、右滑板位移同步性不大于 0.1mm。
（6）滑板移动所需作用力
① 滑板从零位开始移动 0.1mm 时：所需作用力不大于 60N。
② 滑板从零位开始移动至侧滑量 5m/km 时：所需作用力不大于 120N。

2. 通用技术要求

（1）外观及一般要求
① 侧滑检验台应有清晰的铭牌，铭牌上标明设备名称、规格型号、额定载荷、测试量程、制造厂名、生产日期、出厂编号等。
② 滑板移动应灵活平稳，没有明显的阻滞和晃动现象。沿车辆行驶方向滑板不应有明显的窜动现象。
③ 数字式仪表：显示应清晰、稳定，不应有影响读数的缺陷。
④ 指针式仪表：多段显示应有显示段的转换指示，表盘刻度清晰，指针不弯曲，摆动灵活、平稳，没有跳动、卡滞等现象。
（2）电气安全性　侧滑检验台应可靠接地。

3. 检定项目

主要检定项目见表 7-1。

表 7-1　主要检定项目

检定项目		首次检定	后续检定	使用中检查
通用技术要求	外观及一般要求	＋	－	－
	电气安全性	＋	－	－
计量性能要求	零点漂移	＋	＋	＋
	零值误差	＋	＋	＋
	示值误差	＋	＋	＋
	示值重复性	＋	＋	＋
	滑板位移同步性	＋	＋	＋
	滑板移动所需作用力	＋	＋	＋

注："＋"表示必检项目；"－"表示选检项目。

4. 检定方法

检定方法参照《汽车侧滑检验台检定规程》（JJG 908—2009）执行。

5. 检定结果处理

经检定合格的侧滑检验台发给检定证书；不合格者发给检定结果通知书，并列出不合格项及数据。

6. 检定周期

侧滑检验台的检定周期一般不超过 1 年。

第二节　车速表检验台

一、车速表检验台的结构

车速表检验台是将汽车驱动轮或从动轮置于检测平台上，由汽车发动机作为动力通过车轮带动检测平台的滚筒或由检测平台提供的动力驱动滚筒而带动车轮旋转来验证汽车车速表误差的检测设备。按有无驱动装置，车速表检验台可分为标准型与电动机驱动型两种。标准型车速表检验台无驱动装置，它靠被测汽车驱动轮带动滚筒旋转；电动机驱动型车速表检验台由电动机驱动滚筒旋转，再由滚筒带动车轮旋转。此外，还有把车速表检验台与制动检验台或底盘测功机组合在一起的综合式检验台。目前，检测站使用最多的是标准型滚筒式车速表检验台。下面主要介绍标准型车速表检验台的结构。

该车速表检验台主要由滚筒、举升器、数据测量装置、显示仪表及辅助装置等几部分组成，主要结构见图 7-7。

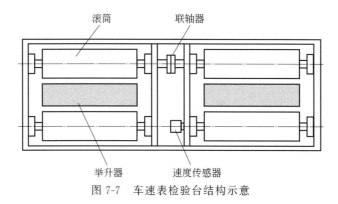
图 7-7　车速表检验台结构示意

1. 滚筒部分

车速表检验台左右各有两个滚筒，用于支撑汽车的驱动轮。在测试过程中，为防止汽车的差速器起作用而造成左右驱动轮转速不等，前面的两个滚筒是用联轴器连在一起的。滚筒多为钢制,表面有防滑材料,直径多在175～370mm之间,为了标定时换算方便,直径多为176.8mm,这样滚筒转速为1200r/min时,正好对应滚筒表面的线速度为40km/h。

2. 举升器

举升器置于前后两个滚筒之间,多为气动装置,也有液压驱动和电动机驱动的。测试时,举升器处于下方,以便滚筒支撑车轮。测试前,举升器处于上方,以便汽车驶上车速表试验台,测试后,靠气压(或液压、电动机)升起举升器,顶起车轮,以便汽车驶离车速表检验台。

3. 速度测量装置

速度测量装置主要由测量元件(转速传感器)及其相应附件组成,其作用是测量滚筒的转动速度。通过转速传感器将滚筒的速度转变成电信号(模拟信号或脉冲信号),再送到显示仪表。常用的转速传感器有:测速发电机式、光电编码器式和霍尔元件式等。

(1) 测速发电机式 测速发电机是一种永磁发电机,由于制作精密,它能够产生几乎与转速完全成正比的电压信号(图7-8,属于模拟信号),将它安装在滚筒一端。当滚筒转动时,测速发电机就可以输出与转速成正比的电压。此信号经放大和A/D转换后送入单片机处理。

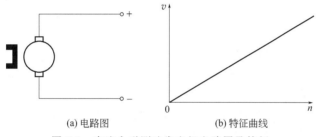

图 7-8 直流永磁测速发电机电路图及特征

(2) 光电编码式(图7-9) 它有一个带孔或带齿的编码盘,安装在滚筒的一端并随滚筒转动。有一对由光源和光接收器组成的光电开关,其中光源一般发出红外光,光接收器多由光敏三极管和放大电路组成,可将收到的光信号变为电信号。光源和光接收器分别置于编码盘的两侧,并彼此对准。当编码盘转动时,光源发出的光线周期性地被遮住,于是光接收器将收到断续的光信号,并转换成一系列的电脉冲(脉冲信号)频率与滚筒转速成正比。将此脉冲信号经过光电隔离等环节之后,也送入单片机处理。

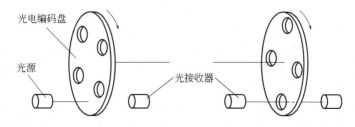

图 7-9 光电编码式速度传感器原理

(3) 霍尔元件式(图7-10) 霍尔元件利用霍尔效应原理工作。将带齿的圆盘固定在滚筒一端，并随滚筒一起转动，当圆盘的齿未经过磁导板时，有磁场经过霍尔元件，因而感应霍尔电动势。当圆盘的齿经过磁导板时，磁场被短路，霍尔电动势消失，所以霍尔元件可以产生与速度成正比的脉冲信号。此脉冲信号同样经过一定的隔离处理后，送入单片机。

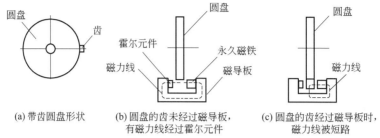

图 7-10　霍尔元件式速度传感器原理

4. 显示仪表（或显示器）

目前多用智能型数字显示仪表，也就是一个单片机系统。来自传感器的信号经放大、A/D 转换或经滤波整形后进入单片机处理，再输出显示测量结果。显示数值是根据滚筒外圆周长和转速计算出滚筒表面曲线速度，以"km/h"为单位显示在指示仪表上。在全自动检测线上也有直接把速度传感器信号接到工位机（或主控机）上直接进行处理的。对于数字显示仪表，其上设有许多操作键。国产 CST-10AYB 速度数字显仪表按键设置及其功意义主要如下：

（1）单机/联网键　按单机/联网键可在单机和自动联网两种方式之间切换；在单机状态下，"单机"指示灯亮，各控制按键有效。在联网状态下，"联网"指示灯亮，除"单机/联网"键和"采集"键有效外，其他操作按键被锁定，不能操作。

（2）状态切换键　在单机空闲状态下切换当前数据窗口的显示内容。

（3）选择键　在单机状态下选择测试项目，每按动一次该键则项目选择符向右移动一项。可实现"速度-里程-加速-滑行-速度……"的切换；在参数设置状态时，用来调整参数，使参数增大。

（4）气缸举降键　在单机状态下控制气缸举升和下降，每按动一次气缸举降状态变换一次；在参数设置状态时，用来调整参数，使参数减小。

（5）测试键　在单机空闲状态下按此键进入测试；在测试状态无效。进入参数设置状态后，设置码盘的孔数、滚筒的直径和仪表的地址码，按住该键打开电源，即可进入参数设置状态。

（6）采集键　在车速和里程测试状态下按此键后仪表将当前车速或里程数值采样作为评价指标。

（7）退出测试键　在单机测试状态下按此键可强行退出测试状态。

在参数设置状态下，按该键可保存退出参数设置状态，返回速度待机状态。

5. 速度报警装置

速度报警装置是为了能在检测时更快地判断车速表是否合格而设置的，这个装置设有红色报警灯和蜂鸣器。

6. 辅助部分

（1）安全装置　车速表检验台滚筒两侧设有挡轮，以免检测时车轮左右滑移损坏轮胎或设备。

(2) 滚筒抱死装置　汽车测试完毕驶离试验台时,如果只依靠举升器,可能造成车轮在前滚筒上打滑。为了防止打滑,增加滚筒抱死装置,与举升器同步,举升器升起的同时,抱死滚筒,举升器下降时放开。

(3) 举升保护装置　车辆在车速表试验台上运转时,举升器突然上升会导致严重的安全事故,因而车速表检验台设有举升器保护装置(软件或硬件保护),以确保滚筒转速低于设定值后(如5km/h)才允许举升器上升。

二、车速表检验台的工作原理

在检验台上进行车速表检验时,将汽车车轮(一般为驱动轮,对车速表传感器安装于从动轮的,应为从动车轮)置于汽车试验台滚筒上,由汽车发动机驱动车轮旋转,车轮借助于摩擦力带动滚筒旋转(对于车速表传感器安装于从动轮的,由试验台驱动电动机驱动滚筒而带动车轮一起旋转)。旋转的滚筒相当于移动的路面,以驱动轮在滚筒上旋转来模拟汽车在路面上行驶时的实际状态。通过滚筒端部带动测速发电机(即速度传感器,现在用得较多的是光敏管、霍尔传感器等)。测速发电机所发出的电压(或光敏管、霍尔传感器等发出的脉冲数)随滚筒转速增高而增加,而滚筒的转速与车速成正比,因此测速发电机的电压与车速成正比。或采用脉冲信号发生器,将其安装在滚筒的一端,把对应于滚筒的转速发出的电信号送至速度指示装置。因为车轮与滚筒间做的是无滑移的纯滚动,所以车轮与滚筒的线速度是一样的。通过滚筒直径和转速传感器调出滚筒的转速,可计算出滚筒的线速度,即是车辆的实际行驶速度。

若已知车速表检验台滚筒直径及滚筒的转速,车速表检验台滚筒线速度可用下式求出。

$$v = 60\pi Dn \times 10^{-6}$$

式中　v——滚筒线速度,km/h;
　　　D——滚筒直径,mm;
　　　n——滚筒转速,r/min。

三、车速表检验台的检定

根据国家质检总局和国家标准委员会 2017 年第 31 号公告和推荐性国家标准复审结论,自 2017 年 12 月 15 日起,《机动车安全检测设备　检定技术条件　第 4 部分：滚筒式车速表试验台检定技术条件》(GB/T 11798.4—2001)废止。现行标准参照《滚筒式车速表检验台检定规程》(JJG 909—2009)执行。

1. 计量性能要求

(1) 滚筒外径允许误差　±0.5%。
(2) 零值误差　±0.5km/h。
(3) 零点漂移　15min 内的零点漂移±0.5km/h。
(4) 示值误差　±3.0%。

2. 通用技术要求

(1) 外观
① 车速表检验台应有清晰的铭牌,铭牌上标明设备名称、规格型号、额定载荷、滚筒

直径、额定或允许的最大测速值、制造厂名、生产日期、出厂编号等。

② 漆膜外观整洁、完好,台架无明显裂痕及变形。

(2) 一般要求

① 开关、按钮、插座及接线端子等应有明显的文字或符号标志,操作件应灵活可靠。

② 滚筒表面完好,转动灵活,活动部件功能完好。

③ 数显式:显示仪表清晰,不应有影响读数的缺陷,速度测试示值采样保留时间不小于 8s,显示不应有缺笔画、闪烁等现象。

④ 指针式:多段显示应有显示段的转换指示,表盘刻度清晰,指针摆动平稳,没有跳动、卡滞等现象。

3. 检定项目

主要检定项目见表 7-2。

表 7-2　主要检定项目

	检定项目	首次检定	后续检定	使用中检查
通用技术要求	外观及一般要求	+	+	—
计量性能要求	滚筒外径允许误差	+	+	+
	零值误差	+	+	+
	零点漂移	+	+	+
	示值误差	+	+	+

注:"+"表示必检项目;"—"表示非必检项目。

4. 检定方法

检定方法参照《滚筒式车速表检验台检定规程》(JJG 909—2009)执行。

5. 检定结果处理

经检定合格的车速表检验台发给检定证书;不合格者发给检定结果通知书,并列出不合格项及数据。

6. 检定周期

车速表检验台的检定周期一般为 1 年。

第三篇

机动车检验管理

第八章

机动车安全技术检验机构建设条件

随着科学技术的飞速发展，机动车安全技术检验也朝着科学化、智能化方向发展，机动车安全技术检验机构的建设也需要适应新的变化。目前，我国已出台了一系列的法律法规、标准和政策对机动车安全技术检验机构的建设条件进行了规范。本章主要从机动车安全技术检验机构的基本构成、场地与设施要求、人员要求、设备配备要求和联网控制系统几个方面进行介绍。

第一节

机动车安全技术检验机构的要求与基本构成

机动车安全技术检验机构（以下简称"安检机构"），是指在中华人民共和国境内，根据《中华人民共和国道路交通安全法》及其实施条例的规定，按照机动车国家安全技术标准等要求，对上道路行驶的机动车进行检验，并向社会出具公证数据的检验机构。机动车安全技术检验机构主要包括检验场地和设施、检验人员、检测设备、计算机联网检测系统和管理制度5个主要方面，除此之外，还应满足消防安全、环境保护、建设规划和优质服务等方面的要求。

一、安检机构要求

安检机构应是依法成立并能够承担相应法律责任的法定代表人或者其他组织。安检机构或者其所在的组织应有明确的法律地位，对其出具的检验检测数据和结果负责，并承担相应法律责任。不具备独立法定代表人资格的安检机构应经所在法定代表人单位授权。

安检机构应明确其组织结构及管理、技术运作和支持服务之间的关系。安检机构应配备检验检测活动所需的人员、设施、设备、系统及支持服务。

安检机构及其人员从事检验检测活动，应遵守国家相关法律法规的规定，遵循客观独立、公平公正、诚实信用原则，恪守职业道德，承担社会责任。

安检机构应建立和保持维护其公正及诚信的程序。安检机构及其人员应不受来自内外部的、不正当的商业、财务和其他方面的压力及影响，确保检验检测数据和结果的真实、客观、准确和可追溯。安检机构应建立识别出现公正性风险的长效机制。如识别出公正性风险，检验检测机构应能证明消除或减少该风险。若安检机构所在的组织还从事检验检测以外的活动，应识别并采取措施避免潜在的利益冲突。安检机构不得使用同时在两个及以上检验检测机构从业的人员。

安检机构应在客户活动区域的明显位置，公示由其法定代表人或最高管理者签署的、具有法律效力的公正性承诺。

安检机构应建立和保持保护客户秘密及所有权的程序，该程序应包括保护电子存储和传输结果信息的要求。安检机构及其人员应对其在检验检测活动中所知悉的国家秘密、商业秘密和技术秘密负有保密义务，并制定和实施相应的保密措施。

安检机构保密内容至少应包括：
① 委托方提交的文件与资料；
② 检验记录和检验报告所涉及的委托方信息；
③ 检验员在现场检验时获得的信息，包括检验的结论等；
④ 安检机构从客户以外的渠道（如监管机构、投诉人）获得的有关客户的信息。

二、安检机构基本构成

1. 检验场地和设施

检验场地和设施是指为开展机动车安全技术检验所依据的现行相关标准［如《机动车运行安全技术条件》（GB 7258—2017）和《机动车安全技术检验项目和方法》（GB 21861—2014）］规定的检验项目，所必须具备的检验条件。安检机构检验场地应满足周边道路宽阔、交通顺畅、视线良好的要求，场地内应建有用于安检的检验车间、试验车道、驻车坡道，有业务大厅、停车场、站内道路、办公区、微机房等设施。

2. 检验人员

检验人员是指按照现行相关标准规定的各项检验项目，正确进行与检验、设备维护检查活动相适应的专业技术人员和管理人员。检验人员必须持证上岗，因此需具有相应的学历、专业知识和专业技能，经过专业培训，并通过省级质量技术监督部门考核后，才能取得相应的上岗资质。检验人员主要包括机构负责人、技术负责人、质量负责人、报告授权签字人、同时还应当设有引车员、外观检验员、键盘检验员、登录员等检验人员以及设备维护人员、网络维护人员等。

3. 检测设备

检测设备是指按照现行相关标准规定的各项检验项目，正确进行检验活动所必须配备的检测仪器。检测设备主要包括轴（轮）重仪、车速表检验台、制动检验台、前照灯检测仪、侧滑检验台等线内固定设备，踏板力计、手拉力计、方向盘转向-力角仪等辅助检测设备，以及便携式制动性能测试仪、五轮仪、透光率计、轮胎气压表、花纹深度尺、秒表等线外检测设备。

安检机构对所使用的检验设备必须拥有所有权。汽车主要检验仪器设备应当采用固定式，摩托车检验可以采用移动式。

仪器设备检验项目所用检验仪器，应采用数字式二次仪表，并具有数据通信接口，能够进行联网控制。仪器设备检验项目所用固定式检验仪器，应当采用计算机联网，实现自动检验、打印报告。计算机联网检验控制系统，不得改变联网检验仪器设备的测试原理、分辨率、测量结果数据的有效位数和检验结果数据。检验参数的采集、计算、判定应当符合有关标准规定。

4. 计算机联网检测系统

计算机联网检测系统是安检机构检验业务信息系统的核心组成部分，主要包含检测线控制系统和检测仪器设备两部分，必须满足现行相关标准的要求，应当在软硬件上具备与质量技术监督部门及相关业务部门联网的能力，实现信息共享。

5. 管理制度

安检机构应当制定下列制度并执行：安检机构专业技术人员和管理人员的岗位职责；安检机构专业技术人员和管理人员的培训、考核制度；安检机构专业技术人员和管理人员的行为规范；检测仪器设备（含标准物质）的采购、验收、使用、保管、报废等程序或者制度；检验事故分析报告程序或者制度；检验记录、检验报告等技术文件和资料档案的修改、保存、销毁等程序或者制度及保密制度；检测车间管理制度；普遍性质量安全问题的分析报告制度和安检机构年度报告制度。

第二节

机动车安全技术检验机构场地与设施要求

为了保证机动车安全技术检验工作科学高效的运行，安检机构的检验场地与设施要求必须符合现行相关标准（如《机动车运行安全技术条件》(GB 7258—2017) 和《机动车安全技术检验项目和方法》(GB 21861—2014) 规定的检验项目所必备的检验条件。

安检机构应具备开展机动车检验活动所必需的且能够独立调配使用的固定工作场所，其工作环境应保证检验结果的真实、准确。安检机构应有安全保障措施和应急预案，在场区道路设置上应注明人行通道和车行道，保证人员安全。检验检测标准或者技术规范对环境条件有要求时或环境条件影响检验检测结果时，应监测、控制和记录环境条件。当环境条件不利于检验检测的开展时，应停止检验检测活动。

安检机构应当具备固定的工作场所，其工作环境应保证检验结果的真实、准确，周边道路宽阔、交通顺畅、便捷、进出的道路视线良好。安检机构的场地建筑必须能够满足标准规定的申请承检车型检验项目的实际需要，有检验车间、试验车道、驻车坡道、业务大厅、停当场、站内道路、办公区等设施，各设施应布局合理。车辆底盘部件检查时应有检查地沟或者举升装置。场区道路应视线良好、保持通畅，道路的转弯半径、长度应能满足承检车辆行驶的需要。应设置足够的交通标志、交通标线、引导牌、安全标志等。行车制动路试检验应有水泥或者沥青路面的试验车道，驻车制动路试检验应有驻车坡道或符合规定的路试驻车制动检验检测设备设施，试验车道和驻车坡道应正确标识并有安全防护措施要求。

安检机构应保证用于检验检测并对结果有影响的软件符合相关法律、法规、标准要求，并经确认，加以唯一性标识。安检机构应确保用于检验检测软件的唯一性、完整性，不得擅自修改软件。不得使用未经确认的软件从事检验检测工作。安检机构的检验软件及其记录应由专人管理，并进行定期、改变或升级后的再确认。

一、检验车间

为了保证机动车安全技术检验工作的正常进行，检验车间各工位要有相应的检测面积，厂房要宽敞，保证通风、照明、排水、防雨、防火，安全防护等设施良好。车间内部尺寸和车间出入门尺寸应当满足相应检验车型的需要。

1. 车间尺寸

车间内部尺寸和车间出入门尺寸应当满足连续检测相应车型的需要。虽然在国家质检总局发布的文件中没有对检测车间的高度、长度、宽度及进出大门的尺寸提出具体要求，但是要求了检测车间必须具备连续检测机动车的能力。具体情况应按照《道路车辆外廓尺寸、轴核、荷及质量极限》（GB 1589）的要求，以及安检机构检验资格许可中对检验车型的规定而定。一般而言，无论对于大型车辆检测线还是小型车辆检测线，最少应满足 3 辆车同时检验的需要。

2. 空气流通

检测车间应当充分考虑车间的空气流通，必要时要设有排风装置，加快车间内的空气流动，尽量降低车间内的空气污染。考虑到汽车尾气密度大，一般飘浮在地面，所以强制通风装置应安装在距车间地面 1m 以下的位置。

3. 地沟

底盘检查地沟应当有一定的操作空间，照明、通风、信号装置应当齐全。

检测车间的底盘检查工位是非常重要的。在国家标准《机动车安全技术检验项目和方法》（GB 21861）104 项人工检查项目中，车辆底盘检查有 21 项内容，其中 16 项为否决项，可见底盘检查非常重要。地沟的长度要求可以检查到车辆的整个底盘，宽度要求检查人员可以在里面活动，高度要求检查人员可以在下面站立进行检查。检查地沟照明要均匀布置，保证被检车辆的任何部件都清晰可见。鉴于地沟容易积存更多的汽车尾气，需要设置必要的通风装置，及时排除地沟内的废气。地沟在建设时需要按照要求预留信号装置连接的线路。

4. 电缆沟

电缆沟应当便于打开检查，并注意防火、防水、防潮和防鼠。电缆沟应当覆盖好，覆盖件应当有一定的强度并能承受一定的重量。

5. 人行通道

人行通道应当设置隔离栏与检测通道隔离，宽度不小于 1m。

6. 消防通道和消防设施

消防通道和消防设施应当符合有关消防规定。

7. 检测车间地面

检测车间地面高度应高于路面，避免下雨积水进入车间。检测车间应当铺设易清除污物的硬地面（如水泥、水磨石等），地面强度应当满足被检车辆的承载要求，行车路面纵向和横向坡度不大于 0.1%，制动性能检测工位前后，大型车辆检测线 6m 内、小型车辆检测线 3m 内的行车地面附着系数应当不小于 0.7（使用平板制动检验台时除外）。

8. 微机房

微机房的安全条件应当按《计算机站场地安全要求》（GB 9361）规定的防火 C 类、防水 B 类、防雷击 B 类、防鼠害 B 类综合执行。

9. 标志

检测车间出入口应当设有引车道和必要的交通标志。

10. 照明

检测车间照明应当符合《工业企业照明设计标准》（GB 50034）的要求。

11. 采光

检测车间采光应当符合《工业企业采光设计标准》（GB 50033）的要求。

12. 防火

检测车间防火应当符合《建筑设计防火规范》（GBJ16）的要求。

13. 防雷

检测车间防雷设施应当符合《建筑物防雷设计规范》（GB 50057）的要求。

二、试验车道

试验车道长度和宽度应当满足检验工作的要求，铺设有平坦、硬实、清洁的水泥或者沥青路面，并设有规范的交通标志标线，路面附着系数应当不小于 0.7。

试验车道需要设置在车流和人员较少的地方，通常情况下设置在检测线附近，与线上车辆的运行方向一致。GB 21861—2014 规定，对已在制动检验台上检验过的车辆，制动力平衡及前轴制动率符合要求，但整车制动率未达到合格要求时，用便携式制动性能测试仪进行路试制动性能检测。GB 7258—2017 规定，乘用车等小型车辆的试验通道宽度为 2.5m，其他车辆的试验通道宽度为 3.0m。为保证检验过程中的行车安全，试验车道的宽度一般不小于 6m，长度不小于 100m（若只检验小型车辆，试验车道的长度应不小于 80m）。

三、驻车坡道

试验车道需要设置在车流和人员较少的地方，通常情况下设置在检测线附近。应当具备坡度分别为 15% 和 20% 的驻车坡道各一个，坡道的长度应当比承检车型的最大轴距长 1m，宽度应当比承检车型的最大宽度宽 1m，坡道路面附着系数应当不小于 0.7。摩托车检验对此不要求。

四、停车场

停车场地面积应当与检验能力相适应，不得占用安检机构的外道路停车。停车场地应当为水泥、沥青或者其他硬地面，能承受车辆的碾压，并在场内划分停车线和车辆行驶通道，保持进出口畅通；应设置足够的消防、安全、照明设备，各设施布局能够保证检验流程通畅，不产生车辆交叉干扰。安检机构内部的道路应当为水泥或者沥青路面，并设置交通标志、标线、引导牌。道路应当视线良好、保持通畅。转弯半径、长度应当能满足承检车辆出入的需要。

五、站内道路

站内道路应当为水泥或者沥青路面，并设置交通标志、标线、引导牌。道路应当视线良好、保持通畅。检测线出入口两端的道路应当有一定的坡度，以保证雨水不流入检测线内；但坡度不应过大，便于车辆进出检测线。道路的转弯半径、长度应当能满足各类车辆出入的需要。

六、业务大厅

安检机构业务大厅应当便民，通常设置在停车场附近，方便车主办理各种手续。室内应当宽敞明亮。各业务窗口应当分工明确，设置标牌，其数量能满足实际办公的需要。大厅内应当设公示栏，公示服务承诺、检验资质、各种手续规定、检验项目和判定标准。

七、微机房

微机房应当符合微机房建筑的有关要求。

八、其他

应当设置各岗位职责、车辆检验流程图、检验工位布置图、监督橱窗等服务性设施，设施布局应当合理。

第三节

机动车安全技术检验机构人员要求

《检验检测机构资质认定管理办法》（国家质检总局令第 163 号）第九条规定：申请资质

认定的检验检测机构应当具有与其从事检验检测活动相适应的检验检测技术人员和管理人员。因此，安检机构应当具有与其从事检验、设备维护检查活动相适应的管理人员和专业技术人员。在《机动车安全技术检验机构检验资格许可技术条件》中，国家质检总局对机动车安全技术检验机构中人员配备有明确的要求。与2006年发布的《机动车安全技术检验机构常规检验资格许可技术条件》相比，取消了检验人员数量的具体要求，但必须满足检验工作的需要。放宽了对技术负责人、质量负责人和授权签字人任职条件的限制。同时，中华人民共和国认证认可行业标准《检验检测机构资质认定能力评价检验检测机构通用要求》（RB/T 214—2017）和《检验检测机构资质认定能力评价机动车检验机构要求》（RB/T 218—2017）也对检验检测机构的人员做出了明确要求。

一、安检机构的人员构成

安检机构应当具有与其从事检验、设备维护检查活动相适应的管理人员和专业技术人员。应当设有机构负责人、技术负责人、质量负责人、授权签字人，同时还应当设有引车员、外观检验员、底盘检验员、登录员等检验人员以及设备维护人员、网络维护人员。上述人员，应当经省级质量技术监督部门考核合格，持证上岗。

安检机构应建立和保持人员管理程序，对人员资格确认、任用、授权和能力保持等进行规范管理。安检机构应与其人员建立劳动、聘用或录用关系，明确技术人员和管理人员的岗位职责、任职要求和工作关系，使其满足岗位要求并具有所需的权力和资源，履行建立、实施、保持和持续改进管理体系的职责。检验检测机构中所有可能影响检验检测活动的人员，无论是内部人员还是外部人员，均应行为公正，受到监督，胜任工作，并按照管理体系要求履行职责。

检验检测机构应确定全权负责的管理层，管理层应履行其对管理体系的领导作用和承诺：

① 对公正性做出承诺；
② 负责管理体系的建立和有效运行；
③ 确保管理体系所需的资源；
④ 确保制定质量方针和质量目标；
⑤ 确保管理体系要求融入检验检测的全过程；
⑥ 组织管理体系的管理评审；
⑦ 确保管理体系实现其预期结果；
⑧ 满足相关法律法规要求和客户要求；
⑨ 提升客户满意度；
⑩ 运用过程方法建立管理体系和分析风险、机遇。

二、安检机构人员岗位资格条件

1. 机构负责人

熟悉机动车检验业务，了解与安检相关的法律法规和标准。

2. 质量负责人

① 熟悉相关的法律法规、标准和安检业务。

② 具有机动车相关专业的大专及以上学历或者中级以上工程技术职称（含）或者技师以上技术等级（含）。
③ 熟悉机动车的理论与构造，熟悉各检验工位业务、流程及相关专业知识。
④ 有 3 年以上的机动车检验的工作经历。
⑤ 熟悉安检机构资格许可技术条件要求。

3. 技术负责人、授权签字人

① 熟悉相关的法律法规、标准和安检业务。
② 技术负责人和授权签字人应具备中级及以上专业技术职称，或同等能力，或机动车相关专业技师及以上技术等级，或有机动车相关专业大专及以上学历并有 3 年及以上机动车检验工作经历。

注：同等能力是指博士研究生毕业，从事相关专业检验检测活动 1 年及以上；硕士研究生毕业，从事相关专业检验检测活动 3 年及以上；大学本科毕业，从事相关专业检验检测活动 5 年及以上；大学专科毕业，从事相关专业检验检测活动 8 年及以上。3 年及以上机动车检验工作经历包含在汽车生产企业从事检验工作经历、汽车修理企业从事检验工作经历，或从事机动车安全技术检验、机动车排放检验、机动车综合性能检验的工作经历。

③ 熟悉机动车的理论与构造，熟悉各检验工位业务、流程及相关专业知识。

4. 检验人员

① 了解机动车性能、构造及有关使用的一般知识。
② 熟悉检测仪器设备的结构及性能，熟练掌握检测仪器设备的操作规程。
③ 了解机动车安全技术相关标准，掌握检验项目的技术标准及本机构的检验工艺流程。
④ 掌握计算机操作技能，登录员应当熟练使用、管理计算机。
⑤ 引车员应当持有与检测车型相对应的有效机动车驾驶证。
⑥ 外观检查员和底盘检查员还应当熟悉相应的机动车性能、构造及有关使用的专业知识。

5. 设备维护人员

① 掌握机动车构造和原理的一般知识。
② 掌握检测仪器设备的性能和使用要求，具备检测仪器设备管理知识，能对检测仪器设备进行维护、保养、校准。

6. 网络维护人员

① 应当具备计算机及网络维护、管理、维修等相关知识。
② 可以由其他检验技术人员兼任。

三、安检机构人员岗位职责

1. 机构负责人

机构负责人是安检机构的最高管理者，是日常管理的全权负责人，可以是法定代表人，也可以是法定代表人的授权人员，但不一定是安检机构的出资人；反之，出资人不一定是机构负责人。其主要职责一般为但不限于以下内容：

① 全面负责机构的各项工作，组织贯彻执行国家及主管部门的有关法律、法规、方针、政策；

② 指定企业的方针、目标，考核企业各项目标的落实情况；

③ 负责建立管理制度并监督运行；

④ 组织配置机构需要的资源；

⑤ 协调各部门之间的工作，保证检验工作公正、科学、准确地开展；

⑥ 审批机构的规划；

⑦ 任免机构内部的重要人员；

⑧ 组织制定和审批经费的预、决算，批准经费的使用，批准对员工的奖励或处罚。

2. 技术负责人

技术负责人全面负责机构的技术工作，可以兼任，但不应由质量负责人兼任。其主要职责一般为但不限于以下内容：

① 及时了解、掌握国家对机动车安全技术检验的有关法律、法规、政策、标准和其他要求；

② 熟悉机构内部的检验工序、管理流程和机构使用的检测仪器设备的技术要求及计量检定要求；

③ 能够单独或指导他人完成检验工作；

④ 了解检测设备的原理、熟悉设备的使用；

⑤ 负责组织制定技术管理制度、作业指导书、操作规程等技术文件；

⑥ 组织完成比对试验；

⑦ 负责处理、解决检验工作中的技术问题；

⑧ 负责组织进行检验方法、理论技术的研究，不断提高机构的检验技术水平，积极了解国内外先进检验技术；

⑨ 负责论证新建项目、检测设备改造、更新技术方案的确认等。

3. 质量负责人

质量负责人是机构的质量管理者，机构的质量核心，代替机构负责人管理机动车安全技术检验的工作质量，可以兼任，但不应由技术负责人兼任。其主要职责一般为但不限于以下内容：

① 负责组织建立管理制度并监督有效运行，保证设施与环境条件满足要求；

② 负责申诉和投诉的处理工作；

③ 一般赋予了在任何时候都能保证质量管理制度得到实施和遵守的职责及权力；

④ 一般能与机构负责人和技术负责人直接进行沟通，以决策和解决质量管理方面存在的问题，并对检验工作的质量负责。

4. 授权签字人

授权签字人是机构的关键技术人员，授权签字人可以兼任其他岗位，也可由其他岗位人员兼任，对较大的机构和检验量大的机构，一般设有多名专职的授权签字人。其主要职责一般为但不限于以下内容：

① 全面掌握车辆检验标准，认真执行有关法律、法规；

② 组织管理相关检验的工作，保证检测过程的科学、公正、真实；
③ 指导检验人员正确进行检验，对检验的全过程进行监督；
④ 审查检验结果，批准检验报告，对所批准的检验报告的完整性和正确性负责；
⑤ 解决在检验过程中出现的问题，对不能解决的问题及时向上级负责人报告；
⑥ 由机构负责人赋予了批准检验报告的权力，但对不符合有关规定出具的检验报告，有拒绝批准的义务。

5. 检验人员

检验人员是指从事机动车安全技术检验的人员，包括引车员、外观检验员、底盘检验员、登录员等。检验人员应该熟悉相应的机动车性能、构造及本专业的基础知识。

① 引车员是驾驶车辆进行有关项目检验的检验人员，主要职责为：
a. 依据相关标准规范严格按车辆、仪器设备操作规程进行检验，确保检验数据的准确可靠；
b. 努力提高驾驶技能，熟悉各种车型的结构和性能，掌握各种车辆的操作方法，谨慎驾驶，按章操作，对受检车辆在线上的安全负责；
c. 掌握各类车辆的检验项目和工艺流程，做到不错检，不漏检；
d. 爱护用户车辆，不乱动受检车内任何物品；
e. 及时配合处理检验过程中发生的异常现象和意外事故；
f. 协助有关人员维持停车场秩序。

② 外观检验员是对车辆外观项目进行人工检验的检验人员，主要职责为：
a. 严格按检验标准和检验方法、作业指导书进行各项外观项目的检验，认真填写原始记录；
b. 正确使用、精心维护所分管的测量设备，认真填写测量设备操作和维修记录，协助做好测量设备的周期检定工作；
c. 严格执行检验人员工作条例，有权拒绝行政的或其他方面的干预，有权越级向上级反映各级人员违反检验规程或对检验数据弄虚作假的不良行为。

③ 底盘检验员是在地沟内对车辆的底盘进行人工检验的检验人员，主要职责为：
a. 严格按检验标准和检验方法、作业指导书进行各项底盘项目的检验，认真填写原始记录；
b. 正确使用、精心维护所分管的测量设备，认真填写测量设备操作和维修记录，协助做好测量设备的周期检定工作；
c. 严格执行检验人员工作条例，有权拒绝行政的或其他方面的干预，有权越级向上级反映各级人员违反检验规程或对检验数据弄虚作假的不良行为。

④ 登录员是将被检车辆信息录入检测线的计算机，调出被检车辆主要技术和特征参数，并控制检测线内的检验设备开展检验的检测人员。主要职责为：
a. 负责被检车辆和资料的核对及数据输入、输出工作；
b. 严格遵守各项规章制度，对手续不全或不符的车辆应拒绝登录送检；
c. 做好车辆检验记录的分类统计工作，定期上报；
d. 负责检验数据的存储、保管和打印，保证数据的完整性、真实性，不得擅自输入、更改、打印检验数据；
e. 做好计算机的日常维护，保持机房清洁，确保用电安全；
f. 禁止无关人员进入机房，防止非授权人员接触、动用计算机。

6. 设备维护人员

设备维护人员是指对本机构使用的有关检验仪器设备进行维护、保养、修理、自校的技术人员，设备维护人员可以是兼职人员，但需要经过培训，熟悉检验设备的结构、原理和有关测试知识，确保能胜任工作。主要职责为：

① 负责检验设备的日常管理和设备档案管理；
② 认真执行"以预防为主，维护、保养与计划维修并重"的方针，确保设备处于良好的状态；
③ 定期检查设备的运行情况，组织检修，做好记录，建立台账并归档保存；
④ 设备出现异常情况，应按处置方案及时切断电源，会同技术人员查明原因，进行修复；
⑤ 负责检验设备的量值溯源和检定标识管理；
⑥ 熟悉所管理的检验器具，知其名称、型号、量程和准确度，能对检验仪器设备进行维护、保养、自校；
⑦ 严格遵守本检验公司有关设备管理方面的规定和程序要求，设备的领用、使用后的检查等按有关规定执行。

7. 网络维护人员

网络维护人员是对机构内或检测线上所使用的计算机的网络进行日常维护、管理的技术人员。主要职责为：

① 负责本机构使用的网络、服务器、办公区的电脑、设备、信息系统的维护，确保网络正常运行；
② 处理简单的硬件及软件故障；
③ 负责计算机联网检测系统的数据存储、传输等信息的安全管理。

四、安检机构人员考核

为了加强对机动车安全技术检验人员的科学化、正规化管理，确保机动车安全技术检验质量，根据《机动车安全技术检验机构监督管理办法》（国家质检总局第121号令），省级质量监督部门对所有机动车安全技术检验人员进行考核，考核合格的人员方可从事机动车安全技术检验工作。

1. 报名及资格审查

从事机动车安全技术检验的人员，具备相应学历和工作经验者，均可申请参加机动车安全技术检验人员资格考试。由本人所在的安检机构按有关规定，向质量技术监督部门报名。省级质量技术监督部门应对报考人员的资格进行审查。

2. 考核形式

可以采用笔试、面试及实际操作考核等多种形式进行，统一考核要求。

3. 考核内容

（1）理论考试　理论考试内容包括基础知识和专业知识两个方面，涵盖机动车安全技术检验相关法律法规、检验标准、设备使用维护管理和检验技术等方面的内容。

（2）实际操作考试　实际操作考试按机动车安全技术性能检验机构的岗位设置分项考核。

管理类人员（技术负责人、质量负责人、授权签字人）可进行面试，考试内容可分为三部分：法律法规及标准知识、实验室质量管理、机动车安全技术检验实务，采用模块化考试。

操作类人员（引车员、外观检验员、底盘检验员、登录员、设备维护人员、网络维护人员）可上线按工位和岗位职责要求进行实际操作考试，兼报者须同时参加面试和实际操作考试。

4. 考核结果

省级质量技术监督部门应对考核合格的检验人员颁发合格证书，要求检验人员持证上岗。

第四节

机动车安全技术检验机构设备配备与标准物质要求

安检机构应当具备正确进行检验活动所需要的检测仪器设备，汽车主要检测仪器设备应当采用固定式，摩托车检验可以采用移动式。固定式的检测仪器设备通常组成检测线。

① 根据检验车型的不同，检测线一般可分为大型车辆检测线、小型车辆检测线及摩托车检测线。安检机构配置的检测仪器设备应当满足按照《机动车安全技术检验项目和方法》（GB 21861）中所规定的项目开展检验的要求。不同车型检验应当具备的检测线要求见表 8-1，不同车型检测仪器设备、设施的配置见表 8-2。

表 8-1　不同车型检验应当具备的检测线要求

车型	检测线要求	代号	车型说明	应当具备的检测仪器设备（不适用检测线时）
大型客车	大型车辆检测线	A1	大型载客汽车	三轴及三轴以上车辆可采用路试
牵引车		A2	重型、中型全挂、半挂汽车列车	可采用路试
城市公交车		A3	核载 10 人以上的城市公共汽车	三轴及三轴以上车辆可采用路试
大型货车		B2	重型、中型载货汽车，大型、重型、中型专项作业车	三轴及三轴以上车辆可采用路试
中型客车	小型车辆检测线	B1	中型载客汽车（含核载 10 人以上、19 人以下的城市公共汽车）	
小型汽车		C1	小型、微型载客汽车，轻型、微型载货汽车以及轻型、小型、微型专项作业车	
小型自动挡汽车		C2	小型、微型自动挡载客汽车以及轻型、微型自动挡载货汽车	
低速货车		C3	低速载货汽车（原四轮农用运输车）	
三轮汽车	三轮汽车检测线	C4	三轮汽车	

续表

车型	检测线要求	代号	车型说明	应当具备的检测仪器设备（不适用检测线时）
普通三轮摩托车	三轮摩托车检测线	D	发动机排量大于50mL或者最大设计车速大于50km/h的三轮摩托车	
普通两轮摩托车	两轮摩托车检测线	E	发动机排量大于50mL或者最大设计车速大于50km/h的两轮摩托车	
轻便摩托车		F	发动机排量小于等于50mL或者最大设计车速小于等于50km/h的摩托车	
轮式自行机械车		M	轮式自行机械车	可采用路试
无轨电车		N	无轨电车	可采用路试

注：1.大型车辆检测线检定（或者校准）结果能满足小型车辆检测线要求的，可检测小型车辆。
2.其他无法上线检测的车辆可采用路试。

表8-2 不同车型检测仪器设备、设施的配置

序号	设备、设施名称	承检车型代号								设备相关标准
		A1 A2 A3	B1 B2 C1 C2	C3	C4	D	E F	M	N	轴荷10000kg以上、三轴及三轴以上车辆	
1	轮重仪	√	√	√	√			√			GB/T 11798.7
	滚筒反力式汽车制动检验台	√	√					√			GB/T 11798.2
2	平板式制动检验台（用于小型车检测线）			√	√			√			GB/T 11798.9
3	滚筒式汽车车速表检验台	√	√					√			GB/T 11798.4
4	汽车侧滑检验台	√	√	√	√					√	GB/T 11798.1
5	汽油车排气分析仪※	√	√	√		√	√	√			GB/T 11798.3
6	滤纸式烟度计※	√	√	√	√			√			GB/T 11798.5
7	不透光烟度计※	√	√	√	√			√			
8	机动车前照灯检测仪	√	√	√	√			√			GB/T 11798.6
9	底盘测功机										承检20年以上的非营运乘用车
10	驻车坡道	√	√	√	√			√	√		
11	试验道路		√	√	√			√	√		
12	声级计	√	√	√	√	√	√	√		√	GB/T 17181
13	便携式制动性能测试仪	√	√	√	√						GA/T 485
14	非接触式汽车速度测试仪	√	√					√	√		
15	发动机转速表	√	√					√			
16	踏板力计	√	√	√	√			√	√		
17	手制动力计	√	√							√	
18	方向盘转向力-转向角检测仪	√	√	√	√			√		√	
19	透光率计	√	√	√	√						
20	轮胎花纹深度计	√	√	√	√	√		√	√		

续表

序号	设备、设施名称	A1 A3	A2 B2	B1 C1 C2	C3	C4	D	E F	M	N	轴荷10000kg以上、三轴及三轴以上车辆	设备相关标准
21	轮胎气压表	√	√	√	√	√	√	√	√	√	√	
22	秒表	√	√	√	√	√	√	√	√	√		
23	钢卷尺	√	√	√	√	√	√	√	√	√	√	
24	钢直尺	√	√	√	√	√	√	√	√		√	
25	摩托车轮重仪							√	√			
26	摩托车制动试验台							√				
27	摩托车制动试验设备							√	√			
28	摩托车测速装置							√	√			
29	摩托车灯光测试装置							√	√			
30	摩托车轮偏仪测试台							√				GB/T 11798.8

注：1.有"√"的表示需要配备，设备的功能需满足规定的车型检测，其量程也需满足对应车型的要求。序号 1 和 2 有一种即可；序号 13 和 14 有一种即可。

2.有※标注的设备在实行环保检验合格标志的地方不要求。

② 检测仪器设备应当结构先进、可靠，采用数字式二次仪表并具有数据通信接口，能够进行联网控制。

③ 检测仪器设备要通过合法有效的型式认定。

④ 检测仪器设备上应当有清晰的产品铭牌等标识。

⑤ 检测线检测仪器设备应当采用计算机联网，实现自动检测、打印报告。计算机联网检测控制系统，不得改变联网检测仪器设备的测试原理、分辨率、测量结果数据的有效位数和检测结果数据。检测参数的采集、计算、判定应当符合有关标准规定。

⑥ 在用检测设备和计量器具，应当经法定或者授权的计量检定机构周期检定、校准或者测试，并取得计量检定合格证、校准或者测试报告，而且在有效期内。校准或者测试报告经过分析确定应当能够满足检验要求。

⑦ 检测仪器设备在以下特殊情况下要重新进行检定、校准或者测试。

a. 检测设备修理后。

b. 新购设备使用前。

c. 固定式检验设备移装后。

d. 日常设备检查或者设备期间核查发现有异常时。

⑧ 应当有仪器设备的检定周期表，内容包括仪器设备的名称、编号、检定周期、检定单位、最近检定日期、送检负责人。

⑨ 检测仪器设备应当有明显、统一格式的标识。标识分为"合格""准用""停用"三种，并分别以绿、黄、红三种颜色表示。标识的内容包括仪器编号、检定结论、检定日期及下次检定日期、检定单位。

⑩ 应当建立主要检测仪器设备的档案，内容包括设备、仪器合格证书、使用说明书、检定证书、校准或者测试报告、安装基础图、电器原理图、故障及维修记录等。

⑪ 安检机构检测设备技术标准如表 8-3 所示。

表 8-3　安检机构检测设备技术标准

序号	标准编号	标准名称
1	GB/T 11798.1	机动车安全检测设备　检定技术条件 第 1 部分:滑板式汽车侧滑试验台检定技术条件
2	GB/T 11798.2	机动车安全检测设备　检定技术条件 第 2 部分:滚筒反力式制动试验台检定技术条件
3	GB/T 11798.3	机动车安全检测设备　检定技术条件 第 3 部分:汽油车排气分析仪检定技术条件
4	GB/T 11798.4	机动车安全检测设备　检定技术条件 第 4 部分:滚筒式车速表试验台检定技术条件
5	GB/T 11798.5	机动车安全检测设备　检定技术条件 第 5 部分:滤纸式烟度计检定技术条件
6	GB/T 11798.6	机动车安全检测设备　检定技术条件 第 6 部分:对称式前照灯检测仪检定技术条件
7	GB/T 11798.7	机动车安全检测设备　检定技术条件 第 7 部分:轴(轮)重仪检定技术条件
8	GB/T 11798.8	机动车安全检测设备　检定技术条件 第 8 部分:摩托车车轮偏检测仪检定技术条件
9	GB/T 11798.9	机动车安全检测设备　检定技术条件 第 9 部分:平板制动试验台检定技术条件
10	GA/T 485	便携式制动性能测试仪
11	JT/T 506	不透光烟度计
12	JT/T 445	汽车底盘测功机

第五节

机动车安全技术检验机构计算机联网控制系统要求

计算机联网检测系统是安检机构检验业务信息系统的核心组成部分,主要包含计算机控制系统和检测仪器设备两部分,必须满足现行相关标准的要求,控制系统和检测仪器设备联网后可实现自动化检测过程。

一、控制系统的要求

1.控制系统组成与架构

控制系统主要由业务管理系统和检验控制系统等组成,如图 8-1 所示。其中业务管理系统主要由数据库、登录、查询统计、用户管理、日志管理和报表打印等模块组成;检验控制系统由检验调度、智能终端和二次仪表等组成,可根据其业务类型,分为人工检验检车工位、仪器设备检验检车工位和路试检验检车工位三种。

2.运行环境

(1) 供配电与接地

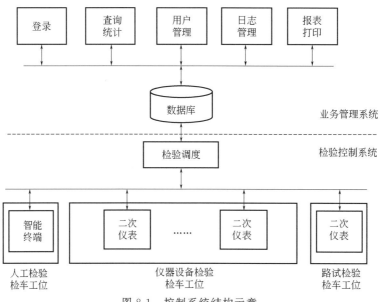

图 8-1 控制系统结构示意

① 总配电容量应与检验机构的总用电量相适应,电压波动应不大于±10%,频率波动应不大于±1Hz。

② 应选用 GB 14050 中规定的 TT 接地型式,安全保护地的接地电阻应不大于 4Ω。

③ 设置防雷保护地,其接地电阻应不大于 10Ω,且与安全保护地或交流工作地不应有电气连接。

(2) 计算机房

① 室内温度范围应为 5~30℃,相对湿度应不大于 85%。

② 安全条件应按照 GB 9361 规定的场地选择 C 类、防火 C 类、空调系统 C 类、火灾报警及消防设施 C 类、电磁波防护 C 类、计算机房内部装修 B 类、供配电系统 B 类、防水 B 类、防静电 B 类、防雷击 B 类和防鼠害 B 类综合执行。

3. 检验控制系统

检验控制系统主要由二次仪表、智能终端和检验调度系统组成。

(1) 二次仪表

① 应能通过通信接口与调度系统通信并传输检验的结果数据。

② 应能完成受控设备机械动作控制和检验数据的实时采样、处理、显示、传输。

③ 采样过程应涵盖测量对象有效状态的全过程。

④ 应能实时给出按 GB 18565 要求进行计算和按 GB 8170 进行数值修约后的数据。

⑤ 对于自动采集的数据和计算的结果,二次仪表不得提供任何篡改数据的功能。

⑥ 对于通过模拟通道采样的制动力信号,每路信号相邻记录点间隔时间应不大于 10ms,信号同步记录时刻的时间差应不大于 0.5ms。

⑦ 应具有检验过程状态输出接口,其至少应能输出检验开始、结束和采样开始、结束状态信息。接口协议应对联网监管方公开。

⑧ 经过软硬件滤波后,有关检验项目的过程曲线应平滑而不失真。软硬件滤波参数、算法应对联网监管方公开。

⑨ 应具有标定用的人机交互功能。
⑩ 应具有标定手动清零功能。
⑪ 应能根据输入的标准值自动计算完成标定并保存系数。
⑫ 在标定时应能实时显示测量值。
⑬ 在联网和单机状态下，二次仪表应能独立完成检验过程。
（2）智能终端
应具备通过拍照实现车辆身份确认功能。照片应包含表 8-4 规定的类型。

表 8-4　车辆身份确认照片

序号	拍摄照片	要求
1	VIN 码照片	能清晰看到 VIN 码
2	前斜视 45°照	能清晰显示车辆的前外观、车辆号牌
	后斜视 45°照	能清晰显示车辆的后外观、车辆号牌

① 应具有与数据库中已有车辆身份信息比对的功能。
② 应具有人工检验结果输入功能。
（3）检验调度系统
① 应能根据检验设备的检验能力对已登录车辆、检验人员以及智能终端和检车工位控制系统进行调度，完成车辆应检项目的检验。
② 每个项目检验完成后，都应将受检车辆的检验数据（含对象有效状态的全过程数据、起止时间信息、计算结果等）保存并记录到数据库中。
③ 应具有对重要工位（包括不限于：动力性工位右后、制动工位右后、底盘检验工位、前照灯工位左前）拍照的功能。
④ 检车单元上一个受控设备出现故障时，检验调度系统应能使该受控设备及关联设备承担的检验项目在本次检验中取消，剩余项目应仍能作为一个整体继续进行自动检验。当受控设备故障排除后，对应车辆再次检验时，检验调度系统应能自动调度检验对应项目。
⑤ 具备联网读取数据功能的路试设备应采用联网自动读取数据方式，其他设备可由人工方式录入路试数据和结果。路试数据应与测试数据有区分标志以便备查。

4. 业务管理系统

（1）数据库
① 应具有 C2 级安全性和企业级可靠性。
② 应具有自动定时备份功能。
③ 应能保存所有已录入的车辆信息。
（2）登录　应具有受检车辆车型检验所需的相关信息的录入功能。
（3）用户管理
① 应具有增加、删除和编辑控制系统管理员、信息登录员、引车员、检验员等用户的功能。
② 应具有控制系统用户密码管理功能。
③ 应具有控制系统用户权限管理功能。
（4）查询统计
① 查询功能。
a.应能按照多种组合条件查询出指定受检车辆相关检验信息并显示。

b. 应能显示检验标准。

c. 应能查询受检车辆的检验报告信息。

② 统计功能。

a. 应能按照年、月或指定时间间隔进行统计。

b. 应能统计汽车检验总数、初检数和复检数。

c. 应能统计汽车检验初检合格率和复检个次合格率。

d. 应能统计汽车各检验项目的合格率。

e. 应能统计引车员、检验员检验辆次和初检合格率、复检个次合格率。

f. 应能统计不同车型检验数量和合格率。

g. 应能统计不同业务类型的检验数量和合格率。

h. 统计数据应能形成清晰明了的报表并能输出、打印。

(5) 日志管理

① 每条日志都应包括操作时间、登录位置、用户、操作内容、操作结果、操作类型和操作条件等内容。

② 应具有按条件查询和查阅的功能。

③ 不得具有编辑、删除功能。

(6) 报表打印　应按 GB 18565 规范的格式打印检验报告。

5. 数据信息规范

检验业务系统相关数据信息内容，如车辆信息表、检验信息表、人工数据表、制动数据表、灯光数据表、车速数据表、侧滑数据表、外廓尺寸数据表、路试数据表等，其参数项、类型、长度、分类以及格式等应满足安检机构要求。

6. 性能与工艺

(1) 检车能力　控制系统应具有多个检车单元的控制检测能力，其控制检测应不影响正常的车流速率。

(2) 容错能力

① 控制系统不应因为人工误操作引起损坏。

② 当控制系统遭遇人为干扰，或一个受控设备出现失效恢复，或一个检车单元控制系统局部硬件出现失效恢复时，控制系统经过人工排除干扰，对该检车单元的受检车辆执行不超过该单元检验能力范围的重测后，应保证受检车辆队列中所有车辆的检验连续性、数据完整性和数据有效性，不应出现软件系统崩溃。

(3) 安全性　当检测设备各部件机械动作时序不当，或设备硬件系统出现故障，或软件系统出现故障时，控制系统应具备一定的安全性，避免车辆和检测设备的损坏以及人员伤亡。控制系统的安全性应符合 GB 17895 规定的第三级（安全标记保护级）及以上的安全等级。

(4) 维护性

① 控制系统软件的发布应采用安装包方式，使用户能自主地恢复工作程序。

② 软件升级时应能够继承原有数据。

③ 设备应具有安装维护的图纸和手册、设备互联接线图表、使用手册、装箱清单。

④ 控制系统应具有操作说明书、故障排除手册。

二、检测仪器设备的联网要求

检测设备联网有以下两方面的要求。

① 检测设备应具备数据联网传输功能,为计算机联网控制创造条件,设备所提供的数据接口应符合相关要求,实现实时传输数据。

② 检测设备应配置二次仪表,用来对联网计算机采集的数据进行比对,并在软件系统崩溃时能够完成手动检车作业。

第九章

机动车安全技术检验机构内部管理

随着社会的发展和人们生活水平的提高，公众对安检机构的要求也越来越高。为了保证安检机构出具的检验报告单准确、公正、具有可信的效力，安检机构必须建立一套科学有效的质量管理体系，对机动车安全技术检验的全部工作进行有效控制，积极解决工作中出现的问题，不断改进管理办法，才能保证安检机构质量管理体系持续高效运行。同时，安检机构申请取得计量认证，要按照制度规定做全方面的准备工作，特别是管理体系的建立和运行。

本章主要从安检机构的内部管理制度、管理体系文件、内部审核及管理评审等方面进行讨论。

第一节 内部管理制度

一、管理体系的组成

从质量管理体系的本质上来说，主要由组织机构、职责、程序、过程和资源五个部分组成。

1. 组织机构

组织机构是指安检机构发展、完善到一定程度，在其内部形成的结构严密、相对独立，并彼此传递或转换能量、物质和信息的系统，其任务是协调机构内部的各种关系，有效运用每个成员的才智，充分发挥组织系统的力量，达成团体的目标。组织机构是实施质量方针和目标的组织保证。

2. 职责

职责是指安检机构相关人员为履行一定的组织职能或完成工作使命，所负责的范围和承担的一系列工作任务，以及完成这些工作任务所需承担的相应责任，同时，也应该包括安检机构各个部门在管理体系中承担的任务和责任。

3. 程序

程序是指为进行某项活动或过程所规定的途径，或为完成某项具体工作需要遵循的规定。主要规定按特定顺序开展工作的细节，即所谓"5W1H"，何事、何人、何时、何处、何故、如何进行控制和记录。要求明确输入、输出和整个流程中各个环节的转换内容，要做到规范性、科学性、强制性和稳定性。

4. 过程

通过使用资源和管理，将输入转化为输出的活动可视为过程。通常，一个复杂的大过程可以分解为若干个简单的小过程，一个过程的输出直接形成下一个过程的输入。

5. 资源

资源包括人力资源、物质资源和工作环境，是保证安检机构体系运行、实施质量方针的基础。

二、管理体系的特性

1. 符合性

欲有效开展质量管理，必须设计、建立、实施和保持质量管理体系。机构负责人对依据《检验检测机构资质认定评审准则》建立、实施和保持质量管理体系的决策负责，对建立合理的组织结构和提供适宜的资源负责；质量负责人对形成文件的程序的制定和实施，过程的建立和运行负直接责任。

2. 唯一性

质量管理体系的设计和建立，应结合安检机构的质量目标、过程特点和实践经验。因此，不同机构的质量管理体系有不同的特点。

3. 系统性

质量管理体系是相互关联和作用的组合体，包括：组织结构和职责，合理的组织机构和明确的职责、权限及其协调的关系；程序，规定到位的、形成文件的程序和作业指导书，是过程运行和活动进行的依据；过程，质量管理体系的有效实施，是通过其所需过程的有效运行来实现的；资源，必需、充分且适宜的资源包括人员、资金、设施、设备、料件、能源、技术和方法。

4. 全面有效性

质量管理体系的运行应是全面有效的，既能满足组织内部质量管理的要求，又能满足组织与顾客的合同要求，还能满足第二方认定、第三方认证和注册的要求。

5. 预防性

质量管理体系应能采用适当的预防措施，有一定的防止重要质量问题发生的能力。

6. 动态性

机构负责人定期批准进行内部质量管理体系审核，定期进行管理评审，以改进质量管理体系；还要支持质量职能部门（含车间）采用纠正措施和预防措施改进过程，从而完善体系。

7. 持续受控

质量管理体系所需求过程及其活动应持续受控。质量管理体系应最佳化，安检机构应综合考虑利益、成本和风险，通过质量管理体系持续有效运行使其最佳化。

三、管理体系的建立

安检机构应按相关规定建立管理体系，应将其政策、制度、计划、管理程序、检测规范等制定成文件，构成管理体系文件；管理体系应覆盖检测工作的全部要素。

管理体系的建立一般包括以下几个方面。

1. 统一认识，教育培训

质量体系建立和完善的过程，是始于教育、终于教育的过程，也是提高认识和统一认识的过程，教育培训要分层次、循序渐进地进行。

对于安检机构负责人等决策层来说，明确决策层领导在质量体系建设中的关键地位和主导作用，要做到统一思想，统一认识，步调一致。对于管理层和执行层来说，主要是进行《检验检测机构资质认定评审准则》和质量体系方面的教育培训，使安检机构的全体人员深刻认识到建立质量管理体系的重要性，掌握相关内容和要求，理解各自在建立质量管理体系工作中的职责和作用。

2. 组织落实，拟定计划

尽管质量体系建设涉及安检机构的所有部门和全体职工，但对多数机构来说，需要成立一个精干的工作班子，这个班子可分三个层次。

第一层次，成立以机构负责人为组长，质量负责人为副组长的质量体系建设领导小组（或委员会）。其主要任务包括：体系建设的总体规划，制定质量方针和目标，以及按职能部门进行质量职能的分解。

第二层次，成立由各职能部门领导（或代表）参加的工作班子。这个工作班子一般由质量部门和计划部门的领导共同牵头，其主要任务是按照体系建设的总体规划具体组织实施。

第三层次，成立要素工作小组。根据各职能部门的分工明确质量体系要素的责任单位，例如，"设计控制"一般应由设计部门负责，"采购"由物资采购部门负责。组织和责任落实后，按不同层次分别制订工作计划，在制订工作计划时应注意以下几点。

（1）目标要明确　要完成什么任务？要解决哪些主要问题？要达到什么目的？

（2）要控制进程　建立质量体系的主要阶段要规定完成任务的时间表、主要负责人和参与人员，以及他们的职责分工及相互协作关系。

（3）要突出重点　重点是体系中的薄弱环节及关键的少数，这个少数可能是某个或某几个要素，也可能是要素中的一些活动。

3. 确定质量方针，制定质量目标

质量方针体现了一个组织对质量的追求，对顾客的承诺，是职工质量行为的准则和质量工作的方向。机构负责人要根据工作内容、性质和要求，主持制定符合自身实际情况的质量方针和质量目标，以便指导质量体系的设计、建设工作，具体要求是：

① 与总方针相协调；
② 应包含质量目标；
③ 结合组织的特点；
④ 确保各级人员都能理解和坚持执行。

4. 分析现状，确定过程和要素

分析现状，是为了合理地选择体系要素，安检机构的最终目的是提供准确的机动车安全技术检验报告，它是经过了各个检验过程完成的。因此，对各质量体系要素必须作为一个有机的整体去考虑，了解和掌握各要素要达到的目标，按照《检验检测机构资质认定评审准则》的要求，结合自身的检验工作和实施要素的能力进行比较分析，确定检验报告形成过程中的质量环并加以控制，合理地选择体系要素。分析现状主要包括以下内容。

① 体系情况分析。分析本组织的质量体系情况，以便根据所处的质量体系情况选择质量体系要素的要求。

② 产品特点分析。分析产品的技术密集程度、使用对象、产品安全特性等，以确定要素的采用程度。

③ 组织结构分析。组织的管理机构设置是否适应质量体系的需要。应建立与质量体系相适应的组织结构并确立各机构间的隶属关系和联系方法。

④ 检测设备、环境条件能否适应质量体系的有关要求。

⑤ 技术、管理和操作人员的组成、结构及水平状况的分析。

⑥ 管理基础工作情况分析，即标准化、计量、质量责任制、质量教育和质量信息等工作的分析。

5. 确定机构，分配职责，配备资源

因为在安检机构中除质量管理外，还有其他各种管理。在完成落实质量体系要素并展开为对应的质量活动以后，必须将活动中相应的工作职责和权限分配到安检机构各职能部门。一方面是客观展开的质量活动；另一方面是人为的现有的职能部门，两者之间的关系处理，一般来讲，一个质量职能部门可以负责或参与多个质量活动，但不要让一项质量活动由多个职能部门来负责。在活动展开的过程中，必须设计相应的硬件、软件和人员配备，根据需要应进行适当的调配和充实。

6. 质量管理体系文件化

管理体系很大程度上是通过文件的形式表现出来的，管理体系文件是管理体系存在的基础和证据，是规范安检机构工作和全体人员行为，达到管理目标的管理依据。管理体系文件一般包括质量手册、程序文件、作业指导书、质量记录等方面内容。

质量体系文件的编制内容和要求，从质量体系的建设角度讲，应强调以下几个问题。

① 体系文件一般应在第一阶段工作完成后才正式制定，必要时也可交叉进行。如果前期工作不做，直接编制体系文件就容易产生系统性、整体性不强，以及脱离实际等弊病。

② 除质量手册需统一组织制定外，其他体系文件应按分工由归口职能部门分别制定，先提出草案，再组织审核，这样做有利于今后文件的执行。

③ 质量体系文件的编制应结合安检机构的质量职能分配进行。按所选择的质量体系要求，逐个展开为各项质量活动（包括直接质量活动和间接质量活动），将质量职能分配落实到各职能部门。质量活动项目和分配可采用矩阵图的形式表述，质量职能矩阵图也可作为附件附于质量手册之后。

④ 为了使所编制的质量体系文件做到协调、统一，在编制前应制定"质量体系文件明细表"，将现行的质量手册（如果已编制）、企业标准、规章制度、管理办法以及记录表式收集在一起，与质量体系要素进行比较，从而确定新编、增编或修订质量体系文件项目。

⑤ 为了提高质量体系文件的编制效率，减少返工，在文件编制过程中要加强文件的层次间、文件与文件间的协调。尽管如此，一套质量好的质量体系文件也要经过自上而下和自下而上的多次反复。

⑥ 编制质量体系文件的关键是讲求实效，不走形式。既要从总体上和原则上满足《检验检测机构资质认定评审准则》要求，又要在方法上和具体做法上符合本单位的实际。

第二节

内部管理体系文件

质量管理体系文件的编制通常与组织中的过程和（或）适用的质量标准的结构保持一致。安检机构根据其自身的需要也可以采用任何其他的方式。

图 9-1 典型的质量管理体系文件的层次结构

质量管理体系文件可以采用自上而下的层次结构。这种文件结构有利于文件的发放、保持和理解。图 9-1 说明了典型的质量管理体系文件的层次结构。A 层：根据所阐明的质量方针和质量目标描述质量管理体系。B 层：描述实施质量管理体系所需的相互关联的过程和活动。C 层：由详细的作业文件构成。文件的层次结构取决于组织的具体情况。

管理体系文件一般包括质量手册、程序文件、作业指导书、质量管理体系记录等方面内容。

一、质量手册

质量手册是对质量体系作概括表述、阐述及指导质量体系实践的主要文件，是企业质量管理和质量保证活动应长期遵循的纲领性文件。对于机动车安全技术检验机构来说，它是规定安检机构质量管理体系的文件，阐明了安检机构的质量方针，是证明或描述质量体系的主要文件。

质量方针和质量目标应当形成文件，并可作为独立的一份文件或质量手册的一部分。

1. 内容

每个安检机构的质量手册都具有唯一性。允许各类安检机构在将其质量管理体系形成文件时,在文件的结构、格式、内容或表述的方法方面有灵活性。

对小型机构而言,将对质量管理体系整体的描述(包括按照 GB/T 19001 要求建立的所有程序文件)写入一本质量手册中可能是适宜的。对大型、跨国的机构(如跨国的、国家的或地区的)而言,可能需要在不同的层次上形成相应的质量手册,并且文件的层次结构也更为复杂。

质量手册应当包括质量管理体系的范围,任何删减的细节与合理性,程序文件或其引用,对质量管理体系过程及其相互作用的描述。

安检机构的有关信息,如名称、地址和联络方法也应当包括在质量手册中。质量手册还可包括诸如安检机构的业务流程,对机构的背景、历史和规模的简要描述等附加信息。

质量手册应当包括以下 2~9 条中所述内容(但不必按照同一顺序)。

2. 标题和范围

质量手册的标题和范围应当明确使用手册的机构。质量手册应当引用建立质量管理体系所依据的质量管理体系标准。

3. 目录

质量手册的目录应当列出每个部分的序号、标题及其位置。

4. 评审、批准和修订

质量手册中应当明确质量手册的评审、批准、修订状态和日期。可行时,应当在文件或附件中明确更改的性质。

5. 质量方针和质量目标

如果安检机构决定在质量手册中阐述质量方针,质量手册可包括对质量方针和质量目标的陈述。安检机构可以决定在其他质量管理体系文件中规定实现质量目标的具体指标。质量方针应当包括对满足要求和持续改进质量管理体系有效性的承诺。

质量目标通常源自安检机构的质量方针并且是能够实现的。当质量目标被量化时,目标就成为指标并且是可测量的。

6. 组织、职责和权限

质量手册应当包括对安检机构结构的描述。职责、权限及其相互关系可以用安检机构结构图、流程图和(或)岗位说明书等方式表示。这些文件可直接包括在质量手册中或被质量手册所引用。

7. 引用文件

质量手册应当包括一个引用文件的清单,但这些被引用的文件并不包括在质量手册中。

8. 质量管理体系的描述

质量手册应当对质量管理体系及其实施进行描述。质量手册还应当包括对过程及其相互作用的描述。质量手册应当包括或引用程序文件。

安检机构应当按过程的顺序、所采用标准的结构或任何适合于组织的顺序将其质量管理体系形成文件。以对照表的方式说明采用的标准与质量手册内容的相互关系可能是一种有效的方法。

质量手册应当反映安检机构为实现其方针和目标所采用的方法。

9. 附录

质量手册中可以包括含有其支持信息的附录。

二、程序文件

程序文件是详细描述过程的文件。程序文件的内容应包括标题、目的、范围、职责和权限、活动的描述、记录、附录等内容。

1. 结构和格式

程序文件的结构和格式应当由安检机构通过文字内容、流程图、表格以及上述形式的组合,或机构所需要的任何其他适宜的方式做出规定。程序文件应当包括必要的信息(程序文件的内容)并且应当具有唯一性标识。

程序文件可引用作业指导书,作业指导书规定了开展活动的方法。程序文件通常描述跨职能的活动,作业指导书则通常适用于某一职能内的活动。

2. 内容

(1) 标题　标题应当能明确识别程序文件。

(2) 目的　程序文件应当规定其目的。

(3) 范围　程序文件应当描述其范围,包括适用与不适用的情况。

(4) 职责和权限　程序文件应当明确人员和(或)安检机构职能部门的职责和权限,以及它们在程序所描述的过程和活动中的相互关系。可采用流程图和文字描述的方式予以明确。

(5) 活动的描述　对活动描述的详略程度取决于活动的复杂程度、使用的方法以及从事活动的人员所必需的技能和培训的水平。无论其详略程度如何,适用时,对活动的描述应当考虑以下方面:

① 明确安检机构及其顾客和供方的需要;

② 以与所要求的活动相关的文字描述和(或)流程图的方式描述过程;

③ 明确做什么,由谁或哪个职能部门做,为什么、何时、何地以及如何做;

④ 描述过程控制以及对已识别的活动的控制;

⑤ 明确完成活动所需的资源(人员、培训、设备和材料);

⑥ 明确与要求的活动有关的文件;

⑦ 明确过程的输入和输出;

⑧ 明确要进行的测量。

安检机构可以决定将上述部分内容在作业指导书中加以描述是否更为适宜。

(6) 记录　在程序文件的该部分或其他相关部分应当规定所涉及活动的记录,适用时应当明确这些记录所使用的表格,应当规定记录的填写、归档以及保存的方法。

(7) 附录　在程序文件中可包括附录,其中包含一些支持性的信息,如图表、流程图和表格等。

3. 评审、批准和修订

应当明确程序文件的评审和批准以及修订的状态及日期。

4. 更改的标识

可行时，应当在文件或其附件中明确更改的性质。

三、作业指导书

作业指导书是有关任务如何实施和记录的详细描述。作业指导书可以形成文件，也可以不形成文件。作业指导书可以是详细的书面描述、流程图、图表、模型、图样中的技术注释、规范、设备操作手册、图片、录像、检查清单，或这些方式的组合。作业指导书应当对使用的任何材料、设备和文件进行描述。必要时，作业指导书还可包括接收准则。

1. 结构和格式

对没有作业指导书就会产生不利影响的所有活动，应当制定并保持作业指导书对其实施进行描述，制定和表述作业指导书可以有多种方式。作业指导书应当包括标题和唯一性标识。

作业指导书的结构、格式以及详略程度应当适合安检机构中人员使用的需要，并取决于活动的复杂程度、使用的方法、实施的培训以及人员的技能和资格。

作业指导书的结构可不同于程序文件，但可包括在程序文件中或被其引用。

2. 内容

作业指导书应当描述关键的活动。作业指导书的详略程度应当足以对活动进行控制。如果相关人员已经获得了正确开展工作所需的必要信息，培训可以降低对作业指导书详尽程度的需求。

3. 作业指导书的类型

尽管没有对作业指导书的结构和格式提出要求，但作业指导书通常应当描述作业的目的和范围以及目标，并引用相关的程序文件。

无论采用何种格式或组合，作业指导书都应当与作业的顺序相一致，准确地反映要求及相关活动。为避免混乱和不确定性，应当规定和保持作业指导书的格式或结构的一致性。

4. 评审、批准和修订

安检机构应当提供作业指导书评审和批准的明确证据以及修订的状态和日期。

5. 记录

适用时，作业指导书中规定的记录应当在此部分或其他有关的部分加以明确。在 GB/T 19001 中明确了所要求的最少记录。作业指导书中应当规定记录的填写、归档以及保存的方法，适用时还应当明确这些记录所使用的表格。

6. 更改的标识

可行时，在文件或有关的附件中应当明确更改的性质。

四、质量管理体系记录

质量管理体系记录需阐明获得的结果或提供证据，以表明程序文件和作业指导书中所规定的活动已经得到了实施。质量管理体系记录应当能够表明质量管理体系的要求和产品的规定要求得到了满足。在质量管理体系文件中应当阐明记录的职责。由于记录不得更改，通常不对其实施修订控制。

记录、报告格式应符合 GB 21861 规定的要求，包含的信息齐全，并由相关人员签字确认。记录、报告应以便于存取的方式保存在安全的环境中，并符合相关规定。记录、报告的保存期限不少于 6 年。

计算机应具备将记录、报告自动生成存盘的控制程序和口令权限，防止未经授权的侵入、修改及数据丢失。

五、表格

制定和保持表格是为了记录有关的数据，以证实满足了质量管理体系的要求。

表格应当包括标题、标识号、修订的状态和日期。表格应当被引用或附在质量手册、程序文件和（或）作业指导书中。

六、质量计划

质量计划是质量管理体系文件的组成部分。

质量计划只需引用质量管理体系文件，说明其如何应用于特定的情况，明确组织如何完成具体产品、过程、项目或合同所涉及的特定要求并形成文件。

应当规定质量计划的范围。质量计划可包括特定的程序、作业指导书和（或）记录。

七、规范

规范是阐明要求的文件。因为规范完全取决于产品或组织，所以本书不再进一步展开论述。

八、外来文件

安检机构应当在质量管理体系文件中明确哪些是外来文件并对其进行控制。外来文件可包括顾客的图样、规范、法律和法规要求、标准、规章和维护手册。

第三节

内部审核及管理评审

管理体系文件在编制完成后，管理体系将进入试运行阶段。其目的是通过试运行，考验管理体系文件的有效性和协调性，并对暴露出的问题进行改进和纠正。另外，要进行管理体系的审核与评审，这在体系建立的初期往往更为重要，在这一阶段，主要是验证和确认体系文件的适用性及有效性，要求符合《检验检测机构资质认定评审准则》要求。最后，审核与评审通过后，管理体系即可正式运行。

本节主要讨论管理体系的内部审核与管理评审阶段的内容。

一、内部审核

为保证管理体系按要求运行，促进管理体系规范有序的运作，以期达到预期的目的和要求，检验机构应当对管理体系开展内部审核，即对管理体系运行的符合性进行自我评价。

内部审核，有时称第一方审核，是检验检测机构按照管理体系文件规定，对其管理体系的各个环节组织开展的有计划的、系统的、独立的检查活动。内部审核是管理体系的组成部分，是管理体系自身的要求，不能将其视为管理体系之外的要求。

1. 内部审核的要求

① 为了保证检验机构内部审核工作的计划性、系统性和独立性，安检机构应当编制内部审核管理程序，对内部审核工作的各个环节进行规范。

② 内部审核通常每年进行一次，由质量负责人策划内审并制定审核方案。

③ 内审员须经过培训，具备相应资格，内审员应独立于被审核的活动。

④ 安检机构应：

a. 依据有关过程的重要性、对检验机构产生影响的变化和以往的审核结果，策划、制定、实施和保持审核方案，审核方案包括频次、方法、职责、策划要求和报告；

b. 规定每次审核的准则和范围；

c. 选择审核员并实施审核；

d. 确保将审核结果报告给相关管理者；

e. 及时采取适当的纠正和纠正措施；

f. 保留形成文件的信息，作为实施审核方案以及做出审核结果的证据。

2. 内部审核的基本步骤

（1）内部审核的策划与准备　确定审核组成员并编制审核计划。审核组成员应包括审核组长和特定审核所需要的技术专家。审核组长应根据审核方案和受审核方提供的文件中包含的信息编制审核计划。同时准备工作文件，用于审核过程的参考和记录审核证据。这些工作文件可包括《质量手册》《程序文件》《作业指导书》《现场审核检查记录表》等。

（2）内部审核的实施

① 举行首次会议，介绍审核组成员，确认所有有关方对审核计划的安排并达成一致，确保所策划的审核活动能够实施。

② 审核实施阶段的文件评审。应评审受审核方的相关文件，以确定文件所述的体系与审核准则的相符合。

③ 在审核中，内审员要与受审部门负责人进行及时的沟通，对信息进行收集和验证，并做好记录，及时采取适当的纠正措施，对发现的不符合项应当场指出，最后对审核情况进行综合分析，得出审核结论。

④ 举行末次会议。审核组长应主持末次会议，以受审核方管理者理解和认同的方式提出审核发现和审核结论。

（3）内审报告的编写　内审报告是审核组结束现场审核后必须编写的重要文件，报告应对审核过程中发现的问题做出统计、分析、归纳和评价。内审报告经内审组成员通过并签字，报质量负责人批准后分发至各部门。

（4）跟踪审核验证　跟踪审核验证是内审工作的延伸，同时也是对受检方采取的纠正措施进行审核验证，对纠正结果进行判断和记录的一系列活动。内审组应进行及时的跟踪验证，确认不符合项的纠正结果，做好跟踪验证记录并整理归档。

3. 评审要点

① 安检机构是否制定了内部审核控制程序。
② 安检机构是否按照程序规定开展了内部审核，审阅其完整的内审资料。
③ 安检机构内审工作程序是否规范，记录是否齐全，不符合报告是否事实清楚、定性清楚，针对不符合工作制定的纠正措施是否合理，纠正措施是否实施，对实施的结果是否进行了验证等。
④ 每个年度的内审工作是否包括管理体系的所有要素、是否覆盖了安检机构的所有部门和工作场所。
⑤ 内审人员是否进行了资格确认，是否进行了相关培训，是否做到了独立于被审核的工作等。

二、管理评审

管理评审就是安检机构负责人为评价管理体系的适宜性、充分性和有效性所进行的活动。管理评审的主要内容是机构负责人就管理体系的现状、适宜性、充分性和有效性以及方针和目标的贯彻落实与实现情况组织的综合评价活动，其目的就是通过这种评价活动来总结管理体系的业绩，并从当前业绩上考虑找出与预期目标的差距，同时还应考虑任何可能改进的机会，并在研究分析的基础上，对安检机构在市场中所处地位及竞争对手的业绩予以评价，从而找出自身的改进方向。

管理评审主要内容包括：政策和程序的适用性；管理人员和监督人员的报告；近期内部审核结果报告；纠正措施和预防措施报告；由外部机构进行的评审结果报告；实验室间比对和参加能力验证结果的报告；工作量和工作类型的变化报告；申诉、投诉及客户的反馈报告；改进的建议报告；质量控制活动和人员培训报告。

1. 管理评审的要求

① 安检机构应当制定管理评审程序，明确管理评审的目的、计划、内容、方法、时机以及结果报告等工作要求。
② 管理评审通常 12 个月进行一次，由最高管理者负责。
③ 最高管理者应确保管理评审后，得出的相应变更或改进措施予以实施，确保管理体系的适宜性、充分性和有效性。
④ 应保留管理评审的记录。
⑤ 管理评审作为一个工作"过程"，安检机构应当明确"过程"的输入和输出。
⑥ 管理评审的输入应包括以下事项：
a. 检验检测机构相关的内外部因素的变化；
b. 目标的可行性；
c. 政策和程序的适用性；
d. 以往管理评审所采取措施的情况；
e. 近期内部审核的结果；
f. 纠正措施；
g. 由外部机构进行的评审；

h. 工作量和工作类型的变化或检验检测机构活动范围的变化;

i. 客户和员工的反馈;

j. 投诉;

k. 实施改进的有效性;

l. 资源配备的合理性;

m. 风险识别的可控性;

n. 结果质量的保障性;

o. 其他相关因素,如监督活动和培训。

⑦ 管理评审输出应包括以下内容:

a. 管理体系及其过程的有效性;

b. 符合本标准要求的改进;

c. 提供所需的资源;

d. 变更的需求。

2. 管理评审的步骤

(1) 管理评审的策划与准备　质量负责人根据内审报告制定管理评审计划,一般包括:评审目的、评审组成员、评审时间及评审内容。在管理评审的准备过程中,应针对评审的内容进行事前调查,做到有的放矢。同时,相关部门及部门负责人按照管理评审实施计划的要求提供管理评审所需准备的资料,以便做好管理评审前的准备工作。

(2) 管理评审的实施　机构负责人召开和主持评审会议,质量负责人报告检测机构管理体系运行情况,内审组长汇报内审结果情况,参加评审的各部门负责人对各自分管的工作进行汇报,与会人员根据管理体系运行情况报告讨论并评审体系的运行情况,提出改进的项目与措施。机构负责人或质量负责人做出评审结论,对评审后的纠正、预防措施明确责任部门和完成日期。

(3) 管理评审报告的编写　会议结束后,由质量负责人根据评审结论编写管理评审报告,经过机构负责人签字审批后,及时分发至各部门。

(4) 监督与确认　管理评审报告经过机构负责人审批后,由质量负责人对改进措施的完成情况进行监督和控制,做好跟踪验证记录并整理归档。

3. 评审要点

① 安检机构是否编制了管理评审控制程序文件。

② 管理评审工作是否按照规定和计划组织实施,每次评审输入是否明确,评审是否充分,结果是否恰当。

③ 管理评审报告提出的有关措施是否纳入改进,其结果是否得到改进。

第十章 机动车安全技术检验机构资质监督管理

根据《中华人民共和国道路交通安全法实施条例》第十五条的规定，质量技术监督部门负责对机动车安全技术检验机构实行资格管理和计量认证管理，对机动车安全技术检验设备进行检定，对执行国家机动车安全技术检验标准的情况进行监督。本章主要从机动车安全技术检验机构资质认定、资质认定许可办理流程、监督管理的内容和要求、监督检查结果处理几个方面进行介绍。

第一节 机动车安全技术检验机构资质认定

资质认定，是指国家认证认可监督管理委员会（以下简称国家认监委）和省级质量技术监督部门依据有关法律法规和标准、技术规范的规定，对检验检测机构的基本条件和技术能力是否符合法定要求实施的评价许可。资质认定包括检验检测机构计量认证。

计量认证，是指质量技术监督部门依据有关法律、行政法规的规定，对为社会提供公证数据的产品质量检验机构的计量检定、测试设备的工作性能、工作环境、人员的操作技能、保证量值统一、准确的措施及检验数据公正可靠的质量体系能力进行的考核。计量认证是我国规范检验市场、管理检验机构的一项基本的资质要求，是具有法律依据的一项行政许可制度。

2005年，根据国家质检总局、公安部、国家认监委《关于加强机动车安全技术检验机构管理有关工作的通知》（国质检监联〔2005〕39号），依据《中华人民共和国道路交通安全法》《中华人民共和国道路交通安全法实施条例》，机动车安全技术检验机构应当取得计量认证，方可从事机动车辆的安全检验检测工作。为落实39号通知精神，出台了《关于做好机动车安全技术检验机构计量认证工作有关问题的通知》（国认实函〔2005〕64号）。

2007年，为全面贯彻实施《实验室和检查机构资质认定管理办法》及《实验室资质认定评审准则》，统一和规范机动车技术性能检验机构的资质认定评审工作，依据《实验室和检查机构资质认定管理办法》以及机动车技术检验机构管理有关规定，国家认监委组织专家研究制定了《机动车技术性能检验机构资质认定评审补充要求》（国认实函〔2007〕74号）。

2009 年，国家质检总局发布了《机动车安全技术检验机构监督管理办法》（总局第 121 号令）和关于印发《机动车安全技术检验机构资格许可办理程序》等 5 个规范性文件的通知（国质检监〔2009〕521 号）及配套的 5 个规范性文件，是质量技术监督部门做好监督管理工作的指导文件。

2015 年，《检验检测机构资质认定管理办法》经国家质量监督检验检疫总局局务会议审议通过，自 2015 年 8 月 1 日起施行。国家质量监督检验检疫总局于 2006 年 2 月 21 日发布的《实验室和检查机构资质认定管理办法》同时废止。

2015 年 7 月 29 日，国家认监委印发了《国家认监委关于印发检验检测机构资质认定配套工作程序和技术要求的通知》（国认实〔2015〕50 号）、《检验检测机构资质认定　公正性和保密性要求》等 15 份配套工作程序和技术要求，相关文件自发布之日起试行，试行期一年。

2015 年 9 月 24 日，国家质检总局和国家认监委发布了《关于统一机动车安全技术检验机构评审要求并组织实施的通知》（国质检认联〔2015〕438 号），通知中要求，对机动车安全技术检验机构资格许可和资质认定（计量认证）合并形成一套评审要求，统一按照《检验检测机构资质认定管理办法》组织实施。评审要求由《检验检测机构资质认定评审准则》和《检验检测机构资质认定　机动车安全技术检验机构评审补充要求》组成。《检验检测机构资质认定　机动车安全技术检验机构评审补充要求》以现有《机动车安全技术检验机构检验资格许可技术条件》和《机动车技术性能检验机构资质认定评审补充要求》为基础制定。自发文之日起，各地质监部门对机动车安全技术检验机构资格许可和资质认定（计量认证）的申请及其受理、现场审查、发证应当一并办理，分别颁发资格许可和资质认定（计量认证）证书。

2016 年，为实施《检验检测机构资质认定管理办法》相关要求，开展检验检测机构资质认定评审，国家认监委制定了《检验检测机构资质认定评审准则》《检验检测机构资质认定评审准则及释义》《检验检测机构资质认定评审员管理要求》3 份文件，进一步对安检机构计量认证工作进行了明确和补充。

2017 年，国家认监委发布了《国家认监委关于印发检验检测机构资质认定相关配套文件的通知》（国认实〔2017〕10 号），2015 年 7 月 29 日，国家认监委印发了《国家认监委关于印发检验检测机构资质认定配套工作程序和技术要求的通知》（国认实〔2015〕50 号），该通知明确了相关文件试行期一年。经试行并调整完善，正式印发了《检验检测机构资质认定专业技术评价机构管理要求》《检验检测机构资质认定申请书》《检验检测机构资质认定评审报告》《检验检测机构资质认定审核表》等文件。

一、资质认定的条件

国务院有关部门以及相关行业主管部门依法成立的检验检测机构，其资质认定由国家认监委负责组织实施；其他检验检测机构的资质认定，由其所在行政区域的省级资质认定部门负责组织实施。

申请资质认定的机动车安全技术检验机构应当符合以下条件：

① 依法成立并能够承担相应法律责任的法定代表人或者其他组织；
② 具有与其从事检验检测活动相适应的检验检测技术人员和管理人员；
③ 具有固定的工作场所，工作环境满足检验检测要求；
④ 具备从事检验检测活动所必需的检验检测设备设施；
⑤ 具有并有效运行保证其检验检测活动独立、公正、科学、诚信的管理体系；

⑥ 符合有关法律法规或者标准、技术规范规定的特殊要求。

二、资质认定程序

① 申请资质认定的检验检测机构（以下简称申请人），应当向国家认监委或者省级资质认定部门（以下统称资质认定部门）提交书面申请和相关材料，并对其真实性负责。

② 资质认定部门应当对申请人提交的书面申请和相关材料进行初审，自收到之日起 5 个工作日内做出受理或者不予受理的决定，并书面告知申请人。

③ 资质认定部门应当自受理申请之日起 45 个工作日内，依据检验检测机构资质认定基本规范、评审准则的要求，完成对申请人的技术评审。技术评审包括书面审查和现场评审。技术评审时间不计算在资质认定期限内，资质认定部门应当将技术评审时间书面告知申请人。由于申请人整改或者其他自身原因导致无法在规定时间内完成的情况除外。

④ 资质认定部门应当自收到技术评审结论之日起 20 个工作日内，做出是否准予许可的书面决定。准予许可的，自做出决定之日起 10 个工作日内，向申请人颁发资质认定证书。不予许可的，应当书面通知申请人，并说明理由。

三、资质认定证书

1. 资质认定证书内容

资质认定证书内容包括：发证机关、获证机构名称和地址、检验检测能力范围、有效期限、证书编号、资质认定标志。

图 10-1　检验检测机构资质认定标志

检验检测机构资质认定标志，由 China Inspection Body and Laboratory Mandatory Approval 的英文缩写 CMA 形成的图案和资质认定证书编号组成，其式样如图 10-1 所示。

2. 资质认定证书期限

资质认定证书有效期为 6 年。需要延续资质认定证书有效期的，应当在其有效期届满 3 个月前提出申请。

资质认定部门根据检验检测机构的申请事项、自我声明和分类监管情况，采取书面审查或者现场评审的方式，做出是否准予延续的决定。

四、资质认定补充说明

1. 机动车安全技术检验机构申请资质认定法定代表人资格

根据国家有关法律、行政法规规定，机动车安全技术检验机构应当对出具的安全检验检测结果，独立承担法律责任。凡申请资质认定的机动车安全技术检验机构，应当是法定代表人单位。

目前暂不具备独立法定代表人资格的公安交通管理部门管理（或委托）的机动车安全技术检验机构，应当自本通知之日起的一年内取得相应的独立法定代表人资格。在此期间，需凭其所属法定代表人单位的法定代表人代表出具的"授权书"办理资质认定的申请事宜，其安全检验检测活动及检测结果由出具"授权书"的法定代表人单位承担相关法律责任。

自 2005 年 8 月 1 日起，新从事机动车安全技术检验的机构，必须先取得独立法定代表人资格，方可申请办理计量认证。

2. 检测设备要求

① 机动车安全技术检验机构应配备符合《机动车运行安全技术条件》（GB 7258）和《机动车安全技术检验项目和方法》（GB 21861）规定的检测项目要求的检测仪器设备，并经计量检定（校准）合格。

暂不能按照 GB 7258 和 GB 21861 标准满足全部检测项目要求的，发证时应当注明具体检测范围，不得超出实际检测设施的能力范围。

② 检测仪器设备，应当有清晰的产品铭牌、产品检验合格证和制造计量器具许可证等标志。没有或标识不清的，应当监督其整改符合后再予认定。

③ 检测线检测仪器设备应采用计算机联网，实现自动检测。检测报告应当采用标准规定的规范格式，并用计算机打印，不得手写。

3. 计算机联网检测系统要求

① 计算机联网检测系统应当具有车辆登录、规定检测项目、参数的自动检测、检测结果数据的自动传输，以及符合标准要求的检测报告的自动生成、检测数据自动存档、查询、生成统计报表等功能。

② 计算机联网检测系统配置的计算机等硬件和操作系统等软件，应当符合相关标准的要求。

③ 计算机联网检测控制系统，不得改变联网检测仪器设备的测试原理、分辨力、测量结果数据的有效位数和检测结果数据。检测参数的采集、计算、判定应当符合有关标准。

④ 计算机联网检测系统应当建立适用的检测车型数据库和适用的检测标准项目、参数限值数据库，符合行业管理的要求，应当与公安交通管理部门和质量技术监督部门联网。

⑤ 计算机联网检测控制系统应当设置检测标准、系统参数等数据修改的访问权限，防止随意更改检验报告。

4. 申请办理变更手续

有下列情形之一的，检验检测机构应当向资质认定部门申请办理变更手续：
① 机构名称、地址、法定代表人性质发生变更的；
② 法定代表人、最高管理者、技术负责人、检验检测报告授权签字人发生变更的；
③ 资质认定检验检测项目取消的；
④ 检验检测标准或者检验检测方法发生变更的；
⑤ 依法需要办理变更的其他事项。

检验检测机构申请增加资质认定检验检测项目或者发生变更的事项影响其符合资质认定条件和要求的，依照《检验检测机构资质认定管理办法》（总局令第 163 号）规定的程序实施。

5. 检验记录和报告

机动车安全技术检验机构应按照 GB 21861 的规定保存机动车安全技术检验记录和报告，检验记录还包括复检记录和路试记录，其他记录的保存期限为 6 年。机动车安全技术检验机构应当同时具有 GB 21861 中的所述车辆类型中的一类或几类车型的全部检验能力，不得分包。应使用 GB 21861 及其相关标准规定的方法进行检验，依据 GB 7258 的要求进行判定。

第二节

机动车安全技术检验机构资质认定许可办理流程

2015 年 8 月 1 日，《检验检测机构资质认定管理办法》开始实施，国家对安检机构实行资格管理，其中第三条规定，安检机构向社会出具具有证明作用的数据和结果的，应当取得资质认定。对安检机构实行资质认定已经成为质量技术监督部门对安检机构实施管理的重要手段。安检机构应当依照国家有关法律法规的规定，取得计量认证、检验资格许可后，方可在批准的检验范围内承担机动车安全技术检验。

一、安检机构资质认定许可申请

安检机构申请机动车安全技术检验资格许可的或者检验资格许可变更、延续的，应当向资质认定部门提出申请（提出申请的安检机构以下简称"申请人"），并提交"检验检测机构资质认定申请书"及其相关附件。

资质认定部门应当对申请人提交的书面申请和相关材料进行初审，自收到之日起 5 个工作日内做出受理或者不予受理的决定，并书面告知申请人。

1. "检验检测机构资质认定申请书"的其附表（一式两份）

① 检验检测能力申请表。
② 授权签字人申请汇总表、授权签字人申请表。
③ 组织机构框图。
④ 检验检测人员一览表。
⑤ 仪器设备（标准物质）配置表。
⑥ 检验检测机构法定代表人性质变更审批表。
⑦ 检验检测机构人员变更备案审批表。
⑧ 检验检测机构资质认定标准（方法）变更审批表。
⑨ 取消检验检测能力审批表。
⑩ 检验检测机构资质认定名称变更审批表。

2. 随"检验检测机构资质认定申请书"提交的附件

① 典型检验检测报告或证书（每个类别 1 份）。
② 质量手册（1 套）。
③ 程序文件（1 套）。
④ 其他证明文件如下。
a. 法定代表人地位证明文件（适用于首次、复查）。
ⓐ 独立法定代表人检验检测机构需提供法定代表人登记/注册证书。
ⓑ 非独立法定代表人检验检测机构需提供下列材料。
• 检验检测机构设立批文

- 所属法定代表人单位法律地位证明文件
- 法定代表人授权文件
- 最高管理者的任命文件

b. 固定场所产权/使用权证明文件。
c. 管理体系内审、管理评审记录（适用于首次、复查评审）。
d. 从事特殊领域检验检测人员资质证明（适用时）。

二、安检机构资质认定受理

资质认定部门收到申请人的申请后，对申请材料的内容和完整性符合《检验检测机构资质认定管理办法》（以下简称"《管理办法》"）要求的，准予受理，在申请书中填写受理意见，并自收到申请人申请之日起 5 日内向申请人发送"受理决定通知书"。

对申请材料的内容和完整性不符合《管理办法》要求，但可以通过补正达到要求的，应当场或者在 5 日内向申请人发送"行政许可申请材料补正告知书"一次告知，逾期不告知的，自收到申请材料之日起即为受理；对申请材料的内容和完整性不符合要求的，应当做出不予受理的决定，在申请书中填写受理意见，并在 5 日内向申请人发出"不予受理决定通知书"。

三、安检机构资质认定技术评审

资质认定部门应当自受理申请之日起 45 个工作日内，依据检验检测机构资质认定基本规范、评审准则的要求，完成对申请人的技术评审。技术评审时间不计算在资质认定期限内，资质认定部门应当将技术评审时间书面告知申请人。由于申请人整改或者其他自身原因导致无法在规定时间内完成的情况除外。

1. 技术评审类型

技术评审包括书面审查和现场评审。
（1）书面审查　书面审查的类型，包括变更审查和自我声明审查。
① 变更审查。对已获得资质认定的检验检测机构，其机构名称、法定代表人性质、地址、法定代表人、最高管理者、技术负责人、授权签字人、检验检测标准等发生变更，或自愿取消资质认定项目，资质认定部门对其变更情况是否满足资质认定条件进行的书面审核。
② 自我声明审查。对已获得资质认定的检验检测机构，资质认定部门对其的自我声明的书面审核。对于做出自我声明的机构，资质认定部门将在后续监督管理中对其声明内容是否属实进行检查，若发现承诺内容不实，资质认定部门将撤销审批决定，并将相关情况记入诚信档案。
（2）现场评审　现场评审的类型，包括首次评审、变更评审、复查评审和其他评审。
① 首次评审。对未获得资质认定的检验检测机构，在其建立和运行管理体系后提出申请，资质认定部门对其是否满足资质认定条件进行现场确认的评审。
② 变更评审。对已获得资质认定的检验检测机构，其组织机构、工作场所、关键人员、技术能力、管理体系等发生变化，资质认定部门对其是否满足资质认定条件进行现场确认的评审。
③ 复查评审。对已获得资质认定的检验检测机构，在资质认定证书有效期届满前三个

月申请办理证书延续，资质认定部门对其资质是否持续满足资质认定条件进行现场确认的评审。

④ 其他评审。对已获得资质认定的检验检测机构，因资质认定部门监管、处理申诉投诉等需要，对检验机构是否满足资质认定条件进行现场确认的评审。

2. 现场评审准备

(1) 确定实施部门　资质认定部门受理检验检测机构的资质认定申请后，可自行组织实施评审，如需委托专业技术评价组织实施评审，应将如下资料转交专业技术评价组织：

① 检验检测机构提交的"申请书"；
② 检验检测机构的"质量手册""程序文件"（适用时）；
③ 检验检测机构的相关说明；
④ 资质认定评审工作用表。

(2) 组建评审组　资质认定部门或其委托的专业技术评价组织，应根据被评审检验检测机构申请资质认定的检验检测项目和专业类别，按照专业覆盖、就近就便的原则组建评审组。评审组由1名组长、1名以上评审员或技术专家组成。评审组成员应在组长的领导下，按照资质认定发部门或其委托的专业技术评价组织下达的评审任务，独立开展资质认定评审活动，并对评审结论负责。

(3) 材料审查　评审组长应在评审员或者技术专家的配合下对检验检测机构提交的申请材料进行审查。通过审查提交的"检验检测机构资质认定申请书"，对检验检测机构的工作类型、能力范围、检验检测资源配置以及管理体系运作所覆盖的范围进行了解，并依据《检验检测机构资质认定评审准则》及相应的技术标准，对申请人的"质量手册""程序文件"等进行文件符合性审查，对管理体系的运行予以初步评价。

评审组长应当在收到申请材料10个工作日内完成材料审查，并将审查意见反馈给资质认定部门或其委托的专业技术评价组织，当材料不符合要求时，由资质认定部门或其委托的专业技术评价组织通知申请机构更改。

(4) 下发评审通知　材料审查合格后，资质认定部门或其委托的专业技术评价组织向被评审的检验检测机构下发"检验检测资质认定现场评审通知书"，同时告知评审组按计划实施评审。

(5) 编制评审计划　评审组接到现场评审任务后，编写"检验检测机构现场评审日程计划表"。对评审的日期、时间、工作内容、评审组分工等进行策划安排，并就以下问题与被评审的检验检测机构进行沟通：

① 确定评审的日程；
② 确定现场试验项目；
③ 商定交通、住宿等安排。

3. 实施技术评审

(1) 召开预备会议　评审组长在现场评审前应召开全体评审组成员参加的预备会，会议内容包括：

① 评审组长声明评审工作的公正、客观、保密；
② 说明本次评审的目的、范围和依据；
③ 介绍检验检测机构文件审查情况；
④ 明确现场评审要求，统一有关判定原则；

⑤ 听取评审组成员有关工作建议，解答评审组成员提出的疑问；
⑥ 确定评审组成员分工，明确评审组成员职责，并向评审组成员提供相应评审文件及现场评审表格；
⑦ 确定现场评审日程表；
⑧ 需要时，要求检验检测机构提供与评审相关的补充材料；
⑨ 需要时，组长对新获证评审员和技术专家进行必要的培训及评审经验交流。

（2）首次会议　首次会议由评审组长主持召开，评审组全体成员、检验检测机构最高管理者、技术负责人、质量主管和检验检测业务部门负责人应参加首次会议，会议内容如下：
① 组长宣布开会，介绍评审组成员，检验检测机构介绍与会人员；
② 评审组长宣读资质认定部门的评审通知，说明评审的目的、依据、范围、原则，明确评审将涉及的部门、人员；
③ 确认评审日程表；
④ 宣布评审组成员分工；
⑤ 向检验检测机构做出保密的承诺；
⑥ 澄清有关问题，明确限制条件（如洁净区、危险区、限制交谈人员等）；
⑦ 检验检测机构为评审组配备陪同人员，确定评审组的工作场所及评审工作所需资源。

（3）考察检验检测机构场所　首次会议结束，由陪同人员引领评审组进行现场考察，考察检验检测机构相关的办公及检验检测场所。现场参观的过程是观察、考核的过程。有的场所通过一次性的参观之后可能不再重复检查，要利用有限的时间收集最大量的信息。在现场参观的同时要及时进行有关的提问，有目的地观察环境条件、仪器设备、检验检测设施是否符合检验检测的要求，并做好记录。现场参观应在评审日程表规定的时间内完成，防止由于检验检测机构陪同人员过细地介绍，而影响后面的评审工作进程。也不要因个别评审员对某个问题的深入核查而耽误了其他评审员的时间。

（4）现场试验　检验检测机构是否使用合适的方法和程序来进行检验检测应通过现场试验予以考核。通过现场试验，考核检验人员的操作能力以及环境、设备等保证能力。
① 考核项目的选择。首次评审现场试验项目需覆盖申请范围内所有大类，复查评审时可根据具体情况酌情减少。
② 现场试验考核的方式。对检验检测机构的现场试验考核，可采取盲样试验、人员比对、仪器比对、见证实验和报告验证的方式进行。
③ 现场试验结果的应用。
a. 盲样试验、人员比对、仪器比对、过程考核应出具检验检测报告或证书；报告或证书验证应出具检验原始记录或检验检测报告或证书。
b. 在现场操作考核中，如果盲样试验、人员比对、仪器比对的结果数据不合格，或与已知数据明显偏离，应要求检验检测机构分析原因；如属于偶然原因，可安排检验检测机构重新试验；如属于系统偏差，则应认为该检验检测机构不具备该项检验检测能力。
④ 现场试验的评价。现场试验结束后，评审员应对试验的结果进行评价，评价内容如下：
a. 采用的检验检测标准是否正确；
b. 检验检测结果的表述是否准确、清晰、明了；
c. 检验检测人员是否有相应的检验检测经验；
d. 检验检测操作的熟练程度如何；
e. 环境设施和适宜程度；

f. 样品的接收、登记、描述、放置、样品制备及处置是否规范；

g. 检验检测设备、测试系统的调试、使用是否正确；

h. 检验检测记录是否规范。

⑤ 现场提问。现场提问是现场评审的一部分，是评价检验检测机构工作人员是否经过相应的教育、培训，是否具有相应的经验和技能而进行资格确认的一种形式。检验检测机构最高管理者、技术负责人、质量主管、授权签字人、各管理岗位人员以及所有从事检验检测活动的人员均应接受现场提问。

现场提问可与现场参观、操作考核、记录查阅等活动结合进行，也可以在座谈等场合进行。

现场提问的内容中可以是基础性的问题，如就法律法规、评审准则、体系文件、检验检测标准、检验检测技术等方面的提问；也可就评审中发现的问题、尚不清楚的问题进行跟踪性或澄清性提问。对所有的提问都应有相应的记录，以便做出合理的评审结论。

⑥ 查阅质量记录。管理体系过程中产生的记录，以及检验检测过程中产生的记录是复现管理过程和检验检测过程的有力证据。评审组应通过对质量记录的查证，评价管理体系运行的有效性，以及技术操作的正确性。对质量记录的查阅应注重以下问题：

a. 文件资料的控制，以及档案管理是否适用、有效、符合受控的要求，并有相应的资源保证；

b. 检验检测机构管理体系运行记录是否齐全、科学，能否有效反映管理体系运行状况；

c. 原始记录、报告或证书格式内容应合理，并包含足够的信息；

d. 记录做到清晰、准确，应包括影响检验结果的全部信息，如图表、全过程等；

e. 记录的形成、修改、保管符合体系文件的有关规定。

⑦ 填写现场评审记录。对检验检测机构现场评审的过程要记录在"检验检测机构资质认定评审报告"的评审表中。评审员在依据《检验检测机构资质认定评审准则》和评审补充要求对检验检测机构进行评审的同时，应详细记录基本符合和不符合条款及事实。评审结论分为"符合""基本符合""基本符合（需现场复核）""不符合"。

⑧ 现场座谈。通过现场座谈考核检验检测机构技术人员和管理人员基础知识、了解检验检测机构人员对体系文件的理解、澄清现场观察中的一些问题、交流思想、统一认识。座谈一般由以下人员参加：各级管理干部和管理岗位人员、内审员、监督人员以及主要抽样人员、检验检测人员、新增员工。座谈中应该针对以下问题进行提问和讨论：

a. 对《评审准则》的理解；

b. 对检验检测机构体系文件的理解；

c. 《评审准则》和体系文件在实际工作中的应用情况；

d. 各岗位人员对其职责的理解；

e. 各类人员应具备的专业知识；

f. 评审过程中发现的一些问题，以及需要与被评审方澄清的问题。

⑨ 授权签字人考核。授权签字人是指由检验检测机构提名，经过资质认定部门考核合格，签发检验检测报告和证书的人员。

授权签字人应当满足如下条件：

a. 具备中级以上（含中级）职称或准则规定的同等能力；

b. 具备相应的工作经历；

c. 熟悉或掌握有关仪器设备的检定/校准状态；

d. 熟悉或掌握所承担签字领域的相应技术标准方法；

e. 熟悉检验检测机构管理和检验检测报告或证书的审核签发程序；

f. 具备对检验检测结果做出相应评价的判断能力；

g. 熟悉《检验检测机构资质认定评审准则》以及相关的法律法规、技术文件的要求。

考核由评审组长主持，评审组成员参与，对每个授权签字人填写一张"检验检测机构现场考核授权签字人评价记录表"，记录的内容如下：

a. 考核中提出的主要问题，以及被考核人的回答情况；

b. 主考人的评价意见。

⑩ 检验检测能力的确定。确认检验检测机构的检验检测能力是评审组进行现场评审的核心环节，每一名评审员都应该严肃认真地核准检验检测机构的能力，为资质认定的行政许可提供真实可靠的评审结论。核准的检验检测能力必须满足以下条件。

a. 立项所依据的标准。立项所依据的检验检测标准必须现行有效；在无国家标准、行业标准、地方标准、团体标准、国际标准的前提下，检验检测机构可自行制定非标准方法，其制定、验证、确认等过程的证明文件应能证明该非标准方法的科学、准确、可靠。

b. 设施和环境须满足检验检测要求。

c. 检验检测全过程所需要的全部设备的量程、准确度必须满足预期使用要求。

d. 所有的检验检测数据均应溯源到国家计量基准。

e. 所有的检验检测人员均能正确完成检验检测工作。

f. 能够通过现场试验、盲样测试等证明相应的检验检测能力。

确定检验检测能力时应注意如下问题：

a. 检验检测能力应以现有的条件为依据，不能以许诺、推测作为依据；

b. 临时借用设备的项目不能作为检验检测能力；

c. 检验检测项目按申请的范围进行确认，评审员不得擅自增加项目；

d. 被评审方不能提供检验检测标准、检验检测人员不具备相应的技能、无检验检测设备或检验检测设备配置不正确、环境条件不满足检验检测要求的，均按不具备检验检测能力处理；

e. 同一检验检测项目中只有部分满足标准要求的，应在"限制范围或说明"栏内予以注明；

f. 检验检测机构自行制定的非标准方法，应在"限制范围或说明"栏内予以注明，仅限特定合同约定的委托检验检测。

⑪ "评审组确认的检验检测能力"的填写。评审报告中的检验检测机构能力表，应按检验检测机构能力分类规范填写。

⑫ 评审组内部会。在现场评审期间，每天都应安排时间召开评审组内部会，主要内容有：交流当天评审情况，讨论评审发现的情况，确定是否构成不符合项；评审组长了解评审工作进度，及时调整评审员的工作任务，组织、调控评审过程，并对评审员的一些疑难问题提出处理意见。

最后一次评审组内部会，由评审组长主持，对评审情况进行汇总，确定评审通过的检验检测能力，提出不符合项和整改要求，形成评审结论并做好评审记录。会议结束后，应向被评审方代表通报评审结论并请对方对这些结果发表意见，需要时解答被评审方代表关心的问题或消除双方观点的差异。

⑬ 与检验检测机构沟通。形成评审组意见后，评审组长应与被评审检验检测机构最高管理者进行沟通，通报评审中发现的不符合情况和评审结论意见，听取被评审检验检测机构的意见。

⑭ 评审结论。评审结论分为"符合""基本符合""基本符合需现场复核""不符合"四种。

⑮ 评审报告。评审组长负责撰写评审报告，主要内容包括：现场评审的依据、评审组人数、现场评审时间、评审范围、评审的基本过程、对机构体系运行有效性和承担第三方公正检验的评价、对人员素质、仪器设备、环境条件和检验报告的评价、对现场试验操作考核的评价、建议批准通过资质认定的项目数量及需要说明的其他问题、不符合项及需要整改的问题。

评审报告应使用国家认证认可监督管理委员会统一印制下发的文本，有关人员应在相应的栏目内签字。

⑯ 末次会议。末次会议由评审组长主持召开，评审组成员全部参加，被评审单位的主要负责人必须参加。末次会议内容如下：

a. 评审情况和评审中发现的问题；
b. 宣读评审意见和评审结论；
c. 对"不符合项、基本符合项"提出整改要求；
d. 被评审检验检测机构对评审结论发表意见；
e. 宣布现场评审工作结束。

4. 整改的跟踪验证

现场评审结束后，检验检测机构在商定的时间内对评审组提出的不符合内容进行整改，整改时间不超过30天。整改完成后形成书面材料报评审组长确认，评审组长在收到检验检测机构的整改材料后，应在5个工作日完成跟踪验证，向资质认定部门或其委托的专业技术评价组织上报评审相关材料。

① 对评审结论为"基本符合"的检验检测机构，应采取文件评审的方式进行跟踪验证：
a. 检验检测机构提交整改报告和相应见证材料；
b. 评审组长根据见证材料确认整改是否有效，是否符合要求；
c. 整改符合要求的，由评审组长填写评审报告中的"整改完成记录"，上报审批。

② 对评审结论为"基本符合需现场复核"的检验检测机构，应采取现场检查的方式进行跟踪验证：
a. 检验检测机构提交整改报告和相关见证材料；
b. 评审组长组织相关评审人员，对需整改的不符合内容进行现场检查，确认整改是否有效；
c. 整改有效、符合要求的，由评审组长填写评审报告中的"整改完成记录"，上报审批。

5. 评审材料汇总上报

评审组应向资质认定部门或者其委托的专业技术评价组织上报下列材料：
① 申请书；
② 评审报告；
③ 合格证书附表；
④ 整改报告；
⑤ 评审中发生的所有记录；
⑥ 光盘（内容有：申请书；评审报告；证书附表；整改报告正文；评审中发生的所有记录）。

6. 终止评审

遇到如下情况，评审组应请示下达评审任务的资质认定部门或其委托的专业技术评价组织，经同意后可终止评审。

① 检验检测机构无合法的法律地位。
② 检验检测机构人员严重不足。
③ 检验检测机构场所与检验检测要求严重不满足。
④ 检验检测机构缺乏必备的仪器、设备、标准物质。
⑤ 检验检测机构管理体系严重失控。
⑥ 检验检测机构存在严重违法违规问题。

四、安检机构资质认定审批、发证

资质认定部门应当自收到技术评审结论之日起 20 个工作日内，做出是否准予许可的书面决定。做出"准予许可"的，自做出决定之日起 10 个工作日内，向申请人颁发资质认定证书。做出"不准予许可"的，应当向申请人发送"不予行政许可决定书"，并写明不予行政许可的理由。对准予行政许可的申请人，应当及时向社会公布。

五、安检机构检验资格许可的变更、延续及其他

申请人在获得了检验资格许可后，需要变更"申请人名称""法定代表人""申请人住所""检验车型范围减少"等信息的，申请人可以提交"检验检测机构法定代表人性质变更审批表""检验检测机构资质认定标准（方法）变更审批表"等及其相关证明材料备案。申请人变更检测场所（迁址）、增加检测线、增加检验车型等检测条件的，应当提出申请，提交"检验检测机构资质认定申请书"，办理程序同上。

对有两个或者两个以上检测场所的安检机构，每个检测场所应当分别申请、受理、审核、批准。检测场所是指具有完整的可单独承担机动车安全技术检验的一个检测场（站），通常在同一地点，可以有一条检测线，也可以有多条检测线。

检验检测机构资质认定的有关文书见附录。检验检测机构资质认定许可办理流程如图 10-2 所示（以国家认监委为例）。

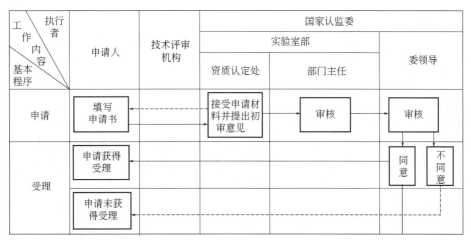

图 10-2

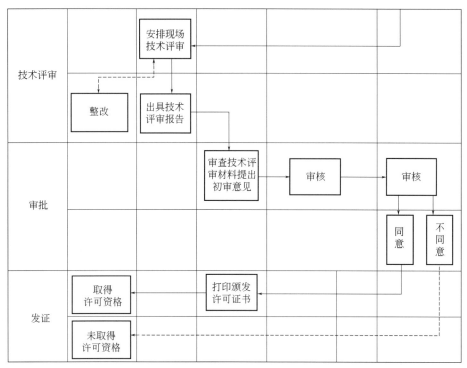

图 10-2　检验检测机构资质认定许可办理流程

第三节

机动车安全技术检验机构监督管理内容和要求

国家认监委组织对检验检测机构实施监督管理，对省级资质认定部门的资质认定工作进行监督和指导。

省级资质认定部门自行或者组织地（市）、县级质量技术监督部门对所辖区域内的机动车安全技术检验机构进行监督检查，依法查处违法行为；定期向国家认监委报送年度资质认定工作情况、监督检查结果、统计数据等相关信息。

地（市）、县级质量技术监督部门对所辖区域内的安检机构进行监督检查，依法查处违法行为，并将查处结果上报省级资质认定部门。涉及国家认监委或者其他省级资质认定部门的，由其省级资质认定部门负责上报或者通报。

一、监督管理的范围

对机动车安全技术检验机构的监督主要包括：资格有效性的情况；依法开展检验工作的情况；技术条件的保持情况；计量认证的情况；检验仪器设备的检定或者校准情况及其是否处于完好的状态；检验技术人员的培训提高情况；检验结果的真实性、准确性等。

二、主要监管方式

机动车安全技术检验机构的监管方式主要有：查阅原始检验记录和检验报告，现场检查机动车安全技术检验过程，组织检验能力比对试验，审核年度工作报告，听取有关方面对安检机构机动车安全技术检验工作的评价，调查处理投诉案件，其他能够反映安检机构工作质量的监督检查方式等。

1. 查阅原始检验记录和检验报告

质量技术监督部门组织对安检机构检验机动车的原始检验记录和所出具的检验报告进行抽样检查。检查原始检验记录和检验报告的内容，应当符合有关规定，结论应当真实、准确。同一辆机动车的原始检验记录和检验报告中的检验数据应当一致，若同一辆机动车的原始检验记录和检验报告中的检验数据不一致，应当组织技术人员进行分析，对因人为因素造成的，应当追究有关人员的责任。已实现联网监察安检机构的地区，可以通过网络进行抽查。

2. 现场检查机动车安全技术检验过程

主要检查安检机构是否存在违法、违规的行为；检验项目的齐全性和检验结果判定的准确性；检查检验工作流程的符合性；检查计量认证证书和检验资格许可证书是否在有效期内；检查检验所用仪器、设备的准确度和有效性以及是否按期进行检定或校准，检查原始记录和检验报告是否正确、规范、保存完好。针对问题突出的有关项目开展检查。可针对审查安检机构年度工作报告中发现的问题和有关部门、群众反映的问题进行的抽查。根据工作需要，质量技术监督部门可以就专项内容进行检查，如检查仪器设备的检定或校准情况，是否有出具虚假数据的情况，是否有漏检、少检项目或不检车只收费的情况等。

3. 检验能力比对试验

质量技术监督部门组织安检机构进行检验能力比对试验，考察安检机构检验水平。

4. 审核年度工作报告

质量技术监督部门每年组织对安检机构年度工作报告进行审核。年度工作报告应当反映安检机构的有关变化、资格许可条件的保持和检查等情况，包括：
① 安检机构基本情况；
② 机动车年检验车型及其数量等机动车安全技术检验业务开展情况；
③ 在用检测设备的变更情况和计量器具检定或校准情况；
④ 检验人员培训、考核情况，人员变更情况；
⑤ 投诉、异议处理情况；
⑥ 其他应当报告的事项。

5. 听取有关方面对安检机构机动车安全技术检验工作的评价

质量技术监督部门通过走访、电话、征求意见表、座谈会的方式保持与当地公安交通管理部门、被检车辆所有人或者使用人以及社会各界人士的沟通，征询他们对安检工作的建议，就安检机构的检验流程、检验质量等诸方面广泛地听取意见，并及时汇总整理形成书面材料。反映的问题一经核实，均要求安检机构限期整改，并跟踪检查。

6. 调查处理投诉案件

质量技术监督部门在接到投诉案件时，应当及时做好记录、调查、处理、存档工作。重大案件应当报上级质量技术监督部门，调查情况属实时，应当对产生的原因、案件造成的影响进行分析，并依法对责任机构进行处理。

7. 联网监察

在有条件的地区可通过计算机联网管理系统对安检工作进行适时、有效监管。通过联网系统的实时监测功能，检查安检机构检测线的检测情况，检查对国家机动车安全技术现行有效检验标准的执行情况；查阅检验报告；抽查是否存在不按照标准进行检验，是否存在超许可范围检验的现象。

三、质量技术监督部门的职责

① 县级以上地方质量技术监督部门应当在各自的职责范围内，负责对本行政区域内安检机构的监督管理。监督检查中发现的问题，应当依法进行处理。对发现的重大问题，应当及时向上级质量技术监督部门报告，并将情况通报公安交通管理等相关部门。

② 国家质检总局的职责如下。

a. 指导地方质量技术监督部门开展的安检机构监督检查工作。

b. 对机动车安检机构开展监督抽查。

c. 及时组织处理对安检机构的投诉和举报。

③ 地方质量技术监督部门的职责如下。

a. 依据法律、法规的规定，组织对安检机构的监督抽查。

b. 根据需要可以组织安检机构进行比对试验，督促安检机构保持必要的检验能力。

c. 通报安检机构监管信息。

d. 及时处理对安检机构的投诉和举报，调查处理安检机构的违法违规行为。

e. 每年向上级质量技术监督部门提交机动车安检机构资格管理工作报告。

四、质量技术监督部门资格管理人员的要求

① 依法进行安检机构的受理、审查、批准。不得违反工作程序对安检机构进行许可。

② 在受理、审查、决定过程中，应当向申请人、利害关系人履行法定告知义务。

③ 申请人提交的申请材料不齐全、不符合法定形式，受理人员应当一次书面告知申请人必须补正的全部内容，除非现场能及时完成更改的。

④ 在办理安检机构资格许可时，不得索取或者收受申请人财物或者谋取其他利益。

⑤ 及时查处并报告安检机构的违法违规事实，积极查处无证安检的行为。

五、安检机构的职责和守则

1. 安检机构的职责

① 遵循独立、客观、公正、诚信的原则开展机动车安全技术检验活动。

② 保持信息系统通畅，及时向质量技术监督部门提供机动车安全技术检验信息。

③ 保证在用设备正常完好，在用计量器具依法进行计量检定或校准，并按照质量技术监督部门的要求参加检验能力比对试验。

④ 建立健全各项规章制度和机动车安全技术检验档案，按照国家有关规定对检验结果和有关技术资料进行保存，有保密要求的，遵守保密规定。

⑤ 加强机动车安全技术检验人员培训和内部管理。
⑥ 接受质量技术监督部门的监督检查和管理，每年1月底之前向所在地质量技术监督部门提交上一年度工作报告。
⑦ 在机动车安全技术检验活动中发现普遍性质量安全问题的，应当及时向质量技术监督部门等有关部门报告。
⑧ 安检机构如需停止机动车安全技术检验工作3个月以上的，应当报省级质量技术监督部门备案，上交检验资格许可证书和检验专用印章，并向社会公告。
⑨ 建立严格的报告审批制度，对检验报告的真实性、准确性负责。
⑩ 有条件的地方可以与质量技术监督部门联网。
⑪ 积极配合各级质量技术监督部门的监督检查，如实提供有关情况和材料。

2. 安检机构守则

① 不得涂改、倒卖、出租、出借检验资格许可证书。
② 不得超出许可的检验范围开展机动车安全技术检验。
③ 按照国家机动车安全技术标准进行检验。
④ 不得出具虚假检测结果。
⑤ 不得要求机动车到指定的场所进行维修、保养。
⑥ 不得使用未经省级质量技术监督部门考核合格的人员从事检验工作。
⑦ 不得推诿或拒绝处理用户的投诉或异议。
⑧ 不得在工作中以权谋私、索要或者收取礼品、礼金及其他物品，不得收取贿赂。
⑨ 不得从事其他法律法规禁止的行为。

六、质量技术监督部门实施监督检查的要求

① 工作人员应当熟悉相关法律、法规、规章和国家有关规定。
② 监督检查不得事先通知被检查安检机构。
③ 监督检查中尽量避免影响安检机构的正常经营活动。
④ 不得索取或者收受安检机构的财物或者谋取其他利益。
⑤ 在实施监督检查时，应当有2名或2名以上工作人员参加并出示有效证件。
⑥ 实施监督检查时，应当记录监督检查的情况和处理结果，由监督检查人员和被检查机构的代表签字确认。监督检查情况和处理结果应当及时归档，并保存3年。

第四节

机动车安全技术检验机构监督检查结果处理

组织实施监督检查的部门应当及时将检查结果通知被检查安检机构，同时向有关方面通报情况。对监督检查发现的问题，应当责令限期整改。安检机构整改完成后，应当向组织检查的部门提交整改报告。组织检查的部门应当对安检机构整改情况进行核查。对监督检查发现的违法违规行为，依法实施处罚。对依法撤销资质认定的，省级质量技术监督部门应当及时通报公安交通管理部门并予以公告。安检机构的检验资格许可被撤销后，必须立即停止机动车安全技术检验活动。

从事机动车安全技术检验工作的人员在检验活动中接受贿赂、以职谋私的，由省级质量技术监督部门依法撤销其考核合格资质。对行政处罚有异议的，可以依法申请行政复议或者提起行政诉讼。

一、监督检查结果处理

① 机动车安全技术检验机构未依法取得资质认定，擅自向社会出具具有证明作用数据、结果的，由县级以上质量技术监督部门责令改正，处 3 万元以下罚款。

② 检验检测机构有下列情形之一的，由县级以上质量技术监督部门责令其 1 个月内改正；逾期未改正或者改正后仍不符合要求的，处 1 万元以下罚款：

a. 违反《检验检测机构资质认定管理办法》第二十五、第二十八条规定出具检验检测数据、结果的；

b. 未按照规定对检验检测人员实施有效管理，影响检验检测独立、公正、诚信的；

c. 未按照规定对原始记录和报告进行管理、保存的；

d. 违反《检验检测机构资质认定管理办法》和评审准则规定分包检验检测项目的；

e. 未按照规定办理变更手续的；

f. 未按照资质认定部门要求参加能力验证或者比对的；

g. 未按照规定上报年度报告、统计数据等相关信息或者自我声明内容虚假的；

h. 无正当理由拒不接受、不配合监督检查的。

③ 检验检测机构有下列情形之一的，由县级以上质量技术监督部门责令整改，处 3 万元以下罚款：

a. 基本条件和技术能力不能持续符合资质认定条件和要求，擅自向社会出具具有证明作用数据、结果的；

b. 超出资质认定证书规定的检验检测能力范围，擅自向社会出具具有证明作用数据、结果的；

c. 出具的检验检测数据、结果失实的；

d. 接受影响检验检测公正性的资助或者存在影响检验检测公正性行为的；

e. 非授权签字人签发检验检测报告的。

前款规定的整改期限不超过 3 个月。整改期间，检验检测机构不得向社会出具具有证明作用的检验检测数据、结果。

④ 检验检测机构违反《检验检测机构资质认定管理办法》第二十七条规定的，由县级以上质量技术监督部门责令改正，处 3 万元以下罚款。

⑤ 检验检测机构申请资质认定时提供虚假材料或者隐瞒有关情况的，资质认定部门不予受理或者不予许可。检验检测机构在 1 年内不得再次申请资质认定。

⑥ 从事资质认定和监督管理的人员，在工作中滥用职权、玩忽职守、徇私舞弊的，依法予以处理；构成犯罪的，依法追究刑事责任。

二、安检机构检验资格许可的撤销和注销

1. 撤销

机动车安全技术检验机构有下列情形之一的，资质认定部门应当撤销其资质认定证书：

① 未经检验检测或者以篡改数据、结果等方式，出具虚假检验检测数据、结果的；

② 违反《检验检测机构资质认定管理办法》第四十三条规定，整改期间擅自对外出具检验检测数据、结果，或者逾期未改正、改正后仍不符合要求的；
③ 以欺骗、贿赂等不正当手段取得资质认定的；
④ 依法应当撤销资质认定证书的其他情形。
被撤销资质认定证书的检验检测机构，3年内不得再次申请资质认定。

2. 注销

机动车安全技术检验机构有下列情形之一的，资质认定部门应当依法办理注销手续：
① 资质认定证书有效期届满，未申请延续或者依法不予延续批准的；
② 检验检测机构依法终止的；
③ 检验检测机构申请注销资质认定证书的；
④ 法律法规规定应当注销的其他情形。

附录

检验检测机构资质认定申请书

检验检测机构资质认定

申请书

检验检测机构名称（印章）：

主管部门名称（印章）：

申请日期：

国家认证认可监督管理委员会编制

填 表 须 知

1. 本《申请书》须用墨笔填写或计算机打印，字迹应清楚。
2. 本《申请书》填写页数不够时可用 A4 纸附页，但须连同正页编为第　页，共　页。
3. 本《申请书》"主管部门"是指检验检测机构的行业主管部门或上级法人单位（独立法定代表人单位不需填此项）。
4. 本《申请书》所选"□"内划"√"。本《申请书》的每一项须由检验检测机构如实填写，若出现不真实信息，将记入检验检测机构"诚信档案"。
5. 本《申请书》须经检验检测机构法定代表人及被授权人（适用时）签名有效。
6. 本《申请书》适用于首次、变更、复查和其他申请。

1. 概况

1.1 检验检测机构名称：_____

地址：_____

邮编：　　　　　传真：　　　　　E-mail：

负责人：　　　职务：　　　固定电话：　　　手机：

联络人：　　　职务：　　　固定电话：　　　手机：

1.2 所属法定代表人单位名称（若检验检测机构是法定代表人单位的不填此项）：
_____

地址：_____

邮编：　　　　　传真：　　　　　E-mail

负责人：　　　职务：　　　固定电话：

1.3 主管部门名称（若无主管部门的此项不填）：
_____

地址：_____

邮编：　　　　　传真：　　　　　E-mail

负责人：　　　职务：　　　固定电话：

1.4 检验检测机构设施特点：

固定□　　　临时□　　　可移动□　　　多场所□

1.5 法定代表人类别

1.5.1 独立法定代表人检验检测机构

社团法定代表人□　　事业法定代表人□　　企业法定代表人□　　其他□

1.5.2 检验检测机构所属法定代表人（非独立法定代表人检验检测机构填此项）

社团法定代表人□　　事业法定代表人□　　企业法定代表人□　　其他□

2. 申请类型及证书状况

2.1 资质认定

首次□　　　变更□　　　复查□　　　其他□

2.2 已获资质情况：

资质认定证书编号：　　　　　　　　证书有效期至：

3. 申请资质认定的专业类别

4. 检验检测机构资源

4.1 检验检测机构总人数：　　　　名。

高级专业技术职称_____名，占_____%；中级专业技术职称_____名，占_____%；初级专业技术职称_____名，占_____%；其他_____名，占_____%。

4.2 检验检测机构设备设施资产情况。

固定资产原值：　　　　　万元。

仪器设备总数：　　　　　台（套）。

产权状况：自有_____%；　　　租用_____%；　　　合资_____%。

4.3 检验检测机构总面积_____ m²。

检验检测场地面积_____ m²；温恒面积_____ m²；户外检验检测场地面积_____ m²。

场地产权状况：自有_____%； 租用_____%； 其他_____%。

4.4 多场所名称地点（适用时）：

4.5 本次新申请的地点（适用时）：

5. 附表

附表1：检验检测能力申请表
附表2.1：授权签字人申请汇总表
附表2.2：授权签字人申请表
附表3：组织机构框图
附表4：检验检测人员一览表
附表5：仪器设备（标准物质）配置表
附表6：检验检测机构法定代表人性质变更审批表
附表7：检验检测机构人员变更备案审批表
附表8：检验检测机构资质认定标准（方法）变更审批表
附表9：取消检验检测能力审批表
附表10：检验检测机构资质认定名称变更审批表

6. 随《申请书》提交的附件

6.1 典型检验检测报告或证书（每个类别1份） ☐
6.2 质量手册（1套） ☐
6.3 程序文件（1套） ☐
6.4 其他证明文件
6.4.1 法定代表人地位证明文件（适用于首次、复查）
6.4.1.1 独立法定代表人检验检测机构需提供法定代表人登记/注册证书 ☐
6.4.1.2 非独立法定代表人检验检测机构需提供下列材料
① 检验检测机构设立批文 ☐
② 所属法定代表人单位法律地位证明文件 ☐
③ 法定代表人授权文件 ☐
④ 最高管理者的任命文件 ☐
6.4.2 固定场所产权/使用权证明文件 ☐
6.4.3 管理体系内审、管理评审记录（适用于首次、复查评审） ☐
6.4.4 从事特殊领域检验检测人员资质证明（适用时） ☐

7. 希望评审时间： 年 月 日

8. 检验检测机构自我承诺

8.1 本检验检测机构遵守《中华人民共和国计量法》《中华人民共和国认证认可条例》

《检验检测机构资质认定管理办法》等相关法律、法规及规章的规定。

8.2 本检验检测机构符合《检验检测机构资质认定评审准则》及相关评审补充要求。

8.3 本检验检测机构保证所提交的申请内容均为真实信息。

检验检测机构法定代表人签名：　　　　　　　　　　　　　日期：

检验检测机构被授权人签名（适用时）：　　　　　　　　　日期：

附表1　检验检测能力申请表

序号	类别(产品/项目/参数)	产品/项目/参数		依据的标准(方法)名称及编号(含年号)	限制范围	说明
		序号	名称			
一				家用电器		
1	电冰箱	1.1	×××			
		1.2	×××			
2	电视机	2.1	×××			
		2.2	×××			

注：1."检验检测能力"应依据国家、行业、地方、国际、区域标准。依据其他标准或方法的，应在"说明"中注明。

2.以产品标准申请检验检测能力的，对于不具备检验检测能力的参数，应在"限制范围"中注明；只能检验检测"产品标准"的非主要参数的，不得以产品标准申请。

3.不含检验检测方法的各类产品标准、限值标准可不列入资质认定的能力范围，但在出具检验检测报告或证书时可作为判定依据直接使用。

4.多实验场所的检验检测机构，应按不同实验场所分别填写本表。

5.本表对"家用电器"的填写仅为"示例"。检验检测机构可不受本"示例"限制，依据自身行业特点填写。示例："家用电器"，以汉字数字（一、二、三……）为序，设立通栏填写检验检测大类；以阿拉伯数字（1、2、3…）为序，填写类别（产品/参数/项目）；以次级阿拉伯数字（1.1、1.2、1.3…）为序，填写产品/参数/项目的名称。

6.可使用"xls"文件格式制作。

附表2.1　授权签字人申请汇总表

序号	姓名		职务/职称	申请授权签字领域	备注
	正体	签名			

检验检测机构最高管理者签名：

附表 2.2　授权签字人申请表

检验检测机构地址：_____

姓　　名：_____ 性　别：_____ 出生年月：_____

职　　务：_____ 职　称：_____ 文化程度：_____

部门：_____

电话：_____ 传真：_____ 电子邮件：_____

申请签字的领域：_____

_____

何年毕业于何院校、何专业、受过何种培训：_____

_____

_____

_____

_____

从事检验检测工作的经历：_____

_____

_____

_____

_____

申请人签字：_____

相关说明（若授权领域有变更应予以说明）：

_____

_____

注：每位授权签字人填写一张表格。

附表 3　组织机构框图

注：1. 独立法定代表人的应表明本检验检测机构内部和外部关系。
2. 独立法定代表人的应表明本检验检测机构在所在法定代表人单位的位置，以及检验检测机构的内部和外部关系。
3. 直接关系（如行政隶属）用实线连接，间接关系（如业务指导）用虚线连接。

附表 4　检验检测人员一览表

检验检测机构地址：　　　　　　　　　　　　　　　　　　　　　　　　　　　　　　　　　页，共　页

序号	姓名	性别	年龄	文化程度	职务（岗位）	职称	所学专业	从事本技术领域年限	现在部门岗位

注：与检验检测工作无关的人员无需填写（如财务、后勤人员）。

附表 5　仪器设备（标准物质）配置表

检验检测机构地址：　　　　　　　　　　　　　　　　　　　　　　　　　　　　　　　　　第　页，共　页

序号	类别（产品/项目/参数）	产品/项目/参数		依据的标准（方法）名称及编号（含年号）	仪器设备（标准物质）			溯源方式	有效日期	确认结果
		序号	名称		名称	型号/规格/等级	测量范围			

注：1. 申请时，该表的前 4 项与《申请书》附表 1 对应，为了简化此表的填写，参数相同的不重复填写，序号可以不连续。
2. 溯源方式填写：检定、校准、内部校准等。
3. 多实验场所的检验检测机构，按不同实验场所分别填写。
4. 确认意见分为"符合"和"不符合"两种，机构应对仪器设备检定校准的数据和结果进行分析，判断是否符合检验检测标准、技术规范、程序的要求。

附表6 检验检测机构法定代表人性质变更审批表

检验检测机构名称			（印章） 年　月　日
法定代表人性质变更 （适用于法定代表人单位）	原法定代表人性质	变更后法定代表人性质	备注
所在法定代表人单位性质变更	原法定代表人单位性质	变更后法定代表人单位性质	备注
所在法定代表人单位名称变更	原法定代表人单位名称	变更后法定代表人单位名称	备注
联系人		电话	
通信地址		邮编	
资质认定 部门意见			（印章） 年　月　日

注：法定代表人性质分为行政单位、事业单位、企业、其他组织，其他组织需在备注中予以详细说明。

附表7 检验检测机构人员变更备案审批表

检验检测机构名称			（印章） 年　月　日
职务	变更前人员姓名	变更后人员姓名	变更类型
自我声明（适用于替换、新增技术负责人和授权签字人时）	本机构自我声明，变更后的技术负责人和授权签字人符合《检验检测机构资质认定评审准则》的要求，并对真实性负责		
联系人		电话	
通信地址		邮编	
资质认定 部门意见			（印章） 年　月　日

注：1.此表一式两份，检验检测机构和资质认定部门分别留存。
2.职务类型包括最高管理者、技术负责人、授权签字人，变更类型包括替换、新增、撤销。
3.最高管理者变更时，需同时提供相关任命文件及法定代表人授权书，无需批准，直接备案。
4.技术负责人变更时，需同时提供相关任命文件，无需批准，直接备案。
5.授权签字人变更时，需同时提供授权签字人申请表，经批准后，可签发检验检测报告或证书。

附表 8 检验检测机构资质认定标准（方法）变更审批表

第　　页，共　　页

检验检测 机构名称				（印章） 日期：	
联系人			电话/传真		
序号	类别(产品/项目/参数)	已批准的标准(方法)名称、 编号(含年号)		变更后的标准(方法)名称、 编号(含年号)	变更 内容
是否自我承诺	☐ 本次变更不涉及实际能力变化，本机构承诺 已具备新标准(方法)所需相应资质认定条件，并对 承诺的真实性负责			本机构技术负责人审查意见： 签名：　　　　　日期：	
	☐ 申请资质认定部门组织专业技术评价组织/ 专家书面审查			专业技术评价组织/专家审查意见： 签名：　　　　　日期：	
资质认定部门 审核意见				（印章） 日期：	

注：1."序号、资质认定项目名称"应与"证书附表"一致。
2. 如标准（方法）仅为年号、编号变化，或变更的内容不涉及实际检验检测能力变化，可填写此表。
3. 机构如选择自我承诺的方式，资质认定部门无需组织专业技术评价组织/专家审查，直接批准，在后续监督管理中对被审批单位承诺内容是否属实进行检查，发现承诺内容不实，资质认定部门将撤销审批决定，并将相关情况记入诚信档案。

附表 9 取消检验检测能力审批表

检验检测机构名称				（印章） 年　月　日	
证书号					
序号	类别(产品/项目 /参数)	产品/项目/参数		依据的标准(方法) 名称及编号(含年号)	所在实 验场所
		序号	名称		
联系人			电话		
通信地址			邮编		
资质认定 部门意见				（印章） 年　月　日	

注：1. 序号应与原"证书附表"一致。
2. 需一并提交取消能力后的新证书附表电子版。

附表 10 检验检测机构资质认定名称变更审批表

原资质认定获证名称				
证书编号		有效期限		
拟变更的名称				
更名原因				
联系人		电话	传真	
通信地址			邮编	
检验检测机构所属上级部门意见	（印章） 　　年　月　日			
资质认定部门意见	（印章） 　　年　月　日			

注：1. 如是独立法定代表人机构，可不填上级机构意见。
2. 随申请表提交的材料如下：需提供名称变更证明文件、原资质认定证书复印件。

参 考 文 献

[1] 但佳璧，陈成法.军用车辆检测 [M].北京：兵器工业出版社，2016.
[2] 陈成法，安相璧.汽车检测设备与维修 [M].第3版.北京：北京理工大学出版社，2013.
[3] 安相璧.汽车检测诊断技术 [M].第3版.北京：北京理工大学出版社，2012.
[4] 夏均忠.机动车安全技术检验 [M].北京：机械工业出版社，2011.
[5] 国家质量监督检验检疫总局产品质量监督司.机动车安全技术检验机构资格管理培训教材（上篇）：机动车安全技术检验机构资格管理 [M].北京：中国标准出版社，2012.
[6] 国家质量监督检验检疫总局产品质量监督司.机动车安全技术检验机构资格管理培训教材（下篇）：机动车安全技术检验机构资格管理法规汇编 [M].北京：中国标准出版社，2012.
[7] 张发钧，陈建强.汽车检测站的建设与质量管理 [M].北京：人民交通出版社，2009.
[8] 国家认证认可监督管理委员会.实验室资质认定工作指南 [M].第2版.北京：中国计量出版社，2007.
[9] 机动车运行安全技术条件，GB 7258—2017.
[10] 机动车安全技术检验项目和方法，GB 21861—2014.
[11] 质量管理体系要求，GB/T 19001—2016.
[12] 管理体系审核指南，GB/T 19011—2013.
[13] 机动车安全技术检测站，GB/T 35347—2017.
[14] 机动车安全技术检验监管系统通用技术条件，GA 1186—2014.
[15] 机动车安全技术检验业务信息系统及联网规范，GB/T 26765—2011.
[16] 汽车检验机构计算机控制系统技术规范，JT/T 478—2017.